ちくま新書

日本の戦略外交

鈴木美勝
Suzuki Yoshikatsu

1236

日本の戦略外交【目次】

はじめに

本書は、現在、我々の眼前で展開する安倍戦略外交の構想と実態を探るとともに、〈戦略的リアリズム〉を縦軸に据えてその意義を分析したものである。分析にあたっては、敗戦国日本の復興、即ち〈独立と生存（安全）〉を獲得するために貢献した外交家二人、吉田茂と岸信介が1950年代に展開した外交、そして冷戦終焉後に生じた1990年代の「戦略的猶予期間」に展開された宮澤喜一・橋本龍太郎・小渕恵三の外交をそれぞれ念頭に置きつつ、21世紀に激変した大情況（戦略環境）の中で、総理大臣・安倍晋三が進める米中露との外交戦の軌跡を辿った。

リアリズムとは通常、国際政治的には、理想的な平和を実現するために国際法や国際協調を最重視し、主体の主要手段として軍事力に並列する形で貿易・投資・交渉・説得を有力なツール（武器）と見なすリベラリズムに対して、ホッブズ的な無政府状態を前提に国益（国家の独立と安全）確保の手段をパワーに求め、軍事力を最重視する立場を指す（ジョセフ・ナイ、デイヴィッド・ウェルチ／田中明彦、村田晃嗣訳『国際紛争——理論と歴史』原書第8版、有斐閣）。しかし、事はそう単純ではない。パワーポリティックスの下で常に実践の洗礼を受ける宿命の外交においては、理想主義か現実主義かという二者択一の次元を超え、長期的時間軸に沿って双方の主張を包摂・妥協を図ることが求められる。そして日本おいて、「国益の最大化」とイデオロギーを排除した「パワーの拡大」を平和裏に目指すものとして突きつけられたのが、廃墟から立ち上がり祖国の再建を目指した時代における機略縦横の戦略的外交なのである。

核兵器の出現後、戦後外交の舞台に登場した宰相・吉田、岸の二人には、戦略眼に裏打ちされたリアリズムが見られた。筆者はそれを〈戦略的リアリズム〉と呼ぶ。では、リアリズムの戦略性とは何か。それは、地の利を熟知し、人の和とエネルギーを引き出す才を有する指導者に備わった〈天の時〉を待つ忍耐力と胆力（時機を待ち、時を味方に果断な行動を可能にする能力）を根幹とする時空感覚と長射程の歴史意識に深くかかわっている。

リチャード・ニクソン第37代米大統領に、「廃墟の中から祖国の経済的勝利をつかみ出してみせた」「頑強な現実主義者」と言わしめた（徳岡孝夫訳『指導者とは』文藝春秋）吉田茂の敗戦後の闘争がそれに当てはまる。敗戦という現実を率直に受けとめ、マッカーサーが厚木の基地を降り立った時から始まった劇的変化（革命）に積極的に対応した姿は、戦略的リアリストのそれであろう。

理想を追い求めた〝立法者〟のマッカーサーは、日本を一日も早く民主化しようとし、天皇の絶対的権力を骨抜きにすることによって絶大な実権をわが身に移し、新憲法と農地改革という難事業を成し遂げた。その後、戦後デモクラシーが選んだ吉田茂に実権を移したが、〝執行者〟の吉田は、マッカーサーが構築した「国のかたち」を情況変化に合わせて巧みに修正していったのである。そこには、今ここで敗者となっても、いずれは時機を捉えて勝者になる、との確信があったように思われる。

新たな情況が出てきた時には、いたずらな誇りや強情には束縛されず、経験豊かな人の意見に素直に耳を傾ける寛容さも〈戦略的リアリズム〉を形成するファクターである。時代の可能性と限界を見極めた上で、指導者としての時代的使命、実権を次世代に引き継ぐという自覚、そして歴史的長射程を持った心的傾向、それを〈戦略的リアリズム〉に付与するならば、吉田と岸の位相にそれほどの違いはなかったように思える。

以来半世紀以上、日本を取り巻く大情況（国際的戦略環境）は劇的に変化した。その変化とは、まず対外膨張を志向する巨大国家・中国の台頭をはじめ、疲弊しつつもなおグローバル・パワーとしての存在を期待されるアメリカの焦燥、そして2016年の世界激変を象徴する「トランプのアメリカ」の出現。さらに、中国の海洋進出に強い警戒感を募らせる世界最大の民主国家インドの野望、中国との戦略的な関係に基づき米国の力を削ごうとするロシアの策謀と動きを反映した地殻変動だが、さらにはEU（欧州連合）におけるアラブ難民の大量流入やイギリスのEU離脱問題（Brexit）なども絡んで、現在、国際政治の構造的変化及び主体的内因によって引き起こされる現象は地球規模で広がっている。

この間、冷戦終結という歴史的大事に遭遇した日本外交は、空間的には〈点と線〉から〈面と立体〉、加えて「時間の支配」が求められるアリーナへの移行を余儀なくされた。筆者は、こうした視覚から切り込む戦略外交を、インドが推進する「非同盟2・0」に倣って、4次元の戦略的思考が求められる〈日本外交2・0〉と呼ぶことにする。

日本外交の現在に立ち戻れば、今や岸の血を受け継ぐ総理大臣・安倍晋三が「積極的平和主義」の旗を掲げ、「価値観外交（あるいは価値の外交）」に拠って「大国外交」を積極的に展開している。冷戦後、そして9・11テロ後、国家の戦略性を左右する大情況（戦略環境）の地殻変動によって、吉田、岸の時代から劇的に変貌した国際政治が展開する中で、国家指導者・安倍晋三が真の〈戦略的リアリズム〉を持ち合わせているか否か——本書から読み取って頂ければ幸いである。

本書では、日本を取り巻く大情況の激変と、それに対応する戦略外交の淵源と狙い、始動起点とその深化について、インサイド情報を基にその軌跡を1990年代と比較しつつ辿る。安倍政権が誕生して丸4年が経過したこの時点（2016年暮れ執筆時）で、これまでの安倍外交を総括、その今を追跡することは、単に大情況の中における日本を考えるばかりでなく、常に外交の連動要因である国内政局を見る上でも、有用かつ豊かな視点を提供できるものと確信している。

本書の構成を紹介すると、安倍戦略外交の理念、理論構造、その実態について詳述する前に、日米同盟をはじめとするインド、オーストラリアなどとの連携の論拠としている「価値観外交」の前史として、第1章では冷戦構造崩壊後の「戦略的猶予期間」（1990年代）における日本外交をまず俯瞰する。続く第2章では、安倍外交の思想構造の原型となった麻生太郎外相の「自由と繁栄の弧」とそのプロデューサーとなった三人の黒衣を紹介する。その上で、安倍外交が目指した「戦略空間の拡大」について、アベノミクスと2020東京五輪誘致活動をテコにした13年の安倍外交（第3章）と、南シナ、東シナ海、インド洋に進出・膨張する中国の動向に対抗する海洋諸国との連携戦略「安保ダイヤモンド構想」の推進情況（第4章）をそれぞれ取り上げる。

以上、外交の空間的動向に対して、時間軸（歴史問題）に関わる安倍外交の動向については、第5章以降、米中との葛藤の中でどのように進められたかを問い、まず日米同盟のさらなる強化と真の和解への模索について、そのハードルとなった「安保と靖国（歴史問題）」の視角から捉える（第5章）。これらを踏まえて、中国の仕掛ける歴史戦に対して安倍政権がどのように対応したかという問いかけの下に、戦後70年という節目の年、米議会での安倍のスピーチなどを武器に進められた日米和解の演出と、その一方で中国、韓国を意識した戦後70年談話の作成過程に表われたプラグマティック（実利主義的）な対応とその内幕（第6章・第7章）、第8章では、残された戦後処理として北方領土問題の解決に執念を燃やす安倍の対ロシア外交について、過去の対露外交史の挫折を追いながら、その内実を探った。そして最後の章では、「オバマからトランプへ」と大統領を代えた超大国アメリカとの同盟体制を続けていくにあたって、日本外交が宿命的に背負う難題と超克の苦悩を取り上げる。

なお原則として、肩書きは当時のもの、敬称は基本的に省略させて頂いた。

プロローグ　吉田と岸の〈戦略的リアリズム〉

†二人のシンゾー

　オリンピック旗が次期開催地・東京の小池百合子都知事に手渡され、２０２０年東京五輪をアピールするパフォーマンス・イベントが始まると、マラカナン競技場に漂っていた一抹の寂しさが再び華やかな雰囲気へと一変した。そのクライマックス映像が流れる。時計を気にしながら国会周辺を走る黒塗りの車の主《あるじ》。そして興奮した様子で走り回るスーパーマリオが東京・渋谷から飛び込んだ土管をかい潜って、ほぼ真裏に位置するブラジル・リオデジャネイロへ。ここでビデオはマラカナン競技場の生中継映像に切り替わった。中央からせり上がる土管から青色の服を着てうずくまった男の姿が浮かび上がる。忽然と登場した赤い帽子のスーパーマリオが衣装を脱ぎ捨てると、そこに現れる安倍晋三首相。拍手と歓声。世界の目が安倍のパフォーマンスに注がれた。画面には、赤いボールを手に持って帽子を振る安倍のアップの顔が映し出された。表情はやや硬かったが、その瞬間、日本でテレビに見入っていた視聴者は、予期せぬ総理大臣のパフォーマンスに度肝を抜かれた。

首相側近グループが電通と極秘裏に進めた16年夏の、内閣改造と並ぶ最大プロジェクトに、永田町と霞が関スズメのざわめきは数日間止まなかった。首相就任前から安倍のパブリックイベントでの一挙手一投足に目を凝らしてきた裏方の一人は呟いた。「モダン・モードの安倍総理とポストモダン・モードの安倍総理がいる」。モダン・シンゾーとポストモダン・シンゾー、確かに、安倍晋三は二人いるのかもしれない。

安倍評にはこんな視点もある。元日本経済新聞の政治記者で晋三の父・安倍晋太郎元外相を長らく担当していた秋山光人日経映像社長からこんな安倍評を聞いたことがある。「皆さんは、晋三君を岸信介にたとえるが、それは違う。晋三君が似ているのは晋太郎さんの親父さん、安倍寛（元衆院議員）だよ。あの一直線の気性はアベ・カンそのものだ」。

日経新聞の芹川洋一論説委員長の「もう一人の祖父・安倍寛――行動の源流はここに」（2014年2月17日付朝刊）は、この視点を踏まえた力作だった。

安倍寛は、1894年（明治27年）、日本海に面する山口県大津郡日置《へき》村（現長門市）生まれ。

落選や県議など紆余曲折を経て1937年（昭和12年）に初当選したが、東条英機内閣の下で行われた翼賛選挙では、大政翼賛会に反対、激しい選挙干渉を受けながらも非推薦で再選を果たした「反骨の政治家」として知られる。筋を通す、信念の人、昭和の吉田松陰とも言われ、思うことを曲げずに突きすすむ径行の人だった。それに比べ「両岸」と言われた妖怪・岸信介は、一方の岸だけに顔を向けて、他方の岸を押さえつけるのではない。あらゆる選択肢を手中におさめておく機略縦横の人（原彬久・東京国際大名誉教授による評）。芹川はこう結んでいる。「首相が岸の思想と寛の行動をついでいるというのは単純すぎる見方だろうか。長期政権をねらうなら、見習うべきは岸の行動のような気がしてならない」。

二人の祖父、安倍寛と岸信介のDNAが共存する政治家・安倍晋三。思想・信条は岸信介を志向し、一個人としての気質・気性は安倍寛から受け継いだ。その受け継いだ気性の激しさは、改革者・安倍晋三を裏打ちする血脈として流れている。思想・信条的には保守主義を誇示し、政治家として振る舞えば振る舞うほどリベラリズムを嫌悪する安倍晋三という人間を形成しているのは、表の岸信介と裏の安倍寛なのか。一部識者が見定める改革者としての行動は、〝安倍寛の血〟が騒ぐからだろうか。いっときも前なら、晋三は、祖父・岸の名前をしばしば口にするものの、親父・晋太郎について言の葉に載せることはなかった。政治的バランス感覚の良さで、幅広い支持者を集めた穏健保守の晋太郎よりも、国家ナショナリストとして最高権力者の頂きに登りつめた岸を目標としているためだ、という念入りの解説までつけられた。

虚実入り混じる安倍晋三評。内政と連動する安倍外交の軌跡を手繰り寄せてみると、ここにも二人のシンゾーがいることを実感する。

†戦後日本外交の起点——サンフランシスコ講和会議

戦後の日本外交の起点となったのはサンフランシスコ講和会議であり、吉田茂首相の下で展開された外交は、安全（生存）、日本の平和と繁栄、独立（主権回復）を実現するための営みとして始まった。1950年代、アメリカをはじめとする連合国側48カ国との平和条約締結（サンフランシスコ平和条約、51年9月8日調印、52年4月28日発効）と日米安保条約締結（旧日米安保条約）によって、日本と連合国との戦争状態にピリオドが打たれた。ここに、敗戦国日本にとって「国家安全」の枠組みが取り敢えず成立したわけだが、同時にそれは米軍駐留下での「半独立」状態の枠組みでもあった。一方的片務性を有した不平等な条約を時の政権が甘受した結果として成り立ったものだ。吉田は、激化する米ソ冷戦という所与の大情況の下にあって、敗戦国日本の復興への第一歩として「軽武装・経済重視」路線を設定したのである。これは、米ソ冷戦下でアメリカを中心とする西側陣営の一員となることを意味した。単独講和に踏み切った吉田の決断をめぐり、いろいろな評価もあるが、全面講和か単独講和か、国論を二分した日本外交の第一歩となったサンフランシスコ講和会議の陰には、数々のドラマがあった。
吉田は、サンフランシスコ講和会議に出席するに当たって様々な術策を駆使した。全権代表団を構成するのに、国民民主党の実力者・苫米地義三の参加を要望して、傲岸不遜と言われたあの吉田がわざわざ頭を下げに出向いたほか、参議院緑風会の徳川宗敬《むねよし》、一万《いちま》田《だ》尚登《ひさと》、星島二《に》郎《ろう》を一員に加えて、幅広い人員構成に腐心した。「「これはどうしても自分の仕事だ。みんな格好だけは、頼む、つけてくれ」ということで、これはもう吉田さんのショーですね」（御厨貴《みくりやたかし》、中村隆英編『聞き書　宮澤喜一回顧録』岩波書店）。一種のカモフラージュであった。
吉田が日米安保条約の詳細について最後まで公にはしなかった事実がそれを物語る。吉田はオペラハウスで平和条約に調印すると、そのあと直ちに陸軍基地プレシディオに一人で出向いた。日米安保条約に調印するためであった。「その時に初めて安保条約というものの存在がなんとなく公に確認された」「普通なら、それまでにとっくに条文なんかが国内で議論になっていなければならないのですが、そういう経緯は、私はなかったと思います」（前掲書）
署名一日前、吉田はサンフランシスコ講和会議で平和条約受諾の演説を行った。吉田は、サンフランシスコ平和条約を「和解」と「信頼」の文書と位置づけた上で、この「公平寛大なる平和条約」を受諾すると表明したのである。しかし、日米安保条約締結の理由については、共産主義の脅威を挙げただけで、その不平等性や対米依存性についてはいっさい触れなかった。

†米国が仕掛けた日ソの火種

サンフランシスコ講和にあたっては、日本をめぐる米ソ暗闘のドラマがあった。敗戦国日本が、放棄させられた千島列島に関して将来の日ソ間の火種となる米国外交による仕掛けがあったためだ。それが、今日の北方領土問題を形成する。講和条約には米国がヤルタ会談でソ連に約束した「南樺太・千島列島をソ連へ譲渡する」との表現は条文になく、日本の放棄のみが明記された。どこに引き渡されるかも書かれなかったのは、「事実上はソ連の占領が続くが、それに法的な根拠は与えない」ことを意味する。また沖縄の扱いと同格にせず、日本の「潜在主権」をも認めなかったのは、将来の火種を除去しておくとの配慮が働いたためと言われる。

だが、実際は違う。そこにこそ、講和会議を舞台裏で仕切ったジョン・F・ダレス（米国務省顧問）の仕掛けがあった。千島列島の範囲がどこまでなのかの記述がなく、その解釈にも火種が残された。米ソ冷戦が本格化しようとする中で、「反共の砦」にと位置付ける日本と宿敵ソ連との間を離間させておくには、北方領土問題は格好の火種となった。ヤルタ会談（1945年2月）で対日参戦の条件に「南樺太と千島列島」の譲渡をソ連に秘密裏に約束したアメリカは、戦後、冷戦の進行とともに、何と「四島返還」を主張する日本支持の立場に変わっていた。また、こうした中で行われた首相・吉田の受諾演説には、後々、ソ連から矛盾を突かれる件《くだり》が無意識の内に含まれており、北方領土問題を一層複雑なものにしていったのである。（若宮啓文『北方領土問題の内幕』筑摩選書）

その点を含めて、北方領土問題をめぐる日本外交の詳細については、第8章で取り上げるが、いずれにしろ、国家指導者が外交を推進する時には、大情況を広い視野で見渡すとともに、自国と他国の国力を把握した上で政治的基盤のパワー度、国民世論の動向などを踏まえて、国家の舵取りをどうするかを決めるものだ。つまり、大情況の変化要因と構造的変化要因、そして国家的リーダーの主体的内因を踏まえて総合的に判断し、今後の行く末を選択するのである。そこには、空間的に捉える思考と時間的に捉える思考が必要となる。

「国民の生存（安全）」と「国家独立」のディレンマにあった吉田。「国破れて山河在り」を身をもって知ったこの国家指導者が、そこで取ったオプションが単独講和（あるいは片面講和）と日米安全保障条約をコインの表裏として同時発効させ、安全と独立を奪還する道筋をつけることであった。

†岸信介の戦後と歴史認識

一方、教科書的には吉田の対極に位置づけられる岸信介はと言えば、商工大臣として日米開戦の閣議決定書に署名したため、戦後、A級戦犯容疑で東京・巣鴨プリズンに収容された。しかし、結局、不起訴となり、釈放されたものの、政界復帰を果たせずに悶々と暮らす時期が長く続いた。サンフランシスコ講和会議後の公職追放解除に伴い、ついに岸に政界復帰への道が開かれ、吉田の路線とは相対立するポジションに自らを置いたのである。

岸は保守合同（55年）によって政権基盤を強化、首相となるや安保改定など積極的対米外交に乗り出し、60年、日米安保条約改定（旧日米安保条約から新日米安保条約へ）の締結にこぎつけた。体裁としては、日米安保条約に明記された一方的片務性の是正を整え、現在の日米安保体制の根幹部分を構築したのである。しかし、そこには吉田の時代と比較すると、米ソ冷戦期のほんのわずかな幕間に芽生えた「平和共存」モードがあり、岸はそのわずかな変化を見逃さずに自身の戦略目標を成就したのであった。

戦後日本の復興に貢献した吉田と岸、二人の傑出した外交家には、過激にならず極端に偏らない〈戦略的リアリズム〉の目が常に潜んでいた。

「戦後認識」を政治家の次元でとらえるとどうなるか。その政治的キャリアに基づくタカ派イメージから、一般通念として完全な戦後否定論者の印象が強い岸信介だが、その歴史認識について注目したい。「吉田茂氏がアメリカとともに固めた日本の「被占領体制」を打破して「独立の完成」を果たす」というのが「岸氏最大の政治的眼目」（原彬久）だったが、研ぎ澄まされた歴史感覚・時代感覚を備えていた岸は、戦後、その時点の日本の力とその限界、つまりどのタイミング、どのような状況の中で、今何ができるかを冷徹な心根で捉えていた。岸の〈戦略的リアリズム〉は、戦後、米国の占領下で敗戦国日本の国際復帰までの難事業を成就した吉田のそれと同じで、岸による吉田に対する高い評価となって表われている。

日本のオーラルヒストリーの草分け的存在、原彬久から戦後外交のエポックを聞かれた岸信介は、次のように答えている。当時の新聞や進歩的知識人が主張する全面講和論は、「当時の状況からいうと、ほとんど不可能であった」。吉田首相が「多数講和をやるんだという決断をされたことは非常に大きかった」「この多数講和によって日本の政治的独立が確立されたんです。もし全面講和論にこだわっておったら、日本の独立というものはそれだけ遅れたということになる」(『岸信介証言録』毎日新聞社)

「全面講和」でなく、「多数講和(あるいは部分講和とも)」による国際社会への復帰は、岸の歴史感覚・時代感覚からしても、あのタイミングでしか有り得なかったというわけだ。

†吉田茂との距離感

敗戦国日本は、全面講和への道をまずは断った吉田の決断によって、独立への一歩を踏み出した。その吉田の実績、つまり吉田の敷いた路線の延長線上に成し遂げられたのが、岸が戦後史の「第二のエポック」と見なす日米安保条約の改定だった。

「戦後における日本の国運の発展においては、吉田さんの決断と、私の決断というのは非常に意義があったとみずからも考えております」(前掲書)

岸自身が「日本外交の第一人者」と認めていた吉田と、その〈戦略的リアリズム〉について、どう見ていたのだろうか。『岸信介証言録』に次のような発言がある、

「――ご訪米前、吉田茂さんとはいろいろご相談をなさったのではありませんか。

岸 何といったって、外交の問題については、私自身経験を持たないものだから、当時の日本外交の第一人者であった吉田さんには意見を聞きましたよ。また、私の考え方も聞いてもらいました。

――その際安保条約の問題について、吉田さんにご相談なさいましたか。

岸 前の安保条約は、吉田さんがほとんど単独でつくったわけです。ただ、不平等性の強いあの条約は、全然防衛力をもたない日本としてはやむを得なかったと思うんです。吉田さん自身も、あれを恒久的に続けていおうという考えではなかったわけです」

戦後外交の歴史を振り返ると、吉田と岸は、政治的に鋭く対立し、水と油のような関係と見なされる場合が多い。しかし、吉田と岸はどちらも徹底したリアリストであった。彼らの思想的立ち位置、外交政策を決めたのは、大情況という戦略空間と彼らが生きた時代(時間)におけるそれぞれの情況認識と国力認識、そして長い歴史的射程に基づく大局的な判断であった。

このため、一見方向性の違った政治行動のベクトルも、時代の状況に照らしてお互いに理解し、暗黙の了解が心底にあってのものだった。それこそが、二人の〈戦略的リアリズム〉であったのではないか。

吉田・岸の時代から30年余、冷戦が終結した。米ソ両超大国が対峙する世界が崩壊した後の1990年代は、彷徨の危機にあった日本外交が新たに進むべき方向性を見出すべく、しばし与えられた「戦略的猶予期間」であった。こうした時代にあって、政治権力の中枢を掌握する存在になった90年代のネオ・ニューリーダー(小沢一郎、橋本龍太郎、小渕恵三)らはどのような外交安保戦略を進めようとしたのだろうか。

次なる第1章では、その考え方と実態、それをサポートした戦後世代の学者やエリート外交官たちの構想や相互連動性、特に、首相・橋本らが先鞭をつけた価値観外交を取り上げ、そして21世紀に登場して日本の「自画像」(国家意思)を描き、国家アイデンティティを明示しようとした外交戦略構想「自由と繁栄の弧」(第2章で詳述)を念頭に分析する。第1章は、21世紀に装い新たな〈価値観外交〉として立ち現われる安倍戦略外交の前史を描いたものである。

第1章

戦略的猶予期間——冷戦終結後の外交風景

著名な歴史学者、E・H・カーは、第一次世界大戦から第二次世界大戦の戦間期を分析した“THE TWENTY YEARS' CRISIS 1919-1939 : An Introduction to the Study of International Relations”（原彬久訳『危機の二十年——理想と現実』岩波文庫）で、「戦間期」の危機を次のように結論づけた。

「歴史において危機の時代というのは、そう珍しいものではない。一九一九年から一九三九年までの二十年間に及ぶ危機には、それ独自の特徴があった。最初の十年の夢想的な願望から次の十年の容赦ない絶望へ、すなわち現実をあまり考慮しなかったユートピアから、ユートピアのあらゆる要素を厳しく排除したリアリティへと急降下するところにその特徴があった」

カーがここで述べている「最初の十年の夢想的な願望」とは、第一次世界大戦という悲劇を繰り返すまいと考えた国際協調主義者（リベラリスト）たちが構築したベルサイユ体制、その下で抱いた戦勝国の「夢想」の時間帯を指す。しかし、夢想が供してくれた世界平和の現実は、1919年ベルサイユ講和会議で、戦勝国が一方的審議のうちに作り上げた平和条約文書を、敗戦国ドイツに有無を言わさず、手交して実現したものであった。「夢想」の時間帯は瞬く間に過ぎ行き、「次の十年の容赦ない絶望」へと変わっていく。敗戦国ドイツにおけるナチスの台頭と講和での戦勝国イタリアにおけるファシスト独裁政権の絶対化であった。

慶應大学の神保謙准教授は、欧州で開かれた国際セミナーに出席した際に、欧米人の息の長い戦略思考の時間幅に理解を深めた。神保は、国際政治における戦略的時間軸について専門誌『外交』（vol.17、2013年1月）に寄稿した論考の中で次のように触れている。「欧州の国際関係における20年とは、国際秩序の形成や破壊、国際政治の行為主体の間での協調と対立が、かつてとは異なるパターンで出現しうる時間区分として、長く記憶されてきたのである」。国際政治学を学ぶ者が「20年」という時間を読み解こうとする時、この戦間期の経験を避けて通ることはできない。

第1節　1990年代——地殻変動の中の日本外交

†時代は富の争奪戦へ

冷戦構造崩壊後の1990年代は、唯一の超大国アメリカが21世紀をも引き続き「アメリカの世紀」にすべく、ニューワールド・オーダー（新世界秩序）に向かって準備を進めた時代だった。とりわけ、後に米国防総省がそう呼んだように、21世紀世界新秩序に向けて大国がポジションを整える言わば「戦略的猶予期間」。E・H・カー流に言えば、「最初の十年の夢想的な願望」即ち、各国が国内外の新たな政治的枠組みを模索する期間は、次なる秩序に備えて、どのような姿勢で世界と向き合うかを調整するための10年間であった。日本外交にとっては、具体的には湾岸戦争（91年）の教訓を踏まえて日米同盟の新たな存在意義の明示と、国際貢献の新たな分野を切り開くために外交的地平を拡大する必要に迫られ、橋本龍太郎政権などの下で本格的にその作業が進められていく期間であった。

唯一の超大国となったアメリカは、ポスト冷戦期を米一極支配の時代へと作り上げようとする。「悪の帝国＝ソ連」との冷戦を制したロナルド・レーガンからその座を引き継いだジョージ・ブッシュ（父）大統領は、地球規模でのアメリカの関与を前提に、冷戦後に入って維持されるべき軍事力の質と量、それに必要な経費について、国内外に説得的に語る新たな国家戦略論が不可欠となっていた。こうした中で勃発したのが、湾岸危機（90年）に続く第一次湾岸戦争だった。根幹にあったのは、冷戦時代に引き続き「アメリカの価値」に基づく強固な同盟体制の構築である。湾岸戦争は、その現実性を測る地域戦争となった。強固な同盟は、国連軍ではなく多国籍軍として編成され、サダム・フセイン大統領率いるイラク軍をクウェートから一掃し、勝利を宣言した。

しかし、その時すでにアメリカは「パクス・アメリカーナ」の下で宿敵ソ連と戦っていた頃の抜群のパワーを有しているわけではなかった。現に、湾岸戦争の巨額の戦費の多くを日本やドイツに依存しなければならなかった。唯一の超大国として米国のプライドを維持しつつ、冷戦によって疲弊した経済力を回復することができる新しいタイプのリーダーシップが必要であることが明らかになった。冷戦最大の宿敵は社会主義経済から離脱したが、90年代は、「先富論（富むことが可能な者から先に富め、そして落後した者を助けよ、という改革開放政策の基本原則）」によって国力増大を目指す巨大国家・中国の「富国強兵」の足音が聞こえ始める10年ともなった。米国はグローバル化する経済という戦場で、「富」をめぐる新たな争奪戦に直面することになったのである。ブッシュはまず、宮澤喜一首相との間で日米同盟の維持・強化に着手したが、1992年の大統領選で「平和の配当」を求める米国民からノーを突きつけられ、民主党候補ビル・クリントンに敗北を喫した。

アメリカにとって第一次・第二次世界大戦に続いて3度目となる「戦後処理」を任されたの

は、２０１６年の米大統領選挙でドナルド・トランプと戦ったヒラリーの夫、ビル・クリントン第42代米大統領だった。冷戦後処理の二大ミッションは、米国経済の建て直しと世界新秩序を主導的に構築することである。クリントンも、その例外に漏れなかったが、第一次同政権の東アジア政策は「経済重視・安保軽視」のメッセージとなって表れていた。冷戦の終結に伴い、「地球規模の戦争」はもはやあり得ないとの判断から、二つの大規模地域戦争に対処する軍事力を備えるが、「富の争奪」を最重要課題とする経済運営に政策の力点が置かれるようになった。クリントン政権の安全保障に関する基本姿勢は、第二次大戦以来「世界の警察官」として負担してきた尋常でない国防費の削減にあった。

キーワードは、「同盟国の責任分担（バーデン・シェアリング）」だった。93年9月に発表された国防省報告「ボトム・アップ・レビュー」では、安全保障のパートナーシップ拡大と民主主義国家の連携が提示された。アメリカ主導でその価値に基づく「強固な同盟」をより低いコストで構築しようとする試みである。

こうした大情況（戦略環境）の激変の中で、日本外交も冷戦後の世界を歩み始めた。思えば、サンフランシスコ平和条約・旧日米安保条約の締結によって、国際社会への復帰の足掛かりをつかんだ日本が、ソ連を中核とする東側陣営（共産主義・社会主義）と対峙する西側陣営（自由主義・資本主義）に加わることによって、アジアにおける冷戦の尖兵と位置づけられた１９５

0年代。そして、「戦後の総決算」を大平正芳が表明した70年代初頭には、二つの「ニクソン・ショック」（金本位制の廃止と米中接近）を経験し、その後の日本は極東ソ連の脅威に対処するために「槍（米軍）」を全面支援する「盾」として一段と重要な役割を課せられるようになる。80年代、日米関係は明示的にも軍事的側面を含む日米同盟へと格上げされた。冷戦も末期、戦後日本が追い求めてきた〈自立（真の独立）〉と〈安全〉に、「戦後政治の総決算」を政治スローガンに掲げた中曽根内閣の時代において〈国際貢献〉という要素が外交目標に加わった。そして、日本外交の苦悩は、むしろ冷戦終結後の90年代に現われるのである。〈国際貢献〉として求められる「資金での貢献」ばかりではない、「人的貢献」をも強く求められた日本外交のディレンマが、より複雑な様相を呈するようになったためだ。

日本外交は、そうした大情況の変化にどのように対応したのだろうか。

†「価値観外交」序曲

90年代も半ばに近づいた頃、日米安保コミュニティには、冷戦終結に伴って日米安保体制の弛緩・空洞化をますます懸念する空気が支配し始めた。

元々、日米安保体制は、第二次世界大戦後の国際政治にあって米ソ冷戦下で産声を上げ、東アジアにおいて自由主義陣営の一角を支える装置として機能してきた。共産主義圏の盟主ソ連を最大の脅威と見なし、極東防衛の槍と盾として、駐留米軍と自衛隊が北方の守りを固めて常時警戒・巡視の態勢を整えていたが、89年秋、東西両陣営を分かつ象徴であった「ベルリンの壁」が崩壊すると、ソ連邦解体―米一極支配の構造化、欧州通貨ユーロの登場、アジア経済危機、日本の失われた10年等々―世界の構造的変化が進み、同盟意識が希薄化する中で、新たな国家関係、新時代における同盟の在り方が課題となった。

こうした懸念は、日本の場合もご多分にもれなかった。「方向感覚を失い漂流状態に陥った日米関係を何とか立て直さなければ……」――駐米大使を最後に外務省を退官した栗山尚一は、冷戦後いち早く同盟意識の希薄化を懸念し、日米同盟再定義を進めるべく動いた一人である。〈国際貢献〉を打ち出しながら、湾岸危機―湾岸戦争に十分対処できなかった外務省は、外交・安全保障上のトラウマを克服するため、「小切手外交」「一国平和主義」を否定する立場から、新たな対米基軸外交の立て直しを始める。橋本政権時代、冷戦終結後における日米同盟の存在意義を示すとともに、対米関係強化のレバレッジ（梃子）として使ったのが、〈共有する価値〉という欧米製概念だった。

96年4月17日、栗山は東京・広尾の閑静な住宅街にある自宅で、日米両首脳の姿が映し出されたテレビ画面を感慨深げに見つめていた。両首脳とは、橋本龍太郎首相と国賓として来日したクリントン米大統領。二人は東京・赤坂の迎賓館で日米首脳会談を行った後、二つの共同宣言文に署名した。一つは「日米安全保障共同宣言」もう一つは「橋本総理大臣とクリントン大統領から日米両国民へのメッセージ」だった。後者の両首脳からのメッセージには、「21世紀への挑戦」との副題が付記されていた。メッセージは次のような書き出しで始まる。

「日米両国は、共通の価値観、共通の関心、共通の希望を持ちながら、同盟国そしてパートナーとして、二一世紀に向かって進んでいます。日米関係は、日米両国、この地域、そして世界にとり重要な関係です。両国は、これまで長年にわたり、試練を乗り越え、経験を共有し、協力関係を発展させてきました。そして今、将来へのさまざまな挑戦に立ち向かっています」

その上で、日米両国が21世紀に向けて進める協力について17項目を宣言。その中の第四項目には「両国政府は、また、すべての人々が自由及び効果的な法制度の利益を享受できるよう、民主主義の普及、法の支配、そして基本的な人権の保障のために協力する」とあり、民主主義、法の支配、基本的人権――これらは、日米両国が共有する価値観だと確認した。そして最後を次のように結んでいる。

「日米関係は、共通の価値と共通の関心、そして、ひとりひとりの日本人とアメリカ人が長年にわたり育んできた友好と信頼の上に成り立っております。この協力と友好の関係を大事にしながら、われわれは、決意を新たに両国関係を一層深めていく所存です」。この「メッセージ」は、日米関係の公式文書の中で、「共有する価値観」が前面に押し出された最初のものである。

橋本・クリントン会談で「価値観外交」の出発を確認した栗山は、我が意を得たりとばかりに、後に次のように書き綴った。「日米同盟を支える共通の利益は、価値観の共有なくしては生まれない。同盟が守るべき国際秩序についての共通のビジョンは、共通の価値観の存在が前提になる」(『日米同盟――漂流からの脱却』日本経済新聞社)。

90年代は、日本外交に独自の戦略性が求められるようになった時代である。橋本は、日米共通の価値観を根幹に据えて、冷戦後の時代における日米同盟の存在意義を誇示し、戦略的外交の積極的な推進を誓った。

首相・宮澤の言う「米国と共有する価値観」

米ソ冷戦の終結に伴い、アメリカ国民の脅威論は対ソ脅威論から対日(経済)脅威論にシフトした。橋本時代に日米同盟再定義が行われた際、明確な形で価値観外交の意識が生まれたが、「価値観」という用語は、宮澤時代に冷戦後の世界の中の日米関係に言及する際に、既に使われていた。例えば、筆者がワシントン特派員時代に日米両国が迎えた真珠湾攻撃50周年での宮澤首相談話(91年12月6日)にも、両国関係をつなぐ手掛かりとして「価値観」という文言が用いられた。

〈【真珠湾攻撃五十周年首相談話】第二次世界大戦の戦端を開いた真珠湾攻撃によって、日本はアメリカをはじめアジア諸国の人々に「堪え難い打撃」「非常なご苦労、悲しみ」を与えた。「我々としては深く責任を感じている」。しかし、戦後は一貫して憲法の下に「軍事大国にならないよう世界の平和と繁栄」への道を歩んできた。日本は世界第二位の経済大国になったが、それは「アメリカ国民の厚意に負うところが大きい」。五十年経った今、「日米両国は価値観を同じくして深い信頼と友好関係が両方の間に存在して」おり、「世界に新しい平和秩序のために貢献しなければならない」。今後の五十年は、「世界に対する両国の責任の遂行、そして価値観を広めていく、そういう前向きの前方指向の将来の展望に立った五十年にしたい」〉

ハワイの真珠湾では、50周年式典が行われ、ジョージ・ブッシュ第41代米大統領（父）がアメリカ国民に対して語りかけた。その演説で「かつての敵は今や最良の友人である」と日本を位置付けた印象的な言葉が、筆者の頭の片隅に残っている。

その1カ月後、国賓として来日したブッシュに、首相・宮澤喜一は呼びかけた。

「私たちは、アメリカが冷戦後の世界においても、引き続きリーダーの役割を果していくことを信じています。我が国は、世界に貢献するに当たり、アメリカと価値観を共にする国として、また、アメリカと相互依存の最も深い国の一つとして、アメリカとの協力を大切にして行きたい」（92年1月8日、総理夫妻主催晩餐会）

ブッシュ大統領との間で合意した「日米グローバル・パートナーシップ東京宣言」では次のように使われた。日米両国は「あらゆるレベルにおいて高い相互依存関係にある」「その協力を政治的・経済的自由、民主主義、法の支配及び人権の尊重という共有された諸原則の基礎の上に位置づけるものである」「日米両国政府は、これらの恒久の価値に基づくグローバル・パートナーシップの下で手を携え、公正で、平和で、かつ繁栄する世界の構築を助け21世紀の課題に取り組むために協力することを決意する」。その上で「東京宣言」は、政治・安全保障の分野に言及、日米同盟関係の中核をなす60年の相互協力及び安全保障条約を堅持していくことを再確認し、米軍の前方展開は維持される一方、日本が安保条約に従って日本国内における施設及び区域の米軍使用供与、在日米軍駐留経費のより高率な負担をし、双方向の防衛技術交流推進などで一致した、と強調した。

しかし、首相・宮澤がたびたび口にしていた「米国と共有する価値観」という言葉それ自体は、冷戦時代に歴代首相の何人かが口にした「価値共有」の延長線上にあった。即ち冷戦時代は、あくまで東西両陣営の対立が大前提としてあり、ソ連を中心に固まった共産主義・社会主義陣営の脅威に対処するために自由民主・資本主義陣営で用いられた西側陣営の結束確認の証で使われていたにすぎなかった。

†腰折れした「価値観」外交

ところが、ブッシュが92年の米大統領選に敗北、ベビーブーマー世代の新人類型政治家、ビル・クリントンが新たな大統領として登場すると、一時、「価値観」という用語そのものが消える。ポスト冷戦期が訪れ、アメリカにおける新リーダーの登場は、宮澤が、ブッシュとの間で進めようとした「価値観」を日米関係の接合剤にするため、その戦略的意義づけを詰める前に日米新時代のスローガンを腰折れさせた。上述した真珠湾攻撃50周年の式典を機に、宮澤―ブッシュ時代の日米関係は未来志向のメッセージ交換として「価値観」を紐帯の絆にしようとする「グローバル・パートナーシップ東京宣言」を高らかに謳い上げたが、米側の新世代登場と共に、日米関係は仕切り直しを迫られることになったのである。

国家と国家の付き合いである外交だが、外交関係とはその時々の時代情況に合わせて、それぞれの国家のリーダー相互の在りよう次第で、関係が異なってくる。二国間の外交関係は、首脳がそれぞれの国家観・人生観、世代的な体験に基づいて何を目指すのか、相手に何を語るのかによっても、違ってくるためだ。

ブッシュは、日本帝国軍が真珠湾を奇襲した時、17歳の高校生だった。彼が真珠湾攻撃のニュースを初めて聞いたのは、学校の芝生を横切って歩いていた時のことだ。この瞬間、バスケットボールに熱中する日々を送っていたブッシュの世俗での学生生活に終止符が打たれた。邪気なき天真爛漫の時代の終焉が、青年ブッシュにも訪れたのである。約半年後の翌42年6月、ブッシュは海軍パイロットになって、やがて太平洋戦争に参戦する。

一方の宮澤はといえば、その3年前に高校を卒業し東京大学に入学。夏、日米学生会議出席のため、初めて自由の国アメリカの地を踏んだ、言わば、ブッシュとは同一世代だ。二人のアメリカ大統領に接した宮澤は、ブッシュについて次のような言葉を残している。「クリントンさんなんかに比べますと、一つジェネレーションが前ですし、私なんかは大変気持ちのいいつき合いができる人」で、例えば湾岸戦争（91年）において、最後バグダッド間近に迫りながらも、敢えて米軍の首都進攻を打ち切ったブッシュの決断に共感、政治家としてのメンタリティも似ている点で「私にとっては大変親しく感じる人」（『聞き書　宮澤喜一回顧録』）であった。

対するクリントンは、何と言っても第二次世界大戦後生まれのベビーブーマー世代で、ニュー・ジェネレーションの旗手的存在としてアメリカの最高権力者の座を射止めた人である。世界大恐慌に見舞われた30年代のアメリカの空気を吸ったことはないし、第二次世界大戦の記憶もない。宮澤にとっては、「新人類」のアメリカ人だったに違いない。生れた国は違えど、日米の歴史的危機を体験した先輩政治家としての自負を持って、身構えて論争を挑む若き大統領と相向き合った様子がうかがえた。

ブッシュ政権からクリントン新政権になって、日米関係は仕切り直しを迫られ、若き大統領の目は、安全保障の分野よりも経済分野に眼光鋭く向けられていた。ブッシュ政権時代から日米関係に暗い影を落としていた経済摩擦を「ニューメリカル・ターゲット（数値目標）」によって日本側の輸出規制・貿易黒字削減を図ろうという「貿易管理」的手法を、クリントン政権は持ち出してきたのだ。宮澤にとっては、同世代のブッシュ（父）の時に抱いたような同じメンタリティを、クリントンは持ち合わせていなかった。ブッシュ時代に用いた「価値観」という言葉は、宮澤の言の葉には上らなくなった。「恒久の価値観に基づくグローバル・パートナーシップ」を謳った「東京宣言」の文言も色褪せて見えるようになった。日米戦争を世代的体験として共有する人間と、日米戦争を知らない世代間乖離が大きく左右していたのであった。

この「没・価値観」関係の背景には、日米相互のアメリカ観、日本観の変化があった。

当時、対米外交の最前線ワシントンでアメリカ政治を目の当たりにしていた駐米大使・栗山尚一は、戦後生まれの米大統領の登場について、在任中ずっとつけ続けた日記に次のように書き残した。「アメリカも世界も、一つの時代が終わり、新しい時代を迎えることになる」「歴史の大きな流れ、その中での大きな転換を感じる。アメリカは「内向き」になる。冷戦時代に放置された国内の経済的、社会的歪みの是正に取り組まなくてはならないからである」（『日米同盟——漂流からの脱却』）

栗山は、冷戦終結とブッシュ時代の終焉は連動し、新たな時代の到来を告げる、そして、世代的な要素が日米関係にも大きな変化をもたらすことをワシントンに在って痛切に感じていた。例えば、クリントン世代の対日観が栗山の感性に響いていた。第二次大戦を知らないアメリカの世代である。彼らは、日本が極めて重要な同盟国であることを理解し、手強い経済的競争者としてある種の尊敬の念は持っている半面、日本の経済システムは不透明・閉鎖的で、不公正な面があるという認識を抱いていた。クリントンは、そんな「二面的な日本観」を持った世代が生んだ政治家であり、彼が知っているのは「敗戦国日本」ではなく、既に経済大国に伸し上がった日本の姿なのである。（前掲書）

栗山のクリントン観は、宮澤のそれと、オーバーラップするのだが、日本からすれば、冷戦期末の80年代から90年代初頭にかけて隆盛を誇り、対日批判のイデオロギー的武器に意図して用いられた「日本異質論」の負の側面を引き継いでいるようにも見えたのである。

†経済重視・安保軽視

日米両国首脳が宮澤とクリントンに代わり、米側の東アジア政策が「経済重視」に力点が置かれる中で、栗山は「経済重視の落とし穴」を強く懸念した。どちらが得をするか損をするかという議論はすぐれて主観的なものであり、両国の経済関係の緊張は感情的な対立に陥りやすく、「日本異質論」がまたしてもここに絡む要素となる。

クリントン政権になって初の日米首脳会談は、93年4月16日、ホワイトハウスで行われたが、会談後のプレス・リマークスに早くも、相互の思惑のズレが表現された。宮澤は、会談の中で扱ったテーマを、第一に安全保障、第二に経済問題、第三に対ロシア関係、アジア・太平洋地域への対応だったと並べ挙げたが、一方のクリントンは「日本との関係には、常に、経済関係、安全保障問題、世界的問題に関する協力的な取組みという、三つの要素があります」と指摘した上で、「しかしながら、我々の意見交換の中心は経済でした」と断言した。第一次クリントン政権の東アジア・日本政策が、「経済重視・安全保障軽視」であることを如実に示していた。しかし、こうした状況の中で対日通商攻勢の嵐が過ぎ去るのを身を屈めて待つ、という安易な対応は、日本側には最早許されなかった。

宮澤政権（91〜93年）後期、細川護熙《もりひろ》の日本新党旗揚げ（92年5月）に続き、93年になると、宮澤内閣への不信任案可決、自民党を離党した武村正義らの「新党さきがけ」、小沢一郎・元自民党幹事長らの「新生党」結党などが相次ぎ、政界再編の嵐が吹き荒れた。このため、同年7月の衆院選挙で自民党は敗北を喫し、8月、非自民党8党派による細川政権が誕生する。保守合同以来、38年間続いた自民党一党支配の幕がついに降ろされたのだ。クリントン政権は日本に吹いた「新しい風」を歓迎する姿勢を示した。ブッシュ前政権が守旧派を相手に手こずっていた日米経済摩擦で改革派から譲歩を勝ち取れると見たからだ。

第2節　先取りした価値観外交

†小沢からの回答「日本改造計画」

日本に求められる変革・米国の圧力に対して日本の新世代が、いち早く提示した一つの回答が、小沢一郎の「日本改造計画」だった。自民党支配の権力中枢に身を置いてきた小沢の離党、新党旗揚げという激震は、日本新時代を国民一般にも予感させた。小沢の日本再生ビジョンに国民の大きな関心が集まった。実際に書店に並んだのは衆院選挙直前の6月だったが、『日本改造計画』（講談社、以下『改造計画』）は、たちまち増刷され、70万部以上を売り上げるベストセラーとなった。

小沢の「日本改造計画」は、小沢が気鋭の学者や若手・中堅官僚を集めてつくった勉強会で、60回ほどの議論を踏まえて練り上げられた内容を、小沢自身が何度もチェックした上で活字に落とし込んだものだ。「国内政治」を御厨貴・東京都立大学教授（肩書きは当時、以下同）と飯尾潤・埼玉大学大学院専任講師、「経済」を伊藤元重・東京大学助教授と竹中平蔵・慶應大学助教授、「外交・安全保障」は北岡伸一・立教大学教授がそれぞれ担当し執筆、小沢自身が10回以上も推敲を重ねた末に脱稿した。(『90年代の証言　小沢一郎――政権奪取論』朝日新聞社／御厨貴・芹川洋一『日本政治　ひざ打ち問答』日本経済新聞出版社)

内容は、外交、内政全般にわたるテーマを網羅し、首相官邸機能強化や国連待機軍構想、選挙制度改革等々の意欲的な提案を掲げて「普通の国」になるべしと説いた、日本再生のビジョンだ。元来、自己宣伝臭の強い通常の政治家の著作と違って、『改造計画』は、激動する世界を背景に到来した新時代における改革の書、即ち冷戦後において日本の「国のかたち」がどうあるべきかを提示した本格的な改革本との評価を得た。ちなみに、官僚の参加者としては、加藤良三(後に駐米大使)、宮川眞喜雄(現マレーシア大使)、香川俊介(後に財務次官、2015年8月死去)らがいた。後に小泉政権下で、竹中は閣僚(経済財政政策担当大臣、金融担当大臣、総務大臣)を歴任、北岡は国連代表部大使となった。

「竹さんと違って自分には政策がある」。『改造計画』は、守旧派・竹下登元首相を中心とする自民党に叩きつけた挑戦状だった。小沢は新時代の旗手として竹下との違いを明確にするために、官製版ではない独自の「自画像」(国家意思)を提示する点に照準を置いていた。それは、冷戦終結後に切り開かれるべき新時代の最高実力者となるために高々と翳《かざ》した錦の御旗であった。そこには、国連中心主義と新自由主義が墨痕《ぼっこん》鮮やかに書かれていた。

北岡伸一国際協力機構（ＪＩＣＡ）理事長がふり返る。「私が『日本改造計画』作成に関わった動機は、湾岸戦争で日本が何もできなかったことです。小沢自民党幹事長から、国際貢献について話が聞きたいと言われて、話をしたのがきっかけだった。勉強会は、何回もやりましたよ。あの本が出た時の反響はすごかった。だけど、そのうち、小沢さんと連絡が取れなくなってね。その年の暮れまでには、ぷっつり連絡がなくなりました」。当時、北岡が日本政治に期待していたのは三点。第一に、政府は決断を早く、第二に、日本は安全保障で国際貢献する、つまり国連に関わることくらいは最低限やらなければならないという点。そして第三点として最後に求めたのは、消費税導入だった。

小沢らの自民党離党によって分裂選挙となった93年の衆院選挙は、自民党が敗北、小沢が日本新党の細川護熙・元熊本県知事を担いで非自民党8党派を束ね、劇的な政権交代を実現させた。言わば、「93年の乱」である。小沢が主役として実現したこの大政変は、日本政界の世代交代を意味したが、アカデミズムの世界でも新たな知的世代群が台頭するきっかけとなった。冷戦終結に伴う国際情勢の激変に対応して、日本再生ビジョンを志向する新たな知識集団が、権力中枢と密接な接点を持ち、改革勢力に対して積極的に新たな知性と発想を注入する機会となったのである。

†小沢が提示した日本の「自画像」

冷戦が終結した今や、小沢には明確な「自画像」を持たねばならないとの現状認識があった。『改造計画』で、日本が率先して何をしなければならないかを国民に問いかけ、具体的な方策を提言する狙いがあった。冷戦終結はイデオロギーによる対立を終わらせた。今後の世界は軍事力中心の時代から経済を中心とした「総合国力の競争的共存」の時代に入ったのである。

小沢が『改造計画』の中で、日本外交の指針として提示したのは、次の五点である。このうち、新秩序づくりに向けた日米基軸外交、欧州などとの協力関係構築の紐帯として力点を置いたのが「共有する価値観」であった。

①「民主、人権、市場経済といった価値観」を紐帯の絆として他の民主主義諸国との関係を強化する
②アメリカや欧州と共に、日本は新しい世界秩序づくりに積極的に参加していく
③21世紀に向けた日本の外交目的とその戦略を対外的に明確にする
④日本外交の基軸は今後とも日米であり、その関係を時代の変化に対応させつつ、さらに発展させる
⑤アジア・太平洋地域を重視する外交姿勢を明確にする

これらは、民主主義国の一員としてわが国自身の安全と繁栄の維持を図ろうというもので、言わば「価値観外交」路線に踏み出す意思を明確にしたものである。小沢は、「アメリカ重視政策と国連中心主義を矛盾なく両立させる」と断言した上で、冷戦終結の情勢認識を次のように述べる。「イデオロギーによる対立」が終わり、「核を含む軍事力が国際情勢を決定づけるという時代」に代わって、世界には二つの新たな問題が浮上してくる、と見ていた。

一つは安全保障の問題である。例えば、ソ連の解体（91年）は、即、アジア・太平洋地域における平和と軍縮にはつながらない。なぜなら、ソ連の脅威が消滅したのに伴いアメリカも兵力を削減するが、「力の真空」が生じる懸念があるためだ。インドは海軍力を増強し、北朝鮮や中国なども軍備を増強している。また、東南アジアも軍縮より軍拡傾向を強めている――と。現に、ソ連軍がベトナム・カムラン湾からいなくなったことから、フィリピンの駐留米軍も、反米感情の広がりやピナツボ火山の噴火もあって、スービック（海軍）、クラーク（空軍）から去った。その結果、そこに生じた「力の真空」に張り出してきたのが中国だった。中国の膨張政策による現在の南シナ海問題の淵源がここにある。

もう一つは、冷戦体制に封じ込められていた民族、宗教、領土など地域固有の問題である。小沢は地域の安定を脅かす問題として、少数民族問題（中国、中央アジア、極東ロシア、インドネシア、ミャンマー）、領土問題（北方四島をめぐる日本とロシア、西沙・南沙諸島をめぐる中国とベトナムなどＡＳＥＡＮ諸国）、宗教問題（マレーシアやインドネシアにおけるイスラム原理派の影響、少数民族との複合問題としてのインドとパキスタンの関係）などを列挙した。

小沢は、世界が安定に向かう情況の中で「いつ動きが逆転するかわからない不気味さがある」と警戒心を解いていなかったのだが、その提言の実現可能性と時代認識については、総体的にやや楽観的なトーンで彩られていた。前面に押し出した国連中心主義の提言などは、欧州が地域統合に向けて走り出した90年代、「国家を超える」というその理想主義的な理念を支えたポスト・モダンの匂いが漂っていた。それでも、冷戦後の大情況（戦略環境）や世界的潮流を踏まえて、新自由主義、米欧との価値観を紐帯とした外交を通じて、「普通の国」になるべく〈安全〉と〈独立（小沢の表現は「自立」）〉、加えて国力にふさわしい〈国際貢献〉を同時に実現するという日本が目指すべき「自画像」を提示したという点で、画期的な政治家本であった。それは、アメリカからの風圧を振り払うとともに、その後復権する自民党政権が進むようになる時代を先取りした提言でもあった。

第3節　橋本外交と日米同盟再定義

†同盟再定義へ——日米安保共同宣言

冷戦が終結し、国際的な地殻変動が進行しているにも関わらず、依然として日米同盟を所与のものとして受け止める思考が、外務省内には蔓延《はびこ》っていた。冷戦時代、ソ連の脅威に対処するために日米同盟が不可欠と位置づけされてきたが、そのソビエト連邦は解体された。こうした中で、アメリカ国内には、東西ドイツの統合に伴う欧州からの米軍撤退論が表面化してきた。軍事費削減に伴う「平和の配当」論である。

当然、日本国内でも、冷戦後も駐留する在日米軍の意味合い、日米同盟の必要性についての議論が噴出、政治が冷戦後の日米同盟に新たな理念及び理論的根拠を見出し、日米安保体制に息吹を吹き込むことを求められる情況となった。背景には、激化する日米経済摩擦を憂慮する人たちの存在があった。経済面にのみ焦点を当てるのではなく、日米関係を大局的に見る目が必要な時代となったのである。

川上高司拓殖大学教授によると、クリントン政権の東アジア政策における「経済重視・安保軽視」の偏向を正すきっかけになったのが、ウィンストン・ロード国務次官補（東アジア太平洋担当）が94年4月、ウォーレン・クリストファー国務長官宛てに送った書簡だった。書簡は「対アジア関係に生じつつある倦怠感」と題され、クリントン大統領のアジア政策を厳しく批判したもので、「この時点から、米国の対東アジア政策は変化した」（川上『海外事情』）。

こうした中で、95年9月、沖縄で米海兵隊員ら三人が少女をレイプするという衝撃的な事件が発生した。沖縄からは、日米地位協定見直しなどを求める声が強まり、米側は、日米安保体制の揺らぎに強い危機感を感じるようになった。

日米安保共同宣言の作成作業は、11月予定の大統領クリントン訪日に向けて続けられたが、米政府のシャットダウン（政府閉鎖）問題が起きたため、クリントン訪日が急遽延期されると、日米同盟は再び冷戦後の存在意義を付与されないまま、漂流を続けた。その後、米側は1月訪日を改めて提案してきたが、村山富市首相は、その受け入れを拒んだ。すでに、村山は様々な課題取組みの中で政権の行き詰まりを感じるようになっており、その頃、密かに辞意を固めていたためである。辞任のタイミングを計っていた村山は、年明けに退陣。ポスト冷戦時代における日米安保体制の意義付けは、次の橋本政権に先延ばしされた。

この頃、アメリカの知日派エリートにも同様の危機感があった。米軍がアジアになお踏み止まる必要性の根拠付けを迫られていたのだ。ジョセフ・ナイ国防次官補（国際安全保障担当）は、「東アジア太平洋安全保障戦略報告書」（95年2月）で、アメリカのポスト冷戦軍事戦略の中での日本の役割を提示した。この「ナイ・イニシアティブ」は、96年春に、橋本・クリントン両首脳が合意する「日米安保共同宣言――21世紀に向けての同盟」として結実する。

†普天間めぐる橋本と外務省の乖離

日米安保共同宣言（96年4月17日）に先立って、橋本には、片付けておかなければならない課題があった。それは、沖縄の基地縮小をめぐる問題であった。

同年2月23日、急遽決まった日米首脳会談のため、橋本は首相就任1カ月余りで訪米の途に就いた。村山内閣時代に引き続き首相官邸詰めだった筆者も同行取材した。国会審議を終えた金曜日、同日午後9時半、羽田を特別機で発ち、米西海岸時間の同日午後2時半ロサンゼルス着、会談場所のサンタモニカへと移動。夜、ビバリー・ウィルシャー・ホテルでクリントンとの首脳会談、翌24日の午前10時半にロサンゼルスを発ち、日本時間25日午後3時半羽田着で帰国するという厳しい日程が組まれた。一晩は機中泊、現地滞在わずか20時間という慌しい訪米だった。

この会談での最大のニュースは、橋本がクリントンに「普天間飛行場返還」を求めたことだった。否、より正確に言えば、事前に事務方から橋本が沖縄問題を持ち出す可能性がある、と聞かされていたクリントンが、「沖縄について率直にお話頂けますか」と自分のほうから水を向け、これに対し橋本が「普天間返還」を口にしたのだった。「現在、日本を取り巻く国際環境に照らせば、普天間の返還は困難だと承知するが、沖縄県民の要求を伝えるとすれば、それ

は普天間である」と。（折田正樹著、服部龍二・白鳥潤一郎編『外交証言録　湾岸戦争・普天間問題・イラク戦争』岩波書店）

橋本は微妙な言い方をした。その曖昧な表現ゆえに、米側出席者は怪訝《けげん》に思った。「ハシモトは、普天間の返還を求めると言ったのか、米側にその要望を伝えただけなのか」。船橋洋一元朝日新聞主筆（現日本再建イニシアティブ理事長）によると、米側の受け止め方は二つに分かれた。「できないという意思表示だ」というのと、「あれは日本特有の言い方で、難しいが、そこを何とかという意思表示だ」という二通りだ。（『同盟漂流』岩波書店）

首脳会談で持ち出すべきか否か、橋本はロサンゼルスに向けた特別機の中でも、まだ迷っていた。沖縄問題をめぐる橋本の問題意識は、少女レイプ事件が起きた前年秋、沖縄に充満する空気の中で本土に向けられた厳しい眼光が肌を刺すように感じられるようになった時から既に始まっていた。

その頃、実質的に自民党に基盤を置いた村山自社さ連立政権は限界に来ていた。ポスト村山を至近距離に捉えていた自民党総裁・橋本は、〈沖縄に対してよほど大胆な策を打たなければ日米安保体制自体が揺らぎかねない〉と憂慮し、自身が政権を担う時の心の準備はしておこうとの気持ちを持っていた。年明け早々の村山退陣は橋本の想定よりも早かったが、96年1月11日、衆参両院で首相に指名されると、橋本は組閣をはじめ、内外の諸課題に迅速に手を打つ準備に着手した。

内閣発足後2週間も経たないうちに、橋本は首相官邸に大田昌秀沖縄県知事を招いて会談、米軍基地問題などについて約1時間にわたって協議している。会談後、大田は「県民の一部に自民党首相への懸念もあったが、村山政権と差がないことを感じた」との感想を漏らした。

そして96年2月、橋本の胸中に漠として占めていた前年秋以来の問題意識が、サンタモニカ会談に向けて具体的な形になる瞬間が訪れた。橋本は、諸井虔《もろいけん》・秩父小野田株式会社（現太平洋セメント）相談役から普天間返還を日米首脳会談で伝えるよう進言されたのだった。諸井は大田に信頼される経済ブレーンだった。沖縄の経済開発を目指して創設された大物財界人と地元経済人の集まり「沖縄懇話会」のメンバーの一人で、沖縄の事情に詳しかった。

サンタモニカでの日米首脳会談を数日後に控えたある日、諸井は那覇市内のホテルで大田と会う。そこで聴いた大田の要望をメモして、後日、首相の橋本と密かに会った。メモには、日米首脳会談にあたって大田が希望するものが書かれていた。「普天間返還を大統領に要請し、それを記者団に公表してほしい」と。（船橋、前掲書）

外務省は終始消極的だった。アジアでの米軍のプレゼンスを弱めることになりかねない、そして、日米同盟を損ないかねないとの懸念を持っていたためだ。「普天間飛行場の問題は引き続きアメリカ側と事務レベルで議論はしますが、総理の口から具体名を言われてしまうと、日本国内の期待感を非常に高めることになるでしょう。今は代替基地についてはまったく当てがない状況です」などと繰り返してきた折田（外務省65年入省）は、機中で最後に聞かれた時も、「触れない方がいいです」と答えていた。（折田、前掲書）

サンタモニカでの日米首脳会談に臨むためロサンゼルスに到着した橋本は、既に腹を固めていた。シェラトン・ミラマー・ホテルに専用車で向かう途中、隣に座った秘書官の安藤裕康（70年外務省入省、現国際交流基金理事長）に明確な意思を伝えた。「やっぱり、普天間のことは言うよ」。安藤は、その一言から橋本の覚悟と強い意思を感じた。「（言うか否かは）総理がお決めになることですから」。

実際、橋本は普天間返還の要望をクリントンに伝えるのだが、船橋が先に指摘したように、米側の受け取り方は割れた。原因は、橋本の表現が「沖縄県民の要望を伝えるとしたら」という間接話法で始まり、日米安保の重要性から見て米側はそれをできないことを「承知しています」と付け加える、即ち、どちらとも受け取れるものだったからだ。

外務省が普天間という名前を出すことすら反対だった状況の中で、橋本には沖縄県知事・大田の希望を最大限尊重した姿勢を示すために、「普天間返還」を口にする必要があった。加えて、アジアにおける米軍のプレゼンスを軽視してはいないことを分かってもらった上で、あわよくば米側に、日本側の事情を理解して返還問題を真摯に受け止めさせたい。これが「微妙な言い方」につながったが、この「微妙な言い方」こそ政治家・橋本ならではの一流の表現だった。

96年4月12日、橋本とモンデール駐日米国大使は正式に、5年から7年の間の実現を目標に、普天間返還に合意し、記者会見で発表した。

†日米同盟再定義の反動——中国ファクターの出現

対ソ脅威論が消えたのに伴い、日米同盟の絆として新たなレトリック「共有する価値観」が用いられ、同盟再定義の作業は、橋本政権の下で完了したが、90年代における日本外交の重要なファクターが、その反動として現れる。いわゆる、巨大国家の中国ファクターである。

日中国交正常化25周年（97年）、日中平和友好条約締結20周年（98年）と2年続きで節目の年を迎えることから、96年1月に橋本内閣が成立すると、中国側は早くからその出方を探っていた。冷戦終結後の米国一強支配の国際潮流の中にあって、日米安保共同宣言を踏まえ、橋本内閣が、どのような対中関係を構築しようとしているのか。橋本は、対中関係について21世紀までの猶予期間として現状維持を基本姿勢としたが、日米安保の再定義を契機に、中国の対応はにわかに厳しいものとなった。

その場面は、日米安保共同宣言から、早くも1カ月後にやって来た。96年5月、野党・新進党の訪中代表団を招き、橋本政権をけん制したのだった。新進党訪中代表団は、党首・小沢一郎を団長に、5月2日から12日まで北京などを訪問した。中国は、自民党一党支配体制を倒した小沢を〝使える政治家〟と見ていた。小沢の樹立した細川政権が短命に終わったとはいえ、冷戦後の変革期において小沢が世に問うた日本再生ビジョン「日本改造計画」は、中国指導者層にも大きな反響を呼んでいた。中国側は政府首脳級の扱いで小沢らを迎えた。

会談した主な要人を列挙しただけでも、小沢代表団がいかに重視されていたかが分かる。江《こう》沢民《たくみん》・総書記（国家主席）を筆頭に李《り》鵬《ほう》・首相、李淑錚《りしゆくそう》・中央対外連絡部長、熊光楷《ゆうこうかい》・人民解放軍参謀部副総参謀長、李《り》克強《こっきょう》・全人代常務委員兼共産主義青年団第一書記（現首相）、黄《こう》菊《ぎく》・中央政治局委員兼上海市委員会書記、張香山《ちょうこうざん》・中日友好21世紀委員会座長、劉述卿《りゅうじゅつきょう》・外交学会会長、汪道涵《おうどうかん》・海峡協会会長など、党、政府、軍をはじめ、地方、青年組織、日中友好団体におよぶオールキャストでの対応だった。一連の会談のやり取りを見ると、中国側の関心事項や問題意識が如実に表れていた。

中国側は大きく分けて三つのことを、一連の会談で小沢に伝えようとした。第一に中国脅威論への反論、第二にアメリカ一強支配への危惧、第三に多極化世界に移行するための日本の役割だった。

江沢民は、まず中国脅威論に反論した。「西洋のマスコミが言っている「中国脅威論」には、私は全く反対の立場をとっております。中国がますます発展していけば、ますます世界が安定していくということです」。

李鵬は、中国脅威論への反論に加えて、米一強への流れに警戒感を露わにした。「お話ししたいことが二つあります。一つは、「中国脅威論」についてです。ここ数年、アメリカが「中国脅威論」を持ち出しております。そのように主張される方々は「中国は経済発展のスピードが速く、人口が多く、土地が広いことが世界の脅威になる」と言っております。……(中国は)日本のような先進国の水準ではなくて、中進国になるのに、少なくとも30年は必要であると思っております。中国の外交政策は「自立・自主」と「平和」です。長期的平和、特に周辺諸国の平和が必要です」。続けて言葉を継いだ。「二番目の問題は、国際情勢全般についてです。冷戦時代、二大超大国が覇権を争っておりました。ソ連崩壊後のアメリカが一大強国になっております。一国だけで世界を取り仕切ろうとすれば、これは世界にとって不安定要素となります」。そして、最後に李鵬は「一極ではなくて、多極が望ましい」と強調した上で、日本は「多極化の世界の中で、独自の役割を果たしてもらいたい」と、小沢らの動きに期待感を示した。(新進党作成の訪中報告書)

中国脅威論は、2カ月前の台湾海峡危機によって一気に高まったものだった。

†96年3月の中台危機

96年3月8日未明、中国がその3日前に国営新華社通信を通じて予告していた通り、中国人民解放軍は地対地ミサイルを台湾沖に向けて発射する軍事演習を開始した。演習の第一段階は8日から15日まで、第二段階は12日から20日までと設定された。明らかに、3月23日に行われる初の台湾総統選挙を念頭に置いた挑発行為であった。

しかし、アメリカが空母2隻を中心とした二個機動部隊を台湾海峡に急派、軍事力の差をまざまざと見せつけ、中台危機は終息した。その結果、台湾海峡危機に端を発した中国脅威論は、2007年末以降に台頭したそれと比べると戦略次元から生じたものではなく、奥行きも深みもない一過性の挑発行為として葬り去られたのであった。

ポスト冷戦期においてアメリカ一強の流れが強まる中で、日本政治も世代交代の波に洗われ、中国は日本の政界では大きな変化がさらに続くと見て注視していた。こうした中での小沢訪中代表団への厚遇は、時の橋本政権と野党勢力、そして官と民に分かち、日本世論を分断、権力の孤立化を目指す統一戦線方式による中国得意の外交闘争戦術の一つであった。

第4節 「価値観外交」ギャップ

†バッシングからパッシング、ナッシングへ

アメリカが対日外交を展開する時、常に影の主役としてつきまとうのは中国である。その点、クリントン政権時代における対中外交は、非常に甘いものであった。前述した国務次官補のロードが国務長官のクリストファーに送った「ロード書簡」（94年）は、クリントン政権の対アジア戦略にインパクトを与え、同政権の政策を大きく変えたが、その柱の一つが、対中国最恵国待遇（ＭＦＮ）の事実上無条件の延長だった。

89年6月4日、中国で天安門事件が起きたのを契機に、米国は人権とＭＦＮをリンクさせる外交政策に転換したが、その5年後、人権問題に厳しいはずの民主党政権下で、皮肉にも、対中外交原則の主要な柱を蔑ろにされたわけだ。一極支配体制への道を突き進んできた米国は、1996年3月の中台危機が勃発しても、空母二個機動部隊を急派、中国に軍事力の差を見せつけた後は、一見して余裕の対中関与政策（融和）を進めたのだが、実はそれが21世紀に世界が見ることになる巨大国家・中国横暴の伏線ともなった。

現に、1998年6月、米大統領ビル・クリントンは9日間にわたる訪中の締めくくりに、上海の復旦大学で講演し、アメリカは①台湾の独立を支持しない、②台湾政府を承認しない、③台湾の国際機関への加盟を支持しない、と言明した。これは、台湾問題に関するアメリカの「3つのノー」として有名になる。加えて、クリントンは、中国に9日間も滞在したにも関わらず、日本を素通りした。日米貿易摩擦華やかなりし頃、米国の反日姿勢は「ジャパン・バッシング（日本たたき）」と言われたが、クリントン訪中をきっかけに、「ジャパン・パッシング」「ジャパン・ナッシング」（日本無視）との自嘲めいた声に変わった。それは、親米・知米派コミュニティの流行語となり、日本の世論には「嫌米観」が広がった。

冷戦後、日米同盟をつなぐ紐帯として位置づけられた〈共有する価値〉は、21世紀に入ると、「自由と繁栄の弧」という外交ビジョンを実際に機能させる外交ツールとして登場する。第2章以降で詳述するが、それは、安倍政権下において、「自由と繁栄の弧」という戦略的図柄の中に取り込まれる形で「価値観外交」あるいは「価値の外交」と呼ばれるようになった。

しかし、90年代における「価値」をめぐる日本外交と、安倍政権下で展開される「価値観外交」とには大きな違いがあった。一つは、そもそも日米間に「価値外交」の具体化に関する温度差があった点だが、加えて、劇的な違いとして言えるのは、日米中を取り巻くアジア・太平洋の大情況（戦略環境）、戦略空間の地合いが大きく変わった点にあった。

†すれ違うクリントンと小渕の「価値観」

98年7月、橋本政権で外相として日米同盟再定義に関与した小渕恵三首相の誕生で、ポスト冷戦時代の大きな方向は、既に内閣発足時に設定されていた。「共有する価値観」を前面に押し出し両国の絆を密で強固な姿にした日米同盟は、99年5月、小渕―クリントン両首脳間で再確認された。「日米は共通の価値、目標に向けた同盟国だ」「両国は自由と民主主義などの価値を共有しており、21世紀に向けて同盟関係をさらに強化したい」。99年4月末から5月初めにかけて小渕は、日本の首相として12年ぶりに米国を公式訪問し、立ち寄った先々で「価値同盟」の重要性を繰り返した。

ワシントンでの小渕・クリントン首脳会談自体は、日米ガイドライン関連法案の衆院通過、朝鮮半島エネルギー開発機構（KEDO）の軽水炉建設計画への日本の資金供与決定など、十分なお土産を携えての小渕訪米に応えるように、良好な雰囲気の中で行われた。しかし、大統領クリントンの受け止め方からすれば、「価値同盟」確認は観念的レベルでのことで、冷戦終結後10年経っても同盟の存在意義は依然として希薄だったと言えた。

当時の朝日新聞・米国ハリス社の共同世論調査が、その点をズバリ突いている。米軍の日本駐留目的に対して、「日本の軍事大国化を防ぐ」と答えた米国民がほぼ半数（49％）に達した。

いわゆる「日米安保・ビンのふた論」が根強く残っているのを裏付けていた。

外務省は、米大リーグのシカゴ戦で首相の始球式をお膳立てし、野球という日米共有の文化を通じて「同じ仲間」であるとアピールしたり、米国メディアを通じて注目を集めようとしたが、小渕訪米に対する米側の関心は率直に言って低かった。その頃、米国メディアの関心は、大西洋を挟んだ欧州域で火花を散らすユーゴスラビア情勢に注がれていたのだった。

橋本時代、〝共通の価値観〟というキーワードは日米同盟の絆としてクリントンとの間でも確認したが、米側では、結束・連携のスローガン的な効果は別として、「価値」という言葉自体は安易に使われていた。

例えば小渕との日米首脳会談の席上、クリントンの発した次の発言が「価値」の定義の曖昧さを浮き彫りにしていた。「中国に知ってほしいのは、21世紀は米日両国に中国も入ってお互いに努力、協力して争いのないようにすること。三国が力を合わせれば、アジア・太平洋地域で大きなことができる。共通の価値観に乗っていくことが大切だ。ガイドラインは中国に向けたものではない」。

「共通の価値観」は冷戦時代、ソ連及びソ連を盟主とする共産主義・社会主義圏との差別化を図り、「西側」の連携を維持・強化する外交安全保障的概念としても用いられていたが、このクリントン発言は、21世紀直前の10年、即ち巨大な脅威＝ソ連が消滅した結果としての「戦略的猶予期間」における、甘さの残る融和ムードを色濃く反映していた。

日米中「共通の価値観」とは何なのか。日本側の定義によれば、「政治的・経済的自由、民主主義、法の支配及び人権の尊重」(宮澤・ブッシュ両首脳の「日米グローバル・パートナーシップ東京宣言」)、「民主、人権、市場経済」(小沢の『日本改造計画』)、「自由及び効果的な法制度の利益を享受できるよう、民主主義の普及、法の支配、そして基本的な人権の保障」(橋本・クリントン両首脳の「日米両国民へのメッセージ」)だが、クリントン発言の「日米中共通の価値観」が何を指すかは曖昧模糊としており、通常の定義とは違う。当時の米政権にとっては、国民を納得させるための政治的スローガンの域を脱していなかったのである。

†「価値観外交」の難しさ

「価値観」をめぐっては、政治的、経済的視点で捉えるか、文化的、歴史的視点で捉えるかによって、その見え方は随分違ってくる。

日米は政治的、経済的には価値(欧米流の民主主義、法の支配、市場経済)の共有でつながることは容易だが、文化的、歴史的にはむしろ日中間で共有する価値が多い。これを、外交戦略の中に取り込んだ場合、どうなるか。冷戦時代のようにイデオロギー対立で色分けし単純化した世界を形成するのは容易なことではない。

例えば、橋本は97年7月、経済同友会講演でユーラシア外交を提唱、その1カ月後、読売国際経済懇話会で「新たな対中外交を目指して」と題する講演を行った。経済同友会講演では、「信頼」「相互利益」「長期的視点」の対ロシア外交三原則を提示したが、この読売講演では、対中国外交四原則として「相互理解」「対話強化」「協力関係の拡大」「共通の秩序の形成への貢献」を提示した。

この対中四原則は、日中国交正常化25周年に際しての訪中を1週間後に控えて、独自の戦略外交を本格化するための布石だった。意味するところは、日中両国が異なる体制である点を認め合う「相互理解」に、「対話強化」による安全保障分野での相互不信の払拭、また経済分野を中心にした実利的な「協力関係の拡大」、それらの上に立って政治、経済(貿易、投資、金融)、安全保障など幅広い分野でのルールづくりを目指すための「共通の秩序の形成への貢献」だが、「戦略的猶予期間」となった90年代の国際情勢認識に基づく中国の長期的戦略眼は、日本とは違った方向に向けられていた。

9月4日から7日までの中国訪問を、橋本はこれまでの友好一辺倒の情緒的な日中関係から実利に基づいた「是々非々」の日中関係への転換の第一歩と位置付け、歴史認識問題にも自ら踏み込んだ。第二次世界大戦後、日本の首相として初めて瀋陽市(旧奉天)に足を踏み入れ、満州事変勃発の地である同市郊外の柳条湖を訪問した。橋本が訪問先として、日中友好の定番である西安、上海ルートでなく、東北地区の瀋陽、大連ルートを組み込んだのは、歴史の直視と未来志向に真摯に向き合う日本の姿を中国側に率直に示したかったためだった。しかし、わずか2カ月でその淡い期待は萎《な》えていった。

兆しは97年10月下旬、江沢民・国家主席の訪米から読み取れた。江沢民は米国を訪問するのに先立って、ハワイの真珠湾に立ち寄って戦艦アリゾナ記念館に献花したのだ。歴史カードを使って日米離間を図ろうとしたのは明らかだった。結局、11月、訪日した李鵬首相が今後の日中関係について提示した対日外交五原則は、橋本の対中四原則と響き合うものとはならなかった。中国側は「相互尊重と内政不干渉」を最優先に掲げるとともに、橋本が最重視した欧米と連動したアジア太平洋地域における「共通の秩序形成」とは落差のある国際情勢認識を示したのである。（高原明生・服部龍二編『日中関係史　1972－2012　Ⅰ政治』東京大学出版会）

「共通の価値観」を基盤に構築した日米同盟の再定義、日米防衛協力のための指針（ガイドライン）見直しなど、冷戦後の新秩序形成に向けて踏み出した橋本外交は、中国との戦略調整がつかないまま、第2ステージに移行する以前の段階で、参院選の自民党惨敗で挫折、課題は小渕外交に受け継がれた。90年代におけるクリントン時代の「価値観外交」の結末は、前述した通りである。冷戦後の地殻変動は20世紀最後の10年を経て新たな秩序への〝軟着陸〟に向けて収まろうとしていたが、21世紀になるとすぐさま、世界は驚愕の大事件を目の当たりにすることになった。「絶望」とは言わないまでも、「次の10年の容赦ない試練」の始まりであった。

第2章 戦略構想「自由と繁栄の弧」

第1節 「容赦ない試練」の時代

†破られた「戦略的猶予期間」

新千年紀（ミレニアム）最初の年、アメリカ合衆国は、航空機を乗っ取ったイスラム過激派による史上最大規模のテロの惨劇に見舞われた。ニューヨーク・マンハッタンの世界貿易センタービルをはじめ、同時多発的に米国内4カ所で発生した衝撃の9・11米同時多発テロ事件。世界に戦慄が走った。超大国ソ連邦の解体後、国民国家アクターに与えられていた「戦略的猶予期間」（米国防総省は１９９７年「ＱＤＲ＝４年ごとの国防戦略見直し」に２０１０年までを「period of strategic pause　戦略的猶予期間」と明記した）はあっけなく幕を閉じた。１９９０年代、冷戦の「勝者」米主導で緩やかに進められていた世界新秩序づくりに終焉が告げられ、世界は〈混沌の時代〉に入った。９・11テロによってアメリカは、冷戦後20世紀末の「戦略的猶予期間」中、一極体制構築に向けて地道に積み上げてきた国家安全保障戦略の転換を余儀なくされたのである。

９・11テロ事件の20日後、国防総省は２００１年度の国防戦略見直し「ＱＤＲ２００１」で、朝鮮半島と湾岸地域を想定した伝統的な二正面作戦を事実上捨て、「非対称への脅威」と併せて「不安定の弧」への対処を前面に押し出す新安保戦略を打ち出した。

その骨子は次の三点である。

①「非対称の脅威」への対処：現実のものとなった「非国家アクター」との戦いに備え、９・11テロを機にさらに多発することが予想されるテロとの戦いを強化する

②紛争発生の予見が困難な地域への対処：今後、紛争や軍事競争が起こりやすい地域――アフリカからユーラシア圏のバルカン半島、ベンガル湾、中東を経て東南アジア、朝鮮半島、日本海に到る帯状の領域を「不安定の弧」と呼び、同盟及び友好国との関係強化を進め、前方抑止を堅持する

③正体の見えぬ敵への対応：米軍を「脅威ベース」の戦力構成から「能力ベース」の戦力構成に変更する

こうしたアメリカの動きと安保環境の認識の変化、加えて何よりも、高度経済成長軌道に乗った巨大国家・中国の台頭――軍事力を増強し海洋進出に意欲を示し始めたこと――が明確になっていく中で、日本政府も、〈混沌の時代〉に入った世界規模の地殻変動に対応するため、より戦略的な安保外交政策が求められるようになった。

唯一の超大国アメリカ一極支配の挫折、非国家主体の表舞台への登場と国民国家への挑戦、巨大国家中国の覇権的台頭と軍事力の外洋化、NATO（北大西洋条約機構）の東方拡大とロシアの過剰な警戒感、アラブ世界液状化の兆候等々。冷戦時代に投錨された思考法、発想、理念をそのままに新時代の秩序を生み出すのは至難の業であることは自明の理となり、日本外交にとっても新たな戦略構想が不可欠の時代となった。

†「自由と繁栄の弧」の発案者

麻生太郎外相「日本に外交戦略なんてものがあるのか」

谷内《やち》正太郎外務事務次官「もちろんあります。まとめたものを作りますから、外交政策のメジャースピーチをやってくれますか」

麻生「そりゃ、もちろんやるよ」

2006年晩秋、第一次安倍内閣の外相・麻生が講演の中でぶち上げる日本外交戦略ビジョン「自由と繁栄の弧——拡がる日本外交の地平」(同年11月30日の日本国際問題研究所セミナー)は、こんな些細なやりとりから始まった。

その前年1月に外務事務次官に就任した谷内(現国家安全保障局長)だが、霞が関の一室にこもって日本外交の「静かな司令塔」という役割に徹するスタイルを好まなかった。事務方のトップになっても、機会をつくっては相手国のカウンターパートとの意見交換を求めて海外に赴く。機会があれば、日頃行けない国々や地域にも立ち寄る。こうした海外出張を積み重ねる中で感得した肌感覚・体験が、「自由と繁栄の弧」発案の動機となった。

恩師・若泉《わかいずみ》 敬《けい》との縁により、予ねて安全保障及び国家戦略の重要性、独立国家として日本の意思を内外に示す重要性を認識していた谷内にとって、然るべき政治家のために外交政策スピーチを作り上げるのが、長年温めてきた願望だった。その思いが具体的な形になるきっかけは、事務次官に就任してほぼ1年半、同年5月に訪れたチェコ、ウクライナ、ポーランドの東欧三カ国への訪問の時だった。

1989年11月のベルリンの壁崩壊を機に、ソビエト連邦の実質支配圏東欧で、ドミノ倒しのように共産党政権、社会主義政権が次々と倒壊、ソ連自身も91年に解体した。その後、日本が東欧支援として熱心に援助したことを東欧諸国は忘れていなかった。谷内は日本に対する好感度が高いと感じた。今後の国づくりに向けての熱気と対日期待感が伝わってきた。直接肌感覚で得た谷内のインスピレーションは、対ロシア外交の進め方はどうあるべきかという問題意識に連結した。谷内にとっては、北方領土問題を抱えるロシアとの交渉を進展させるためには、日本外交の存在感をロシアにどのように示すかが重要命題であった。と同時に、米国防総省が命名した「不安定の弧」との関連も重要であった。

当時のユーラシア大陸を振りかえれば、9・11テロが発生すると、直後に「テロとの戦い」としてタリバン政権を攻撃するためのアフガニスタン戦争が起こるが、アメリカにとって重要なのは、「ロシアの裏庭」と言われる中央アジアに、米軍の足場を確保することだった。米軍はキルギス・マナス空軍基地とウズベキスタン・ハナバード空軍基地の使用を許可され、ロシアも容認、短期でタリバン政権を瓦解させた。しかし長期駐留はとなると、ロシアは異論を唱えた。中央アジアにおける基地使用をめぐって米露関係は緊張をはらむ展開となった。

当時のジョージ・W・ブッシュ（子）政権からは「中央アジアに生じつつある空白を日本が埋めてほしい、何とかして欲しい」という要望が非公式に伝えられていた。谷内は可能な限りそれに応えようと知恵を絞った。「日本は軍事的支援をするわけにはいかないので、経済や教育などの分野で、「不安定の弧」と呼ばれる中央アジアの国々を支援しよう」と考えたのである。

20世紀末の「戦略的猶予期間」中に、北東アジアから中央アジア・コーカサス、トルコを経て、中・東欧、バルト諸国にまで幅を広げた日本外交を踏まえて、大きな戦略的絵柄を描けないか。谷内は、局長を経由せず直接、総合外交政策局総務課長・兼原信克（現内閣官房副長官補）を事務次官室に呼んで、知恵を絞るように指示した。ユーラシア大陸の国々と連携していけば、それは〈弧〉になる。「兼原君は元々、マッキンダーの地政学を愛読していたので、ハートランド（ユーラシア大陸の中核地域＝pivot area）、リムランド（ハートランドの外縁部分の北西ヨーロッパ、中東、東南アジアに至る沿岸地帯）という発想が出てきた」。そして谷内は、日経BP主任編集委員出身の外務副報道官・谷口智彦（現内閣官房参与、慶應義塾大学大学院教授）を、麻生の外交政策草案を執筆するスピーチライターに起用した。谷内は、谷口が外務副報道官になってしばらく、官僚のタテ割り社会の中にあって「私のやることは何もないんですよ」とこぼしていたのを思い出し、それなら「（麻生演説を）任せよう」となったのだ。こうして戦略的絵柄の中身を具体的にどうするかについては、谷内の考え方を踏まえて谷口と兼原が相談して詰めて行くことになった。

「自由と繁栄の弧」というネーミングは、兼原が考えた。米国防総省は「不安定の弧」と呼んだが、「もっと明るいネーミングがいい」と。「自由と……なんとかの「弧」。「自由と民主」じやおかしいし。「自由と繁栄」そう「自由と繁栄の弧」がいいんじゃないか」。三人の意見が一致した。政策スピーチ「自由と繁栄の弧」が出来上がった。

†日本外交の自画像を求めて

2006年11月30日、麻生外相は東京・ホテルオークラで開かれた日本国際問題研究所セミナーで「『自由と繁栄の弧』をつくる」と題して講演した。

「さて皆さん、本日は「価値の外交」という言葉と、「自由と繁栄の弧」という言葉。どちらも新機軸、新造語でありますが、この2つをどうか、覚えてお帰りになってください。我が国外交の基本が、日米同盟の強化、それから中国、韓国、ロシアなど近隣諸国との関係強化にある。このことは、いまさら繰り返して申し上げるまでもありません。今回申し上げますのはその先、日本外交に、もう一本、さらに新機軸を加えようということであります。

第一に、民主主義、自由、人権、法の支配、そして市場経済。そういう「普遍的価値」を、外交を進めるうえで大いに重視してまいりますというのが「価値の外交」であります。第二にユーラシア大陸の外周に成長してまいりました新興の民主主義国。これらを帯のようにつなぎまして、「自由と繁栄の弧」を作りたい、作らねばならぬと思っております」「この一円こそは、冷戦が終わり、東西対立が幕を閉じるとともに、激しく変わってまいった一帯です。そこを

「自由と繁栄の弧」にしたい」「我が日本は今後、北東アジアから、中央アジア・コーカサス、トルコ、それから中・東欧にバルト諸国までぐるっと延びる「自由と繁栄の弧」において、まさしく終わりのないマラソンを走り始めた民主主義各国の、伴走ランナーを務めてまいります」

「自由と繁栄の弧」の基本的な考え方を紹介した上で、麻生はこうもつけ加えている。「新機軸は、実を申しますと新機軸でもなんでもありません。16、17年前から日本外交が少しずつ、しかし地道に積み重ねてきた実績に、位置づけを与え、呼び名をつけようとしているに過ぎないわけであります」。

現に「戦略的猶予期間」だった1990年代、日本は大々的な民主化支援を推進していた。

例えば、東欧のポーランド、ハンガリーに対して総額19億5000万ドル（2800億円以上）に上る支援策を公約（90年）。バルカン半島北西の旧ユーゴスラビアのボスニア・ヘルツェゴビナに対して、内戦終結直後、5億ドルを支援拠出（95年）。先進国首脳会議リヨン・サミットで「民主的発展のためのパートナーシップ」事業として民主化を目指す途上国に対してガバナンスの仕組みづくり支援を提唱（96年）。カンボジア、ラオス、ベトナムのCLV諸国、モンゴル、ウズベキスタンなどに対して法制度、司法制度づくりなどの国造りの基礎作業を集中して支援。その一方で、「日・CLV首脳会議」「「中央アジア＋日本」対話」「ヴィシェグラード4（チェコ・ハンガリー・ポーランド・スロバキア四カ国）との対話」等々の地道な外交努力が続けられた。その結果、日本外交の幅はポスト冷戦時代を経て大きく広がっていたのである。しかし、そうした外交実績はマスコミにあまり報じられることもなく、国民世論に浸透しなかった。こうした実情に不満を持っていた谷内は、日本外交の考え方をしっかりと対外発信すべきだと考えていたのだ。

「自由と繁栄の弧」立案のもう一つの動機を敢えてつけ加えるならば、小泉政権で最悪となった日中関係を建て直すために、安倍晋三首相が就任早々、電撃的に訪中（第一次安倍内閣、2006年10月）、関係改善を果たすなど華々しい外交デビューを飾ったことから、谷内が安倍の兄貴分である麻生を気遣い、スポットライトを当てさせようと準備した点が挙げられる。そして、有能な知恵袋（兼原）と秀逸のスピーチライター（谷口）を引き込んで仕立て上げた麻生のための外交メジャースピーチであった。

それは、日本が平易・明確・正直に自身の本音を初めて対外向けに発信した本格的な外交政策スピーチとなったが、その意味するところは重要である。いみじくも麻生自身が講演で吐露している。「言葉が必要なのであります。そこを自覚して、明確な言語を与えようとした点に、あえて申しますなら（「自由と繁栄の弧」の）本当の新機軸がございます」と。つまり、21世紀に入った今、日本は歴史的転換点に立っているとの時代認識を踏まえて描いた「日本外交の自画像」、これが「自由と繁栄の弧」であるというわけだ。とすれば、「自由と繁栄の弧」は、冷戦が終わって国家がアイデンティティを探し始めた21世紀における、日本外交なりの回答だったと言えよう。「共有」（しようと）する「価値観」でもって連携する、いわゆる「価値観外交」は、日本外交のツールとして戦略的に取り込まれたのである。

†混沌の時代のアイデンティティ探し

日本外交が描き始めた「自画像」は、第一次安倍内閣下の麻生外交ビジョン「自由と繁栄の弧」がそれであった。谷内らにこうした「自画像」を描かせる動機となったのは、新たな時代に突入した世界史ゲームの激変である。古い秩序が崩落していく中での国家のアイデンティティ探し。21世紀に入った現在、様々な姿・形をもって、アイデンティティ探しの現象が世界各地で頻発している。

戦後70周年にあたって書いた国家アイデンティティに関する拙稿がある。「自由と繁栄の弧」の歴史的意義づけ及び冷戦終結後の世界史ゲームがどうなっているのかを考えるために、その一部を紹介する。

「私たち日本人は、第一次世界大戦勃発後1世紀という節目の年を生きてきた。今年（2015年）は、第二次世界大戦が終結して以来70周年に当たる。この間、米ソ両超大国が東西陣営に分かれて対峙した冷戦期があったが、四半世紀前の秋「ベルリンの壁」崩壊とともに終焉、21世紀に入ると新たな世界史のゲームが始まった。

近代における「国民国家」成立以来、国際政治、もっと幅広く言えば世界史のゲームを支配してきた原理は何か。

その第一段階では、それは〈領土争奪ないし陣営拡張戦〉だった。このことは、20世紀世界史の重要局面——二度にわたる大戦と冷戦——で生じた欧州における力による国境線変更、中東における強制的な新たな国境線の線引き、アジアにおける侵略行為等々の史実を想起しただけでも分かる。

イデオロギーを柱とした陣営の拡張＝争奪戦を原理に繰り広げられた冷戦時代のゲームは、その延長線上にあって核の危うい均衡の上に成り立っていたが、1989年の冷戦終結宣言——91年12月のソ連邦崩壊をもって一応ピリオドが打たれた。そして20世紀末の到来にタイミングを合わせるかのように、新たな原理に基づく世界史ゲームが始まったのだ。

第二段階では、〈富の争奪戦〉が展開された。ここでのゲームで貫かれるのは効率性・迅速性を徹底的に追求する原理だ。

安価で行き渡ったコンピュータ、それが社会の回路となって情報が瞬時に世界を駆け巡り、IT金融革命がカジノ資本主義とも揶揄《やゆ》される妖怪を生んだ。冷戦終結後、唯一の超大国アメリカが中心となって、これまで人類が経験することのなかった巨大なグローバリゼーションを巻き起こした。金融革命は一見して巨大な利益を生み出したものの、2008年のリーマン・ショックはグローバリゼーションの陰の部分《ダークサイド》を暴き出した。

そして今、富の争奪戦の結末は富の偏重と貧困という貧富の格差拡大となって、民主政体を揺るがしている。ヒト・モノ・カネが国境を軽々と飛び越え、情報が瞬時に世界の隅々にまで流れ込むネット社会の出現。効率性・機能性・迅速性を徹底追求する社会のIT化は、バーチャル・リアリティ（仮想現実）を人々のライフサイクルにまで日常的に浸透させ、虚と実の境い目のない世界を必然的に創り出した。

「国民国家」は近代において人工的に作り出された統治機構にすぎない。即ち、市民革命や民族独立運動、あるいは絶対王政主導で成立した、国際政治の一単位である「国民国家」――それは、ある種の擬制の上に成り立ったヒト・モノ・カネを抱え込む統合装置なのだが、二つの世界大戦と冷戦、巨大なグローバリゼーションの波を被った今、危機に立たされている。世界規模の地殻変動が進行しつつある中、この間一世紀、所与の「国民国家」に従属してきた人種、民族、部族が自身のアイデンティティ（自己同一性・自己の存在証明）に適合する場所を失い、その新たな落ち着き先を求めて彷徨し始めた」（拙稿「アイデンティティ競争時代の世界史ゲーム」『外交』、vol.29、2015年1月）

ウクライナにおける紛争、シリアとイラクに引かれた欧州列強の遺物である人工的国境線を嘲笑うかのような「イスラム国（IS）」の出現、大量のシリア難民の欧州への流入、国民投票で独立を目指したスコットランドの〝実験的行為〟、そして英国のEU離脱問題（Brexit）では、国民投票によってEU離脱派が勝利（2016年6月）した。それぞれ手段は違っていても、新たな国家アイデンティティを求めて、あるいはアイデンティティ探しを口実に、第二次世界大戦終結に伴って構築された世界秩序・世界地図を書き換え、修正を加えようという動きが顕在化しているのである。この冷厳な事実を見逃すわけにはいくまい。

麻生が講演の翌年に上梓した『自由と繁栄の弧』（幻冬舎）の中で強調している。

「日本人の自我を戦後長い間引き裂いていた自己不信は、ここに及んでほぼ消滅しようとしています。国民は、世界に向かって善をなす用意を整え、意欲に満ちた新しい日本人が、しかるべく命名されるのを待っている」「『主張』し、『発信』すべしと、外交に国民が望みを寄せるとき、渇望されているのは、この時代にふさわしい自己表現の形式なのだ」

†マッキンダー地政学の発想を持ち込む

国防総省「QDR2001」の「不安定の弧」同様、日本外交ビジョン「自由と繁栄の弧」のベースとなったのは、地政学の祖ハルフォード・ジョン・マッキンダーの戦略的思考であった。1904年、マッキンダーが地政学を平易な言葉で語った英国王立地理学協会での講演記録(1月24日)がある。マッキンダーによると、ユーラシア大陸の概念定義は次のようになる。

ユーラシアは、一続きの陸の塊であり、その北部は氷(北極海)で蔽われ、他の部分を海洋(東は太平洋、南はインド洋、西は大西洋)に取り囲まれている。地球上の陸地面積(サハラとアラビアの両砂漠を除く)のほぼ半分を占める全面積は、約二千百万平方マイル(北アメリカの約三倍)で、約九百万平方マイルに及ぶその中央部ならびに北部には外洋に出られる水路が一つもない。が、その反面、この地域一帯は、亜北極圏に属する森林地帯を除いて、遊牧民族の活動に極めて適している。(曽村保信訳『マッキンダーの地政学』原書房)

そして遊牧民族の中で、かつて馬やラクダの機動力を駆使する騎馬民族(遊牧民の中で、生活に騎馬を採用し、それによる移動や戦闘に習熟した民族)の活動に任せられていた、このユーラシア大陸の広大な部分が、国際政治の回転軸(ピボット)に相当する地域である。マッキンダーはこうした地理の特性を踏まえて、「ロシアはかつてのモンゴル帝国に代わるべき存在」であり、「世界全体との関係において、戦略上中枢の地位を占めている」「回転軸の国」こそがロシアなのであると明言する。この回転軸の外側には、ドイツ、オーストリア、トルコ、インド及び中国などの国々があって、これらの諸国が大きな内周ないし縁辺の半月弧(inner or marginal crescent)を形成し、さらに外側にある国々、即ち英国、南アフリカ、豪州、アメリカ合衆国、カナダ及び日本等々によって、外周ないし島嶼性の半月円（outer or insular crescent）が成り立っているというわけだ。（前掲書）

麻生が提唱した「自由と繁栄の弧」は、ハートランドの外縁を取り巻くリムランドに相当する地域を念頭に、アメリカ、日本が、冷戦後不安定化した「内周の弧」の安定回復に向けて経済的・政治的支援を行おうという戦略構想である。「自由と繁栄の弧」として描かれた日本外交の戦略は、「不安定の弧」（米国防総省報告書）へのテコ入れと併せて、基本的には対ロシア外交を念頭に始まったが、日本を取り囲む大情況（戦略環境）の変化という現実の中にあって、安倍首相の下、国際協調に基づく「積極的平和主義」と「地球儀俯瞰外交」「価値観外交」として深化していくことになる。

発案者の谷内は、その戦略的主眼を次のように述べている。「「自由と繁栄の弧」については、一部に〝中国包囲網〟という誤解があります。しかし、安倍政権には中国を包囲する意図はないし、日本にはその能力もない。「弧」に位置する国々は、いずれも自由と繁栄を求めて長期的なマラソンレースをしている国々。日本はあくまでも伴走者として、具体的には政府開発援助（ODA）や人的交流などの平和的手段を通じて応援していこうという発想です。中国を排除するものではないし、中国も賛同して協力してもらいたいと思っています。「自由と繁栄の弧」という言葉自体は、今は使ってはいませんが、基本的な考え方は今でも維持されている」

（多言語サイト nippon.com、「地球を俯瞰する外交」インタビュー2013年6月27日）

しかし、筆者の取材によると、「自由と繁栄の弧」は当初、ロシアに照準を当てる戦略論として始まり、次いで中国の海洋拡張化の動きが明確になってくるのに及んで、主要な戦略対象が中国に移ったのだと言える。

第2節 「自由と繁栄の弧」から「地球儀俯瞰外交」へ

谷内正太郎、兼原信克、谷口智彦という三人の個性によってビジョン化された「価値観外交」は、欧州、ユーラシア大陸、アジアまでにまで及ぶ「自由と繁栄の弧」を想定、法と自由と民主主義を価値観とする諸国とのつながりを深めていこうとする日本外交の戦略構想となった。それから6年、谷内が第二次安倍内閣の誕生に伴い外交安全保障政策に深く関与し始めると（最初は内閣官房参与、現在は国家安全保障局長）、外務省総合外交政策局の兼原（現内閣官房副長官補）、同省外務副報道官の谷口も首相官邸入りする。そして今、「自由と繁栄の弧」の考え方は、「地球儀を俯瞰する外交」に引き継がれ、三人は、第二次安倍内閣になっても、安倍戦略外交を支えるキーパーソンとなった。以下、三人のプロフィールを紹介する。

†外交官らしくない外交官――谷内正太郎

谷内（外務省1969年入省）は「外交官らしからぬ外交官」と、よく言われてきた。一般的に外交官のイメージと言えば、エリート然としていて語学力抜群、目から鼻へぬけるような賢さと、人が近づき難き雰囲気を漂わせている人物を想起させる。しかし谷内は、同期より年長ということもあって若い頃から独特の存在感があったが、およそ、きらびやかな所作・言辞を好まない外務官僚である。後輩は半ば愛着を込めて、彼を「昼行燈」「谷内爺」と呼ぶこともあるが、その点こそが、政治家・安倍晋三や麻生太郎が信頼を置いた点と線につながる谷内のストロング・ポイントのように感じる。

多くの友人たちは、大学3年にもなると、本郷キャンパスの銀杏が色づく頃、就職活動にいそしむようになる。だが、谷内は、自身の行く末に確たる方向を見出せないでいた。1960年代当時の日本は右肩上がりの時代、若者、とりわけ学生には奇跡の復興を遂げた日本の風景が所与のものとしてあり、社会に出るまでにある種の猶予（モラトリアム）が許容されるようになっていた。が、その一方で、時代は急激に変化する世界と日本の姿が見え始めていた。漠たる不安が漂う中、谷内は鬱然《うつぜん》として青春を過ごした記憶がある。当時の東京大学は「できるだけ長くいるものだという風潮があり、留年するのがいわば流行だった」。そうした中で谷内は、留年するのも気が進まず、インド哲学を専攻すべく大学院に進学した。しかし、指導教官が長期療養に入るなど幾つかの理由から本格的に学究の徒になることもなく、外交官への道を選んだ。谷内はこの時、深くインド哲学の叢に分け入ったわけではないのだが、当時はインド自体に関心を寄せた稀有の存在だった。

谷内は勇んで入省してはみたものの、外務省に抱いた違和感は大きかった。その最たるものが、官僚世界に共通して流れる「事なかれ主義」だ。国家を背に外交の責務に携わる外務省に流れる、ある種の官僚イデオロギーは、谷内にとってちょっとした衝撃だった。大過なく慎重にやっていれば、昇進できるという空気が流れており、「積極性とか創造性がさほど求められていない世界だ」とも感じた。幕末の志士や陸奥宗光ら明治の人たちは、帝国主義の時代にあって日本国の独立を守り、国民の生命、財産を守ることに命がけで奔走していた。それを思う時、谷内は、自身がいろいろな厳しい局面で立たされた時などは、比べものにならないと感じる。いよいよもって先人たちは、畏敬の対象になっていったのである。

✝恩師・若泉敬から学んだ「志の外交」

外交官・谷内を語る時、国際政治学者・若泉敬の存在を抜きには語れない。若泉は生前、「自分は学者であり、評論家であり、政治家であり、またそのいずれでもない」と語っていたが、首相・佐藤栄作の密使として、沖縄返還実現のため、日米の間を奔走したことは世に知られている。谷内が若泉に出会ったのは大学1年生の頃、「土曜会」という読書会でだった。その時、若泉は防衛研修所の教官だった。

外務省に入省したものの、独身寮に入れなかった谷内は1969年春から約1年間、若泉宅に下宿した。谷内は「至誠の人」若泉を次のように評する。「彼の存在、生き方自体が、私には大きな風圧というか凄みを感じさせた。私には到底、彼のような資質はないと思ったが、手本にすべき人だと思った」「時と共に忘れられていくかもしれない人だが、生前、近くで接する人には、その圧倒的な存在感や自分を厳しく律する生き方で、強烈な影響を与えた人だ」(『外交の戦略と志――前外務事務次官 谷内正太郎は語る』産経新聞出版)と。

若泉が、福井県で隠遁生活を送るようになってからは、年に二、三回、電話で請われると、週末に自宅を訪ねる付き合いへと変わった。「いろいろお話しをさせていただいた」が、若泉には「沖縄返還で国のために命がけで働いたという思いがあったので、その志を継いでもらいたいというお気持ちがあったのではないか」(前掲書)

安全保障は「究極の国家のレゾンデートル(存在意義)」と考える谷内の頭には、若泉が万感の思いを込めて記した『他策ナカリシヲ信ゼムト欲ス――核密約の真実』(文藝春秋)の跋(あとがき)の一節が極めて強い印象として残る。若泉の渾身を込めたこの遺作は、日本国及び日本国民に宛てた遺書とも言えるものであった。

「ここで敢えて私の一片の赤心を吐露させて頂くならば、敗戦後半世紀間の日本は「戦後復興」の名の下にひたすら物質金銭万能主義に走り、その結果、変わることなき鎖国心理の中でいわば〝愚者の楽園《フールズ・パラダイス》〟と化し、精神的、道義的、文化的に〝根無し草〟に堕してしまったのではないだろうか。もしもそうだとするならば、このような〝悲しむべき零落〟から再起し、国際社会での生存要件たるそれ相応の信頼と尊敬を受けるために、今の日本と日本人に求められている内なる核心的課題とは一体何なのであろうか。

一言にして言うならば、それは、ホイットマンの魂の琴線を揺さぶり、〝世界的日本人〟新渡戸が一世紀近く前に訴えた、あの〝真の武士道〟の伝統に深く念《おも》いをいたし、それを明日の行動の指針とすることではないだろうか。そこには、衣食足って礼節を知り、義、勇、仁、誠、忠、名誉、克己といった普遍的な徳目が時空を超えて静かな輝きを放ち続けている。その不滅の光芒の中に、私は、先陣に散り戦火に斃《たお》れた尊い犠牲者たちが、彼らの祖国とその未来を担う同胞《はらから》に希って止まない「再独立の完成」と「自由自尊の顕現」を観るのである。

心眼を開き、心耳を澄ませば、私の魂の奥深く静かに喚《よ》びかけてくるこの人柱たちの祈りの声を、私は、否、われわれは、これ以上黙殺してよいのだろうか。

「鎮魂献詞」、「宣誓」、「謝辞」で始まるこの拙著の公刊を、〝永い遅疑逡巡の末〟ここに決断するに至ったのは、まさに私のその塞《せ》き止め難い想念のなさしめる業《わざ》に他ならない」(『他策ナカリシヲ信ゼムト欲ス――核密約の真実』)

†絶望の果ての自裁

谷内は、1996年7月27日午後に世を去った若泉について回想している。

「その1カ月ほど前に伊勢神宮に案内していただき、一緒にお参りをした。帰りに、私は東京行きの新幹線に乗った。若泉さんは、今にして思えば死期を悟っていたのか、ホームまでわざわざ見送りに来てくださって、別れ際、「日本のことを、頼む」と、しかも手を合わせて言われた。一介の外務官僚にすぎない人間にとっては、大変重い言葉だった」(谷内、前掲書)

が、実は若泉の死をめぐっては、谷内にとって第二幕があった。

若泉は最晩年、郷里福井県鯖江市の自宅で闘病生活を続けていた。遺作『他策ナカリシヲ信ゼムト欲ス』を上梓した後、その英訳版を世に公開すべくケンブリッジ大学の日本研究者ジョン・スウェンソン＝ライトに翻訳を依頼した。その完成を確認した上で、自宅において自裁した。享年66であった。

重い口を開いた谷内によると、直に英訳の御礼を言いたいと希望する若泉に応えて、翻訳者ライトを日本に招き、谷内は福井県鯖江市の若泉邸に案内した。点滴を受けるようになっていた若泉は、移動可能なベッドに横たわったまま、英国からの賓客を迎え入れた。若泉はベッドから半身を起こし、翻訳作業を行なったライトに一礼し、感謝の意を丁寧に伝えた。そして、谷内とライトが若泉邸を辞してから何時間も経たないうちに、若泉はこの世を去った。帰京の途上にあった谷内は、東京の自宅に戻ってから、発見者の電話を直接受けた妻に知らされた。「屋久島の水を飲み干した後、トイレで斃《たお》れているのを発見されたと。公式には詳細を伏せられているが、自殺だと聞いている」

若泉の生涯最後の一場面は、緻密な調査を基に記述した後藤乾一・早稲田大学大学院教授の『「沖縄核密約」を背負って――若泉敬の生涯』（岩波書店）に詳しい。それによると、英訳版公刊に向けて骨を折った谷内（当時外務省条約局審議官）、英訳者ジョン・スウェンソン＝ライトのほか、文藝春秋の担当編集者・東眞史《あずままふみ》、弁護士・田宮甫《はじめ》、遺産受贈者である鰐淵信一（福井商工会議所連合会幹部）が若泉の自宅に集い、契約に必要な書類に署名を済ませた。田宮と鰐淵を除く関係者が辞した後の出来事であった（『週刊朝日』2009年5月22日号は、田宮や鰐淵への取材を踏まえて、青酸カリによる服毒自殺と結論づけた）。

沖縄返還に向けて米政府と秘密裏に交渉した若泉だが、密使として「核密約」までして返還実現に死力を尽くした自身の役割が、首相・佐藤栄作から余りに軽んじられていたとの思いがあったとされる。否、むしろ自身の絶対的な志を、「変わることなき鎖国心理の中でいわば

〝愚者の楽園《フールズ・パラダイス》〟」と化した日本国及び日本国民に踏みにじられたとの思いが、晩年、核密約の公表を心に決め、精魂傾けて著わした遺作と併せて、自身の生死に決定的な区切りをつけた人生の終《しま》い方となって表われたのではないか。

谷内は、若泉の死を「絶望の果ての自裁」と受け止めている。

†安倍晋三との縁

三島由紀夫の『宴のあと』に次のような場面が出てくる。「第二章　霞弦会」で描かれた外交官像（正確には外交官OB）だが、同期会を活写した場面を読めば、外交官・谷内正太郎を理解するのに役立つかもしれない。

「大使たちは見かけによらず非外交的で、てんで人の話などきいてはいなかった（中略）又お喋りの環大使が横から話を奪って、若いころのディートリッヒに会った話へ持って行った。環にとっては無名の美人などは何の値打もなく、第一流の名前、金ぴかの名声だけが、話の彩りに必要なのであった。（中略）みんなたしかに「ハイカラな御隠居様」で、たとえ今は貧乏でも、かつて本当の豪奢というものに一度は指で触ったことのある連中だった。そしてそういう記憶は、悲しいことに、一生その指を金粉で染めるのである」

谷内の場合、こうした金ぴかの大使たちとは違った生き方をしてきた。大使にはさほどの魅力を感じなかった谷内は、総領事（ロサンゼルス）の経験はあるものの、大使ポストに一度も就くことなく、外務省を去った。

谷内の思想、精神は、恐らく谷内の出身地である北陸の地とは切っても切り離せない関係にある。谷内は石川県金沢市で生まれ、富山県で育った。そして、学生時代に運命的な出会いをした若泉敬も、北陸三県の一つ福井県の今立郡服間村（現在の越前市）生まれであった。

2009年、民主党政権が誕生した頃、谷内がポツリと漏らしたことがある。「（自民党が政権を奪還した場合でも）麻生さんと安倍さんには、頼まれればまたお仕えしたいと思っておりますが、（外務省の現役時代はともかく）二人以外に仕えるつもりはありませんね」。ここには、谷内の矜持があった。

谷内が考える日本外交のあるべき姿とは、日米同盟を基軸に、加えて独立国家の気概を以って「積極外交」を進めることだ。集団的自衛権の行使容認は、その延長線上にあった。そこで重要なのは〈志〉と〈戦略〉なのである。基本は、日本の国益の最大化を図るために「大国外交」を展開する点にある。第一次安倍内閣と麻生内閣は短命に終わったが、谷内にとって、二人は外交観を共有するリーダーであった。特に、想定外で政権に復帰した安倍を支えるのに何ら抵抗感はなかった。今の安倍戦略外交は、自身が考える〈戦略的リアリズム〉の範囲内で動いているとの手応えが谷内にはあるためだ。

では、もう二人の黒衣である兼原信克と谷口智彦は、どのような人物か。

†原点はリップマンの書――兼原信克

兼原（外務省81年入省）は安倍の地元・山口県出身である。藩校明倫館の流れを汲む伝統と歴史のある県立萩高校を1977年に卒業（29期）し、長州人としての意識は高い。『講孟余話』を愛読し幕末の傑出した思想家・吉田松陰を敬愛する。頭の回転が早く、外務省屈指の理論家と評されてきた。谷内が兼原を重宝して使うのも、その優れた長所を生かすためだ。第二次安倍内閣誕生とともに、内閣官房副長官補に大抜擢されたのは、谷内の発案によるものだった。

「受け身の平和主義から積極的平和主義へ、そして今や「自分で考え自分で動く外交の時代」になったと、兼原は説く。日本は今、日米同盟を基盤にしつつ、アジアや太平洋地域の繁栄のために何ができるかが問われている。新安保法制はそのツールの一つだが、兼原の戦略論はリアリズムに立脚したものでありながら、その根底に倫理的・道徳的価値を置く「価値観外交」の有効性に大きく依拠している。そこにこそ、長州の思想が流れていると考えているのだ。

外交官・兼原の原点は、ウォルター・リップマンの『アメリカ外交戦略の原点――共和国の盾』にある。リップマンは、日本では政治学の古典的名著『世論』（岩波文庫）の著者として、また「冷戦」の名付け親として知られている米国人ジャーナリストだが、外務省に入省した若き日の兼原は、リップマンの書を読んで感銘を受けた。

同書は、旧日本軍の真珠湾攻撃（1941年12月）によって戦端が開かれた太平洋戦争の翌年、リップマンがアメリカ外交のあるべき姿に関する米国民啓蒙用として執筆に着手し、43年に上梓したものだ。目次は次のようになっている。「対外政策の基本原則」「アメリカ合衆国の対外的防衛義務」「アメリカ外交の破綻（1898年―1941年）」「幻影（ミラージュ）」「アメリカの戦略的位置とその構造」「大西洋共同体」「ロシアと合衆国」「中国と合衆国」「国家間の一般的秩序」。同書の最大の狙いは、強い理想主義と孤立主義の狭間にあって分裂した国論の統一的基盤を提供することで、機能麻痺状態に陥ったアメリカ外交を建て直す点にあった。

兼原は、この書を「欧州の権力政治を忌避し、強い理想主義と孤立主義を伝統とする「若き共和国」に育った一人の知識人が、戦争という国際政治の現実に触れ、国家の理性に覚醒する過程を綴った生々しい個人の記録」と捉えるとともに、「アメリカが超大国に目覚めてゆく心の記録」であると理解した。後々、兼原は感動の源を次のように表現した。

「私がリップマンに驚いたのは、戦前の空想的平和主義に対する強い自己批判と、戦後の集団安全保障体制を構築する際の構想力です。とても、1942年の冬から43年にかけて書かれた本とは思えませんでした。太平洋戦争が始まって直ぐに書かれた本ですからね」

兼原は、このリップマンの書を刊行される当てもないままに翻訳した。それは今も〝秘蔵の品〟として彼独自の知性の書庫に収められている。

✝本格的なスピーチライター——谷口智彦

谷口は香川県で生まれたが、父の転勤によって岡山県に住むようになった。青春時代に通った学び舎は、県立岡山朝日高校である。前身の旧制中学・第六高等学校は、岸信介、鶴見祐輔（元厚相）、星島二郎（元衆院議長）など著名な政治家や、日中友好に生涯を捧げた岡崎嘉平太、そして仁科芳雄（物理学）、福武直《ただし》（社会学）、小田晋《すすむ》（精神病理学）ら多彩な学者を輩出しているが、同校卒業後に上京、東京大学法学部に進学、国際法学者の大沼保昭（助教授、後に東大教授）との接点を持ってもいる。大学卒業後は、「現代コリア研究所」（所長・佐藤勝巳、1961年に「日本朝鮮研究所」として設立）で研究員を務めるなど、左翼系の活動を心情的に支持する一時期があったが、その後、民間企業（東京精密）勤務を経てジャーナリストに転身。リアリズムの立場からの分析や評論活動で鋭い論考を次々発表した。

谷口の最大の強みは、プリンストン大学留学時代に開眼したという英語力。加えて、地政学を踏まえて国際情勢の深層を射抜くように捉える鋭い観察眼、そして日英両語を通じてレトリックのパワーを引き出し、印象的なメッセージを発信できるその豊穣な筆力にある。まさに日本の存在感を示すのに必要な、諸外国を念頭においた理念発信型の外交に真の意味で先鞭をつけた本格派スピーチライターと言えるだろう。

谷口が外務副報道官になったのは、次のような経緯があった。民間出身初の外務報道官・高島肇久元NHKキャスターの退任（同ポストの後任は鹿取克章、外務省1973年入省）に伴い、新たな民間人出身者を探すよう、町村信孝外相から指示されていた谷内が、かねて親しくしている大物ジャーナリストから推薦を受けたのだ。

外務省入りして谷口がまず驚いたのは、「日本の外交はバリュー・ドリブン、つまり、価値によってより多く動かされるようになってきた」（外務省ホームページ「インターンが見た外務省」谷口智彦外務副報道官へのインタビュー：日本の発信力とブランディング、2006年9月）という点だ。谷口は、外務省国際報道室（当時）でインターン実習を行った竹鼻千尋（当時京都大学総合人間学部3年）のインタビューに対して答えた。

「10年、20年前の日本外交はというと、世界の出来事に対する反応が、まず著しく遅かったのです。しかもその反応を出す前には必ず周囲をきょろきょろ見回してから発言するので、日本の意見があるのかないのかも分からない。日本はどこへ出しても恥ずかしくない民主主義国、市場経済の資本主義国であるにもかかわらず、大元の価値である民主主義だとか、人権、法の支配、市場の尊重などに関しては、とかく口を閉ざす風潮がありました。世界第2位の経済大国で見かけは立派だけれども、日本外交の振る舞いたるや、国民として見て歯がゆがったというのが偽りのないところです」

「自由と繁栄の弧」の根幹となる「価値観外交」に対する圧倒的な自信と、その価値に基づいて自身の立場をより明確に主張すべきだとする強い意思が感じられた。その延長線上にあるのが、第4章で取り上げるインド国会演説「二つの海の交わり」(07年)であり、「日米印豪『安全保障ダイヤモンド構想』」(12年)であった。

谷口が、インド洋を21世紀の最も重要な海洋であると位置づけ、日本外交の対インド戦略のあるべき姿について相次いで持論を展開し始めたのが、いよいよ中国の台頭が本格化し、外洋化が一段と鮮明になってから間もない頃であった。「インド洋を制する者　世界の経済を制す　日印は連携強化を」(雑誌『ウェッジ』10年9月号)、「TPPと『同盟ダイヤモンド』拡張中国への抑止力」(『中央公論』11年3月号)、「いまこそインドとの連携強化を　中国の新型ミサイル登場を受けて」(『中央公論』11年4月号)——この対インド外交三部作は、ほとんど誰も予想しなかった安倍の政権復帰の後に〈日米豪印「安全保障ダイヤモンド構想」〉として結実するのである。

「私が今よりもっと若かったら、インドにもっとのめり込んで本格的に勉強していたでしょうね」。こんな言葉が新鮮な響きを残して今も耳に残る。インドに対する谷口の殊の外の思い入れが伝わってくるようだった。

第3章

地球儀を俯瞰する外交

第1節 ジャパン・ブランド――アベノミクス・東京五輪誘致・TPP

２０１３年暮れ、東京・赤坂にある鹿島建設別館の顧問室――。谷内正太郎元外務次官は、日本版ＮＳＣ「国家安全保障会議」の初代事務局長に就任する直前、筆者のインタビューに対して安倍戦略外交の狙いを語った。

「戦後の日本外交は、まず日米同盟を堅持し、隣の中国や韓国とは、できるだけ問題が大きくならないよう、表に噴出しないようにコントロールする。そして、ロシア（旧ソ連）には北方領土の早期返還を働き掛ける。要するに日本外交は、以上の点に優先順位が置かれていて、それ以外の地域との関係はかなり優先順位が下に置かれてきた。日本は経済大国になってからも、国力の増大に応じた多角的な外交という面では（国際貢献が）十分なされていなかった。それを安倍総理はきちっとやりたいと思っていて、積極的な外交を展開している」（『外交』vol.23、2014年1月）。

日本外交は、冷戦が終結してからも、なおステレオタイプ思考から抜け切れていないと谷内には見えていた。「自由と繁栄の弧」を原形とする安倍晋三首相の「地球儀を俯瞰する外交」「価値観外交」の積極的な展開は、これまでの外交に対する不満から動機づけされたものだ。

第3章、第4章では、以上の特徴と認識を踏まえ、第二次安倍内閣誕生後、〈アベノミクス〉の側面支援と〈東京五輪誘致〉実現を狙いに展開した外交、巨大国家・中国を念頭に展開したユーラシア戦略、そして、近年特に注目度が高まっている海洋をめぐる安倍戦略外交を取り上げる。

†安倍戦略外交の三つの特徴

安倍戦略外交の特徴を挙げるとすれば、次の三つである。

第一の特徴は、外交の地平を拡大したいという旺盛な意欲である。「外交地平の拡大」――これは、谷内正太郎が外交戦略ビジョン「自由と繁栄の弧」を作成する際の発想としてしばしば口にしていた言葉だ。「戦略空間の拡大」と呼んでもいいだろう。

第二の特徴は、国際的な公共財（グローバル・コモンズ）の良識ある保全者として〈日本の旗〉を掲げたいという強烈なプライドである。首相・安倍がしばしば使ってきた「世界の真ん中で輝く日本を目指す」という言葉には、この意欲が明確に反映されている。そこには、欧米主導で構築された国際的秩序とその原理（自由と民主主義、人権尊重、市場）、原則（国際法やルールなど法の支配）の保全者意識に基づく〈外交リアリズム〉が在り、今や安倍戦略の主柱である「価値観外交」と密接不可分の関係になっている。しかし、その根底には、ナショナリストとしての感情と自己顕示欲、国家主義者的な観念論が綯《な》い交ぜになっている。

第三の特徴は、ランドスケープ（大陸）だけでなく、シースケープ（海洋）、スカイスケープ（空・宇宙）という三層から成り立つ立体的戦略空間の中にあって、アメリカなど他の保全者と共に連携し、独自の国家安全保障戦略を推進しているという強烈な自意識である。

谷内は上述の同じインタビューの中で、「国力の増大に応じた多角的な外交」展開のために次の点を意識していると指摘した。

①日本は地政学的に見て海洋国家である、②普遍的な価値観（自由、人権、民主主義、法の支配、市場経済）を重視する、と同時に日本の伝統・文化の中に育まれた武士道のような価値観を大切にする、③国際的なコンプライアンスを守りつつ、市場開拓・資源獲得などについて民

間企業の世界展開を応援していく――の三点である。

そうした狙いと自覚を基に、安倍内閣の「積極的平和主義」に基づく「地球儀を俯瞰する外交」は展開されている。なお、安倍は、日米同盟の拠りどころとなる「(共有する) 価値の外交」という言葉は口にしても、「自由と繁栄の弧」という言葉を決して口にしようとしない。

第一次安倍内閣当時、外務省高官が「総理は『自由と繁栄の弧』を使いたがらない。どうも、それは麻生さんのものでしょ、という意識があるようだ」とこぼしたことがある。現に、麻生は07年6月、幻冬舎から『自由と繁栄の弧』を出版した。その後、政府〝公認〟の外交ビジョンとなり、最後の外遊となったインド訪問の際の国会演説「二つの海の交わり」(第4章で詳述)の中で公式に一度「自由と繁栄の弧」が用いられたことがあるが、第二次以降の安倍内閣では再び封印された。それは、麻生の「外交ビジョン」だという意識が安倍に元々あったためであるが、「基本的な考え方は今でも維持されている」(nippon.com、谷内インタビュー、2013年6月27日)。

†「アベノミクス」外交の展開

外交は「知的格闘技」とも言われるが、国家的リーダーの見識ある正しい情況判断と、苦境の中での勇気ある決断を導くのにはリーダー個人の資質と経験がものをいう。と同時に、外交を根源的に下支えするのは「国民世論」と「国力」である点をリーダーは頭に置いておかねばならない。

首相に返り咲いた安倍は13年1月以後、月一回の外遊ペースで首脳外交を積極的に進めた。国力を増強するためのアベノミクスと、デフレ脱却を目指し国民規模の気分一新を図るために2020東京五輪パラリンピック誘致が必要と考えた首相にとって、右肩上がりの成長路線は自身の戦略外交と表裏一体のものだった。こうした中で始動した安倍戦略外交を考えると、その足場を支える強固な礎石となるのが、まずは経済力の回復であり、それは日本再生を目指す経済政策・アベノミクスという位置づけでもあった。安倍政権は、環太平洋経済連携協定（TPP）の推進と東京五輪誘致を絡めて経済外交を展開し、政権を浮揚するための上昇気流をつかんだ。

2月28日午後の衆院本会議で、政権復帰後初の通常国会施政方針演説が始まった。演説草稿を執筆したのは、今井尚哉首席首相秘書官（政務担当、経済産業省＝旧通産省1982年入省）―佐伯耕三内閣副参事官（経済産業省98年入省）のラインだ。

今井は第一次安倍内閣で経産省枠で首相秘書官を務め、安倍と苦楽を共にしたが、心身ともに傷ついた退陣後も安倍に寄り添い、支え続けた側近中の側近だ。

佐伯は、谷口智彦と並ぶ安倍専属のスピーチライターである。大きく分ければ、英語版が中心になる対外発信を狙いとした外交・安保に関わるスピーチは谷口が担当するが、経済や国内政策などの演説や談話、時に国内政治に影響しそうなスピーチは、佐伯が受け持つ。今井と共に至近距離で安倍に仕え、第一次内閣以来、その所作・言動をつぶさに知る佐伯ならではの表現が草稿の随所に滲み出る。21世紀構想懇談会の座長代理を務めた北岡伸一（国際協力機構＝JICA理事長、東大名誉教授）が学生時代の恩師である。

†アベノミクスの黒衣

安倍は、デフレ脱却を図るため、「三本の矢」――大胆な金融緩和（第一の矢）、機動的な財政出動（第二の矢）、民間投資を喚起する経済成長戦略（第三の矢）――を放つと宣言して、アベノミクスを起動した。

自身の経済政策を進めるに当たって、アベノミクス推進について相談にあずかった一人が30年来の友人、本田悦朗（前内閣参与、現駐スイス大使）である。本田は財務省（旧大蔵省）出身だが、財政規律最重視の本流から外れた一匹狼的存在の元官僚。安倍が政界入りする以前から友達づき合いをしてきた。過激なナショナリストの一面がある。

アベノミクスは、第一次安倍内閣での教訓を基に実行に移された第二次安倍内閣の経済政策である。安倍は第一次時代、日本銀行が金融緩和政策を方針変更した時の一件を鮮明に覚えている。後年、安倍が発した言葉が今も本田の耳から離れないという。「あと一年、金融緩和を続けていれば、デフレは脱却できたのに……。痛恨の極みだ」

アベノミクスは、「三本の矢」をメリハリよく機能させて、市場とのコミュニケーション、財務当局に対するイニシアティブ、経済界との相互理解と説得を長期的展望を視野に置きながら間断なく推進していく経済政策だが、とりわけ柱となるのは、異次元の金融緩和を起点にした「デフレ脱却」「緩やかな成長」の目標実現である。

冷戦終結後に加速した金融主導の資本主義は、コンピュータ・ネットワークによってグローバル規模で張り巡らされた市場が主要舞台となる。チャンスとリスクが通信回線一本で繋がっている現代の世界経済は、アメリカ主導で構築された経済システムである。そしてそれは、マーケットとの即時即応を通じて経済を活性化させ、機動的な財政出動をも駆使しながら成長戦略につなげ、国富拡大、国力増大を図ろうとするものだ。

その成長戦略の具体策の柱として挙げられるのが、歴代内閣で進められてきた経済連携の推進だが、安倍が経済外交において特に力を注いだのが、ジャパン・ブランドのトップセールスだ。安倍政権は発足直後から、ASEAN、中東、北米、アフリカなどでの首相・閣僚によるトップセールスを積極的に展開、企業関係者で構成する経済ミッションを、首相外遊に多数同行させた。その結果、2013年の日本企業によるインフラ受注実績が、前年比約3倍の約

9・3兆円に増加。マレーシアの火力発電所やインドの貨物専用鉄道など、多くの大規模なインフラシステム案件の受注に、日本企業が成功した。

日本の経済外交は貿易、投資、サービスの自由化や、経済の様々な分野の制度整備によって、企業が海外に進出、輸出拡大を図れるような環境を整えていこうというもので、外務省によると、日本は2014年7月現在、ASEAN諸国を中心に13の国と地域との間で経済連携協定(EPA)/自由貿易協定(FTA)を締結している。

14年1月、日・トルコ間EPA交渉の開始で合意、同年7月、日豪EPAに署名、日・モンゴルEPA交渉で大筋合意。このほか東アジア地域包括的経済連携(RCEP)、日中韓FTA、日欧州連合(EU)EPAなどの経済連携交渉を同時並行的に推進。対外戦略の一環、特に対米関係の強化と対中牽制を視野に精力的にTPP交渉を進めた結果、15年10月に大筋合意、16年2月に参加12カ国が署名した。

アベノミクスの始動に当たって、安倍はリフレ派の代表格である浜田宏一エール大学名誉教授を内閣参与に招き、アベノミクス推進の対外発信の顔として、「反日銀」の〝守護神〟に起用した。本田は、安倍と浜田の接点となった。

また日銀総裁人事では、アベノミクス推進派の黒田東彦《はるひこ》・元財務省財務官を抜擢、候補決定に当たっては、本田が事前面接を済ませるなど、民主党(現民進党)政権までの金融引き締め策から大胆な金融緩和に転じるための布陣を早々に固めていた。

勝負どころは、安倍政権の勢いが衰えないうちに、どこまで本格軌道に乗せるかにあった。安倍内閣の支持率が高いうちに何が出来るか。1日たりともおろそかに出来ない。安倍政権発足後一年目の2013年は、アベノミクス成功に向けて、首脳外交もフル回転した。

†東京五輪誘致外交での踏み込んだ発言

安倍は、2020年東京五輪パラリンピック（以下、東京五輪）誘致を安倍戦略外交の重要なツールとして組み込んでいた。この誘致問題でも、ジャパンブランド売り込み同様、かなり早い段階から首相自ら各国への積極的な働きかけを率先して行った。また安倍内閣の閣僚や自民党幹部に対しても、五輪誘致実現への側面支援を強く求め、外遊の際には各閣僚や自民党幹部に手分けして訪問国に東京への誘致支持を働きかけるよう、具体的、事細かに指示した。というのも、首相の気持ちの中では、東京五輪誘致はアベノミクスとの絡みでも安倍政権戦略の一環として重要なファクターと位置づけられていたためだ。

ところが、担当局の責任者が、「東西の架け橋に。そしてイスラム圏の国として初の五輪開催を」というトルコには叶わないと早々に判断している、との見方が伝わってきていた。既にトルコ・イスタンブールに対して白旗を挙げたような外務省の対応に、安倍は不満だった。

東京オリンピック――。安倍には、そもそも1964年の東京五輪についての幼き日の懐かしい思い出が重なるようにして2020東京五輪誘致があった。安倍の好んで観た映画に「Always 三丁目の夕日」(2005年11月公開、原作は西岸良平の漫画『三丁目の夕日』小学館)がある。それは、昭和33年(1958年)頃の東京下町を舞台に、日本が敗戦の焦土から塵灰振り払って立ち上がり、いよいよ高度経済成長期に移ろうとする時代を背景に、夕日町三丁目に暮らす庶民の心温まる交流を描いた作品で、東宝の大ヒット作となった。時代をシンボリックに映した建設中の東京タワーは、この映画の陰の主役であった。それは年齢を問わず、〈右肩上がりの時代〉の希望と夢を、観る者に蘇らせてくれる作品だった。第29回日本アカデミー賞をはじめ、06年の映画賞を総なめにし、第二弾の「Always 続・三丁目の夕日」(07年11月公開)、第三弾の「Always 三丁目の夕日'64」(12年1月公開)は東京五輪開催の年が舞台となった。「Always 三丁目の夕日」三部作は、日本が輝いていた東京五輪の頃の古き良き時代を思い起こさせる物語で、シンゾー少年の原風景を呼び覚ます映画であった。

13年9月、安倍は、2020年の夏季五輪開催地を決める国際オリンピック委員会(IOC)総会への出席を日程に組み入れた。ロシアのサンクトペテルブルグで開かれていた主要20カ国・地域首脳会議(G20サミット)出席のため、9月4日に出発、G20出席を初日で切り上げてアルゼンチン・ブエノスアイレスに飛び、7日の招致決定後、9日には帰国するという強行日程だった。

7日午前（日本時間同日深夜）、安倍はIOC総会の席上、東京五輪誘致に向けて最後のプレゼンテーションに臨んだ。そして、候補地決定をめぐる各国への働き掛けの最終段階で最大の難関となった福島原発事故の汚染水処理問題について、冒頭に言及した。

「委員長、ならびにIOC委員の皆様、東京で、この今も、そして2020年を迎えても世界有数の安全な都市、東京で大会を開けますならば、それは私どもにとってこのうえない名誉となるでありましょう。フクシマについて、お案じの向きには、私から保証をいたします。状況は、統御されています。東京には、いかなる悪影響にしろ、これまで及ぼしたことはなく、今後とも、及ぼすことはありません。……」（首相官邸ホームページ）

この発言を受けての質疑でIOC委員から根拠を問われると、首相は「汚染水の影響は原発の港湾内の0・3キロメートル範囲内で完全にブロックされている」と明言した。さらに健康問題については、「今までも現在も将来もまったく問題ない」「抜本解決に向けたプログラムを私が責任を持って決定し、実行していく」とまで言い切った。

かくして福島原発事故に関する完全処理は、国際公約となったのである。しかし、ある証言によれば、首相はブエノスアイレスに到着するまでは、ここまで踏み込んだ発言をするつもりはなかったという。竹田恒和JOC委員会会長ら日本側に対する外国プレスからの質問がフクシマ一色となっていたことから、懸念した下村博文・文部科学相らが進言、具体的な数値（0・3キロメートル範囲内）を挙げての答弁となった。かなり無理をした安倍発言だったことを窺わせる証言だが、安倍発言が本当に目先の利益だけに囚われた発言ではなかったのかどうか（拙稿「安倍戦略に組み込まれた東京五輪」『外交』Vol.22、2013年11月）。この時の発言は、今後も問われ続けられねばならないであろう。

†五輪誘致外交の副産物

安倍は、就任直後から取り組んできた東京五輪誘致外交を通じて、何人かの首脳と緊密な個人的関係を築いた。そのうちの一人が、トルコのエルドアン大統領であった。

2020年夏季五輪開催地誘致をめぐっては、一次選考を通過した東京のほか、イスタンブール（トルコ）、マドリード（スペイン）の争いとなったが、13年5月、ロシアに続いてトルコを訪問した安倍は、首脳会談後の記者会見で、当時は首相だったエルドアンが「東京はすでに一回開催しているし、今回はわれわれが初開催できるように撤退してほしい」とジョークを飛ばすと、安倍は丁重に断りつつ、見事な答弁で切り返してみせた。「もしイスタンブールが五つの輪を射止めたら、私は誰よりも先にイスタンブール万歳と言います。しかし東京が射止めたら、誰よりも早く万歳と叫んで頂きたい」。

果たして運命の日となった9月7日（日本時間8日）、ＩＯＣ総会で２０２０年夏季五輪の開催地が「東京」とアナウンスされると、二人の心の交流が浮き出てくるような印象深いツーショットが世界に配信された。アナウンス直後、安倍をはじめ、日本代表団の席は歓喜に包まれたが、決選投票で敗れたトルコのエルドアンが安倍のもとに直ぐに駆け寄って肩を抱き寄せ、祝意を示したのだ。安倍が5月のトルコ訪問の際、訴えかけていた言葉は現実のものとなった。首相・安倍は「エルドアン首相に5月の約束を果たしていただいた」と両国の友情を強調するとともに、「（イスタンブールの）健闘に応えるためにも、20年五輪を何としても成功させたい」と、決意を新たにした。

安倍はＩＯＣ総会後の内外記者会見で、56年ぶりの東京五輪開催決定をやや興奮気味に語った。「私たちは、東京が、日本が、世界の真ん中で輝いていく、その大きなチャンスを頂いたと思っております」「オリンピック・パラリンピック招致は、インフラ整備、観光などの幅広い分野にも良い影響を与える」「15年続いたデフレ、縮み志向の経済を、オリンピック開催決定を起爆剤として払拭していきたい」

首相周辺では「東京オリンピック誘致があの時うまく行っていなかったら、と想像すると、ゾッとする」といった言葉が囁かれ、安倍の強運に驚きの声が聞こえてきた。２０２０東京五輪は、完全に安倍政権戦略の重要ファクターとして〝政治日程〟に組み込まれた。

安倍の五輪誘致外交は、エルドアンばかりでなく、プーチン・ロシア大統領、IOC委員でもあるカタールのタミム首長との個人的関係を深める契機ともなった。特に、G20サンクトペテルブルグ首脳会議のホスト役だったプーチン大統領とは、9月5日の首脳会談で、首相がIOC総会出席のため、会議を中座することを詫びると、プーチンは快く応じたという。「勝ってこいよ」。プーチンとのケミストリー(相性)は元々、良かったが、この一件を機に一段と二人の〝友情〟は深まった、と安倍周辺は皆感じた。帰国後、対ロシア経済協力策の具体化を急ぐよう指示、これが現在の八項目プランにつながる。安倍は「ここである種のハラを決めた。本腰を入れた」(世耕弘成・経済産業相、当時官房副長官)のだが、対露外交のその後は第8章で詳述する。エルドアン(トルコ)、プーチン(ロシア)との個人的関係の深まりは、安倍戦略外交を特徴づける〈戦略空間の拡大〉に弾みをつける形となった。

第2節 ユーラシア戦略

†TRIM四カ国との連携

安倍が首相に就任してから一年余りが経過した頃、この間、安倍は原則月一回以上の外遊

（前年12月は日ASEAN40周年特別首脳東京会議が代替）をこなし、戦略空間を拡大する重層的な首脳外交を展開してきた。その結果、安倍首脳外交の戦略的な一側面が次第に輪郭を形づくって浮かび上がったが、2013年は、内政との連動や対外的な影響を受けて、修正・転換を迫られた年（第5章　外交と安全保障と靖国参拝）であった。しかし、それは、ちょっと見方を変えれば、外交ビジョン「自由と繁栄の弧」を原形とする「地球儀を俯瞰する外交」が深化・成熟し、外交のリアリズムが基層意識として育まれていった過程、つまり安倍が外交的リアリストに進化していく過程となったことを意味した。

その一つが、巨大国家・中国の背後を突くユーラシア大陸の四カ国（トルコ・Turk、ロシア・Russia、インド・India、モンゴル・Mongol）とのユーラシア戦略（筆者はこれを安倍TRIM連携外交と呼ぶ）である。ちなみに〈TRIM〉には、海事・航空用語で「釣り合いを取る」という意味があるためだが、戦略対象として念頭にあるのは中国であった。

14年1月から2月にかけての安倍首脳外交は、前年に引き続き躍動感伝わる展開を見せた。年明け早々の6日から8日まで、トルコ首相・エルドアンを公式実務訪問賓客として招いた安倍首相は、日トルコ外交樹立90周年を高らかに謳いあげると、その2日後、オマーン及びアフリカ三カ国（モザンビーク、コートジボアール、エチオピア）歴訪へと旅立った。次いで1月下旬にはスイス・ダボス会議に出席、日本の歴代首相として初の基調演説でアベノミクスの成功に強い自信を示す。帰国後、中一日おいただけで、主賓として招かれた「インド共和国記念日」の式典出席のためデリーに飛んだ。そして2月には2年連続でロシアを訪問、欧米首脳が軒並み欠席する中でソチ冬季五輪開会式に出席し、プーチンとの日露首脳会談を行った。

14年安倍外交の幕開けを飾ったトルコ、1年足らずで首脳会談を5回も行ったプーチン大統領が率いるロシア、そしてシン首相（当時）との親密な関係を通じて連携を強化してきたインド。これに、首相の相互訪問だけでなく、大統領及び首相とのトップ会談を重ねるモンゴル――とりわけ前年の13年秋に大統領のエルベグドルジが来日した際、安倍が東京・富ヶ谷の私邸に招いて会談し、異例の歓待ぶりを示した――は、安倍が首脳外交を通じて戦略的に力点を置いた四カ国であり、それぞれユーラシア大陸において中国の背後に位置する（ロシア・インド・モンゴルの三カ国は国境を接する）。アジア極東に浮かぶ島国・日本を基点に考えると、中国を含むこの五カ国は、ユーラシア国家と位置づけられる。

以下、この章では、ロシアを除くトルコ、インド、モンゴルとの連携外交の実情（対ロシア外交については、第8章で扱う）を紹介する。

†伝統的な親日国トルコ

2020夏季五輪誘致を東京などと競ったイスタンブールの市長というキャリアを有するエ

ルドアンだが、安倍と馬が合い、特別の個人的な関係を築いた。ＩＯＣ総会でのエルドアンの潔いパフォーマンスを意気に感じた安倍は、10月末、エルドアンの希望に応じてマルマライ・プロジェクト開通式典出席のためトルコを再訪した。トルコ再訪は、２０２０東京五輪が決まったブエノスアイレスからの帰途、安倍首相自身が即断即決し、外交当局に日程調整を指示、実現したものだが、最初の訪問から半年足らずで行われた同一国再訪は極めて異例で、多忙な国内日程の合い間を縫って実施された。情が嚙み合うと効果を発揮する首脳外交の象徴的な一例である。

リージョナル・パワーからさらに視野を広げたグローバル・プレーヤーを目指すトルコは近年、ヨーロッパとアジアに跨《また》がる右肩上がりの新興国として台頭した。第一次安倍内閣時に外相・麻生太郎が提唱した「自由と繁栄の弧・価値観外交」のリニューアル版、安倍が掲げる「地球儀を俯瞰する外交」の中では、日本の対中外交においても重要なプレーヤーとして数えることができる。

現在の安倍・エルドアンの関係は個人的なつながりをベースに形成されたものだが、歴史的にも、１８９０年のエルトゥールル遭難事件を起点にした日トルコ友好関係には芯なるものが存在する。日本がトルコの17世紀以来の宿敵ロシアを日露戦争（１９０４～05）で破るとトルコ社会は快哉を叫び、親日的雰囲気は一段と強いものとなったのだ。

確かにトルコは、ギュル・トルコ大統領が訪中（２００９年６月）して以来、対中接近説が経済的事象を越えて大きく報じられたが、この接近には限界がある。中国の身中に刺さったトゲのような「ウイグル問題」があるためだ。新疆ウイグル自治区には、民族的にトルコ人に近いトュルク系ウイグル人が数多く住んでおり、トルコ社会は中国政府による抑圧に対して、ウイグル人たちに非常に同情的だ。09年7月5日、ギュルの訪中直後、新疆ウイグル自治区ウルムチで起きた騒乱によって大量のウイグル人犠牲者が出たことはトルコ社会に大きな衝撃を与えた。その後も、同自治区への圧政は強まりこそすれ、一向に弱まる気配はない。東トルキスタン独立運動に関連しても、トルコ国内には中国から逃れてきた大小20余りの独立組織が拠点を置いているとも言われ、トルコ政府はその活動を黙認しているとの見方がある。

とはいえ、順風満帆に見えた日トルコ連携にも陰りが生じ始めた。というのも最近、日の出の勢いだったトルコ・エルドアン政権のパワーを減じる事態が次々と表面化し、トルコはまさに内憂外患の状況に追い込まれたためだ。米国の量的緩和縮小の方向が鮮明になると、資金の国外流出が起こり、インド、ブラジル、インドネシア、南アフリカと共に、「fragile5（脆弱な5カ国）」と呼ばれるようになって、トルコ経済の不安が拡大。外交面でもシリア、イスラエル、エジプトとの関係が悪化、「近隣との問題ゼロ外交」は破綻した（山内昌之・明治大学特任教授）。

一方、内政面でも、13年暮れに発覚した大規模贈収賄事件でエルドアン政権の閣僚や親族、政財界関係者が一斉摘発され、さらに首相に絡む汚職疑惑が報じられるなど、求心力が急速に低下した。クルド人過激派などのテロが続発するトルコは動乱期に入り、安倍戦略外交にとっては誤算になりつつある。

†インド洋に広がる中国脅威論

冷戦時代と違って世界各国各地域の戦略地図にはシロでもクロでもないグレーゾーンの幅が広がっている。とりわけ、伝統的に非同盟諸国の中心国として知られてきたインドが近年、メリハリの効いた多角的・多層的な全方位外交を展開している点も見逃してはならない。モディ首相が積極的に推進する首脳外交には目を見張るものがある。グローバル・パワーとして台頭してきたインドが、名実備わった大国の証として執念を燃やす国連安保理常任理事国入りに向けた抜け目のない戦略、そして、多様な国民構造とカスト制度などによって、一見して見えにくい国民国家としての本音を慎重に見極める必要があるが、インドは強《したた》かである。「戦略的自律性」の基に三つのレベル〈グローバル〈世界〉・リージョナル〈アジア〉・サブリージョナル〈南アジア〉〉でメリハリの効いた外交（堀本武功・京都大学大学院特任教授『外交』Vol.24、2014年3月）を展開している。

例えば、日米両国が激しく反発した中国の防空識別権設定（13年11月23日）に対して、インドは中立的ポジションを堅持した。隣接する巨大国家としての脅威は伏在しているとはいえ、中印経済関係の深化が相互に必要な存在にしているものの、インドが中国のインド洋進出に年々脅威を増幅させてきたのは間違いない。

このため、中国と国境を接するとともに、ユーラシア大陸の南部にあって中東―東アジアのシーレーン（海上輸送路）上に位置するインドは、日本にとっても戦略的に極めて重要な大国である。安倍はこの点を強く意識しており、13年5月、シン（首相）訪日を実現させたほか、自身も第一次安倍内閣の時（07年8月）に続き、14年1月にインドを訪問した。

日印両国は経済関係が進展するばかりでなく、近年は日印安保次官級2＋2《ツープラスツー》対話が設置されるなど政治・安全保障の深化も目立つ。その淵源は、スマトラ地震・インド洋大津波（04年）に、米豪と共に被災救援に加わった時にある。その後、インド洋での日印の距離はグンと縮まった。特に海洋での協力強化に向けて外交安保当局者による「第一回海洋に関する日印対話」や日印海上合同訓練が実施され、様々なバリエーションで協力が進んでいる。「積極的平和主義」をスローガンに「価値観外交」を展開する安倍にとって、対インド外交は対中国関係とセットでマネージされているのも間違いない。日米安保体制の下で、重要な位置づけを得ているインド太平洋における安倍政権の海洋戦略と、インドの非同盟外交の真意については、次の第4章で詳述する。

中国の背後を突く対モンゴル外交

ユーラシア東方で、南北二つの大国（中国とロシア）に挟撃されているモンゴルが、冷戦終結という地殻変動を経て、国家的なサバイバルへの舵を大きく切ったのは、90年代初頭のことだった。社会主義陣営から民主化・市場経済化への道を、冷戦後のアジアでいち早く歩み始めたモンゴルは、独自のバランス外交を編み出した。冷戦時代の直属のボスであるソ連邦（現ロシア）とは冷戦終結をきっかけに血盟の絆を断った。金の切れ目が縁の切れ目となったため、モンゴルは経済的支援のあてを日本など西側に求めた。一方、近年、巨大国家として海洋へと張り出し続ける膨張国家・中国とは国民生活の向上に向けて経済関係の深化を進めながらも、警戒感を募らせている。

しかし、地政学的には、モンゴルが二つの大国と宿命的に地続きで繋がっている状態に変わりはない。このためモンゴルは、日本、米国、欧州から引き入れた経済力、技術力を支えに、中露両大国との微妙なバランスを維持する戦略を取るようになった。中露両大国とは異次元の「第三の隣国」との連携によって二大国との均衡を図ろうというわけだ。第三の隣国――そのトップに位置づけられているのが日本なのである。そして、中国の背後を突く安倍戦略外交において、対モンゴル関係とセットで重視されているのが、中央アジア外交なのだ。

9・11テロ直後いち早くブッシュ米政権の反テロ戦争支持を表明した小泉純一郎首相の下で、外務省は米側の胸の内を忖度するように、ユーラシアにおける「不安定の弧」の安定化に向けてテコ入れを始める。その一つが、川口順子《よりこ》外相が提唱した「中央アジア+日本」という地域協力の枠組みだった。これは、日本が「触媒」となって中央アジアの地域協力を推進しようとした会合で、2004年8月、カザフスタンのアスタナで初の「中央アジア+日本」外相会合が開かれた。橋本政権下における中央アジア各国との二国間関係を単位として展開する「シルクロード外交」を起点としつつ、広域的に中央アジアを捉えて展開する地域外交は、中露の動きをにらんだものだが、この段階では、中露に対する意識もオブラートに包んだように隠されていて、表に現出したものではなかった。

しかし、谷内正太郎が事務次官(2005年1月~08年1月)に就任すると、対中央アジア外交は、中国とロシアの動向を意識して地政学的な色彩を帯びてくる。麻生太郎外相は「中央アジアを「平和と安定の回廊」に」と題した講演(06年6月1日、日本記者クラブ)の中で、地下資源が豊富で19世紀に北から帝政ロシア、南から大英帝国の利害が衝突する「グレートゲーム」が展開されたこのユーラシア内陸部に言及、9・11テロ以降、「一層複雑な様相を呈して」いると強調した。さらに「ユーラシア内陸、南西アジアから中東、アフリカを結ぶ一帯の不安定さが、いやでも目につきます」と指摘するとともに、「民族の構成は極めて複雑。宗教、宗派の葛藤も潜むとあっては、いつ発火するともしれない「マグマ」を抱えているようなもの」で、「マグマの圧力を逃がす安全弁をつける手助けをしたい」と強調。その上で、日本の中央アジア外交「三つの指針」として①「地域」を「広域」から見る、②「開かれた地域協力」の後押し、③「普遍的価値」の共有に基づくリーダーシップ——を提示した。

「普遍的価値」とは民主主義、市場経済、人権の保障、法の支配などを指すが、麻生は中央アジア諸国の安定と繁栄に向けて、「石垣を組むように、一つ一つ積み上げて行く」国造りを支援するという日本の立場を明示した。

「中央アジア＋日本」という枠組みは、対モンゴル関係の重視と併せて、「上海協力機構」の枠組みの中で存在感を発揮する中露両国を強く意識したものだ。それは、今では日本のユーラシア戦略の一環として、安倍の「地球儀俯瞰外交」の一翼を担っている。安倍は15年10月、モンゴルと中央アジア5カ国（トルクメニスタン、タジキスタン、ウズベキスタン、キルギス、カザフスタン）を歴訪した。

第3節　未開の戦略空間アフリカ

†修羅場と化す日中外交戦のアリーナ

日中間では、ユーラシア及び海洋アジアのほかに、アフリカの戦略空間をめぐる争奪戦がある。中国の海洋戦略の起点となる05年、日本がインドなどと共に仕掛けた国連常任理事国入り問題で修羅場となった〝主戦場〟（拙著『いまだに続く敗戦国外交』草思社）がアフリカだったが、安倍晋三・習近平《しゅうきんぺい》両首脳の時代になった現在、なおも修羅場の外交戦が続いている。その一端を紹介する。

13年、全国人民代表大会（全人代）で国家主席に就任した習近平の外交は、前任者・胡錦濤《こきんとう》と同様、ロシア訪問から始まった。ロシアは超大国アメリカをけん制するのには持って来いの大国だが、訪露を終えた習近平がユーラシア大陸から直接、次に飛んだ先はアフリカ大陸だった。その狙いは、日本外交が形成しようとしてきた「自由と繁栄の弧」を一跨《ひとまた》ぎし、背後のアフリカ大陸から日本の弱点を突こうという動きのように見えた。日本政府は1990年以来、5年に一回、アフリカ開発会議（TICAD）を主催者として開催する外交イベントを軸に、対アフリカ外交を積極的に進めてきた。しかし、中国に比較すると、アフリカとの関係は歴史も浅く、在外公館数や首脳クラスや外相の交流などで見ても、劣勢は否めない。日本は、ODA（政府開発援助）も減額を余儀なくされてきたことから過去の右肩上がりの勢いはなく、貿易・投資額などの点でも見劣りがする。

具体的に言えば、1950年代からアフリカ諸国の独立のピークを迎えた60年代にかけて、民族解放闘争への支援を軸にアフリカとの関わりを維持してきた中国と、その実像を知らぬまま、米ソ冷戦終結後にアフリカとの関係を拡大してきた日本とでは、対アフリカ外交の歴史の厚みが違うのだ。

習近平は13年3月、タンザニア、南アフリカ、コンゴ共和国三カ国のアフリカ歴訪の際、講演の中で、「中国・アフリカ関係は一日にして成ったものではない。中国とアフリカは運命共同体だ」と言明し、双方の絆を誇示してみせた。21世紀になってからの中国の対アフリカ外交の特徴は、第一に、従来からの台湾政策に加えて、資源・エネルギーの獲得をも念頭に置いている。第二に「援助には政治的条件を付けない」（06年1月の白書「中国のアフリカ政策」）との方針を建て前に、ローン返済の担保を石油にするという独特の産油国支援をはじめ、アフリカに対する支援のメニューを拡大・整備しており、アフリカ大陸での存在感を強めている。

この時、習近平が歴訪した国は、いずれも中国との因縁浅からぬ三カ国だった。

例えば、タンザニアは、中国が1960年代の毛沢東《もうたくとう》時代に東アフリカの拠点として熱い視線を注いでいた国で、経済・技術、道路建設、湾岸拡張工事、鉄道建設などを支援してきた中国最大の投資地区だ。タンザニアを拠点とする東アフリカでの支援活動は、文化大革命による国内混乱にもかかわらず、断ち切ることはなかった。67年の協定締結を経て70年に着手したタンザン鉄道建設計画への支援は両国友好の象徴と位置づけられている。そして今や、資源・エネルギー獲得をめぐって注目される中国流のやり方――ハコモノをつくりカネ、ヒトも惜しみなくつぎ込むという独特の援助手法の原点だと言われている。

13年3月24日、キクウェテ（大統領）との首脳会談の席上、習近平は「両国の友誼は毛沢東主席、周恩来《しゅうおんらい》総理、ニエレレ大統領ら先輩指導者が手ずからつくりあげたもので、以来、両国は全天候型の友誼を保持してきた」と強調。特に共同声明では、ロシアとの共同声明に続いて「核心的利益の問題で双方が相互に支持する」との約束が明記された。「核心的利益」とは、中国共産党による統治の正統性や主権・領土を守るために、絶対に譲歩できないとする最重要の国益を指す。具体的には、台湾のほか、分離独立問題を抱えるチベット及び新疆ウイグル自治区、そして数年前からは南シナ海の問題をも含めるようになった。東シナ海の尖閣諸島についても、中国外務省が13年に「領土と主権の問題なので、当然、核心的利益だ」と述べたことがある。

†中国外交の読み方

習近平のアフリカ訪問は、毛沢東との関係が深いタンザニアで最初の一歩を踏み出し、かつての民族解放の地と中国との絆の強さを対外的にばかりでなく、中国内にもアピールしたものではなかったのか。建国の父・毛沢東にとって、中国外交の両輪は「国益重視外交」と「理想主義外交」であり、中国外交の原則は「内政が外交に優先する」というものであった（朱建栄《しゅけんえい》『毛沢東のベトナム戦争——中国外交の大転換と文化大革命の起源』東京大学出版会）。近年の尖閣問題などをめぐる中国の強硬な対外姿勢は、日本の「尖閣国有化決定」が直接の契機になったにせよ、実は深く進行してきた内政の保守化、あるいは貧富の格差、身分格差を根っことする社会的不満とそのはけ口としての毛沢東回帰の現象と大いに関係しているように思える。

胡錦濤時代のスローガンである「和諧社会」建設は看板倒れに終わった。そして習近平時代になった今、社会的不安定・不満に対処するため、言論統制なども含めて国家による強力な引き締めが必要となった中国外交は、一段と色濃く内政に影を落としている。

習近平指導部の中央政治局常務委員7人の主要幹部、いわゆる中国共産党トップ幹部のチャイナセブン（習近平、張徳江《ちょうとくこう》、李克強《りこっきょう》、劉雲山《りゅううんざん》、兪正声《ゆせいせい》、張高麗《ちょうこうらい》、王岐山《おうきざん》）、さらに政治局委員まで広げてみても、外交・安保の専門家が一人も入っていないことから、中国外交には、「政策に関するコンセンサスがなく、権力闘争絡みで、個々人がその時々に使える対外政策をピックアップするだけ」との見方がある。外交担当の国務委員・楊潔篪《ようけっち》も、外相に当たる外交部長・王毅《おうき》も政治局委員ですらない。確かに、この視点を踏まえれば、ここ3、4年、中国の対日外交などで起きた事象が理解できることが少なくない。

その意味で、習近平が国家主席就任後、最初の外交をロシア訪問、続いて米国が命名した「不安定の弧」を補強する「自由と繁栄の弧」を一気に横断した今回の戦略外交、それは冷戦時代の1950年代から60年代にかけて、「中間地帯」理論を基に民族解放闘争と結びつけて独自のイデオロギー外交を展開した毛沢東時代の発想に酷似している。習近平戦略外交は、国内ファクターに大いに影響されたものだと言えよう。

アメリカン大学のデボラ・ブローティガム教授によると、例えば中国のアフリカ進出の狙いは「中国企業のグローバリゼーションの後押し」即ち「輸出先を広げ、現地でのブランドイメージの確立」という点にあり、政治的な支配—服従を狙いとする「ネオ・コロニアリズム」とする欧米の批判は単純すぎる。中国は陰りが見える国内経済の再活性化に向けた「製造業やセメント、建築資材などインフラ業界への投資に関心を持っている」。そして、それらの問題点は、投資の質にあり、「環境や安全の基準が十分でない。低賃金も大きな問題だ。アフリカ人の労働者に十分な賃金を払っていない」、要するに「自分たちの国内問題を持ち込んでしまっている」（朝日新聞　GLOBE、2012年1月29日配信）というのだ。

タンザニア訪問後、習近平は、同じ新興国として連携を深める南アフリカを公式訪問した。そしてアフリカ歴訪最後となった国は、東アフリカのタンザニア、西アフリカのギニアと並んで、60年代以来、中央アフリカの拠点として友好関係を構築してきたコンゴ共和国だった。外国メディアは、中国メディアが「アフリカ諸国との良好な協調関係を伝える高揚したプロパガンダ報道で埋め尽くされている」と報じた（ニューズウィーク日本版「習近平、アフリカ重視外交のしたたかさ」3月26日のサイト）。

中国の対アフリカ外交を意識

それから数カ月後、日本政府は第5回アフリカ開発会議（TICAD、2013年6月）を開催した。さらに2016年8月には、首相も出席して、第6回TICADを初めてアフリカの地（ケニア）で開くという安倍戦略外交の新機軸を打ち出した。これは、中国の対アフリカ外交を意識し、貿易・経済の視点ばかりでなく、国連安保理常任理事国入りを目指す立場から「戦略空間」の拡大を図ろうとする意図がある。

中国への対抗意識は、安倍が16年8月27日の演説で打ち出した「自由で開かれたインド太平洋戦略」に鮮明に表われた。安倍はこの中で「力や威圧と無縁で自由と法の支配、市場経済を重んじる場として育てる責任を担う」と表明、「価値観外交」を展開する必要性を強調した。また翌28日の共同記者会見では、中国を念頭に「海洋が自由で開かれていることは、日本の繁栄にとって死活的に重要だ」と指摘した。

安倍の「地球儀俯瞰外交」は、前述したＴＲＩＭ四カ国との連携を進める〈陸のユーラシア戦略〉の柱に加えて、次章で見るように、インド洋を中心に東南アジアからアフリカにまで広がる〈「海洋の自由」を守るインド太平洋戦略〉の柱で構成するという絵柄が、色彩やかな筆致をもって浮かび上がってくる。

第４章　海洋戦略「安保ダイヤモンド構想」

巨大国家・中国とどう向き合うかは、21世紀世界にとっての最大課題である。

安倍戦略外交（２０１２年12月の第二次安倍内閣誕生以降）最初の1年は、〈戦略空間の拡大〉を最大の主眼として、①グローバル・コモンズ（海洋、宇宙、サイバー）防護の確認、②ＴＰＰ実現への積極的働きかけやジャパン・ブランドをトップセールスする経済外交、③２０２０東京五輪誘致の支持取り付け――のいずれか（あるいは複数）の目的に狙いを定めて進められてきた。しかし、そうした安倍戦略外交の「陰の主役」は、あくまで中国であった。とりわけ、近隣国日本にとっては、〈韜光養晦《とうこうようかい》〉（元来は才能や野心を隠し、周囲を油断させて力を蓄えていくという処世の姿勢を意味し、鄧小《とうしょう》平《へい》が改革開放を優先する中国外交の考え方として使った）路線を転換し海洋膨張策に踏み切った中国をめぐる問題が、最も深刻な外交課題として認識されるようになった。

小泉内閣以降、猫の目のように変わる「短期（単年度）政権」という政治的不安定状態の中にあって、その足元を見た近隣諸国は、民主党政権下の日本外交を揺さ振った。２０１０年9月に尖閣諸島沖中国漁船衝突事件が発生すると、約2カ月後、ドミートリー・メドベージェフ露大統領が、国後島を訪問（11月1日）、北方領土はロシア領だと主張した。そして12年、安倍政権誕生前夜、プーチン大統領の復帰に伴い首相となったメドベージェフが国後島を再訪問（7月3日）すると、あろうことか、韓国・李明博《イミョンバク》大統領が竹島に上陸（8月10日）、そして日本政府が尖閣諸島（魚釣島・北小島・南小島）「国有化」を閣議決定（9月10日）したのを契機として、中国艦船の尖閣水域進入及び領海侵犯が常態化した。この間、香港活動家による尖閣諸島上陸（8月15日）なども発生、東アジア海域に緊張が走った。日中関係は一段と冷え込んだ。同年暮れの衆院選挙の最中、中国・国家海洋局の航空機（Y－12洋上監視機）が尖閣諸島上空を領空侵犯し、海ばかりでなく空のリスクも加わった。

南シナ海においては、中国は7カ所で人工島を造成するなど独自に引いた境界線「九段線」を基に南シナ海は歴史的に中国の領海と主張、法の支配に基づく海洋秩序を無視する行動を展開するとともに、インド洋でも影響力を拡大・強化しようとしている。今や中国と国境を接するインドとの確執もフェイズが確実に一段階上がった。

もはや中国の海洋拡張戦略が後戻りすることはあるまい。現に、2016年12月には日米が注目する一線を、中国海軍が堂々と越えた。空母「遼寧《りょうねい》」や駆逐艦、フリゲート、補給艦の艦隊8隻が宮古海峡を通過、中国が防衛ラインと称する「第一列島線」(九州・沖縄―台湾―フィリピン)を越え、西太平洋に入ったのだ。今後、たとえ暫定的な妥協が成立したとしても、中国にとっては20年、30年先をにらんだ〈小休止〉にすぎない。こうした中でとりわけ対インド外交は、日本にとって戦略的重要性を増していくことになるだろう。

第1節 インド再発見

インドには、異なった河流の水の合する地点は神聖であるという言い伝えがある。1963年夏、インド哲学研究の最高権威・中村元はヒンドゥー教の霊場として有名なインド最南端カニヤークマーリー岬を訪れ、その時の旅のことを書き残している。

海辺にはガンディー記念館や寺院が立ち並び、その近くにインドの偉大な宗教家ヴィヴェーカーナンダ(1863―1902)の生誕百年を記念して立てられた石碑がある。スワーミー・ヴィヴェーカーナンダは、師ラーマクリシュナがこの世を去る(1886年)と、インドの遍歴修行者の伝統に従って遍歴生活に入った。1888年に生まれ故郷のカルカッタを突然去り、全国各地に赴いて、ほとんどすべての霊場を巡礼し尽くす。最後に到達したのがカニヤークマーリー岬であった。清冷な雪を頂くインド大陸の極北ヒマラヤの山岳地帯から大海原が無限に広がる南インド最果ての岬までの旅。岬の沖合には、ヴィヴェーカーナンダが一夜坐して瞑想した時の島（岩とも言われる）がある。その情景を想像しながら、中村は、自然の中で瞑想し「静寂のうちに無限に広がっている海を眺めていると、大海原は人をして無限なるものの中にさそいこむ不思議な魅力がある」と書く。カニヤークマーリー岬は、ベンガル湾、インド洋、アラビア海の「三つの海洋の水の接触合一している地点である。太陽はベンガル湾に出て、アラビア海に没する」（中村元選集第32巻『現代インドの思想』春秋社）。何と壮大・雄渾な情景であろうか。

種々雑多な習慣や伝統が共存する多様性のある国家インドにあっては、海洋によってイメージされるビジョン——瞑想する際に得られる時のインド統合の基盤——を形成する〈霊的な共有体〉という理念は重要である。

安倍戦略外交を考える時に想起されるのが、その重要なツボを巧みに突いて関係緊密化への突破口とした対インド外交の積極的なアプローチであった。

対印接近——不作為の布石

２００７年９月、体調不良で退陣に追い込まれた首相・安倍晋三にとって、第一次安倍内閣（２００６〜07）末期の夏は地獄の苦しみを味わう一カ月だった。とりわけ、最後の外遊となったインド訪問は、身近な人が今でも、潰瘍性大腸炎を起因とする腹痛によって苦悶に歪んだ安倍の表情を思わず想起してしまうほど辛い旅となった。しかし、この時の訪印は、計らずも現在（第二次・第三次内閣）における安倍戦略外交の基盤となる萌芽となった。

安倍のインド訪問最大のイベントとなったのが、インド国会における安倍の総理大臣演説「二つの海の交わり」（Confluence of the Two Seas）だった。演説は、インドが生んだ偉大なヒンズー教指導者、ヴィヴェーカーナンダの言葉"The different streams, having their sources in different places, all mingle their water in the sea."をもって始まり、世界最大の民主主義国家インドにおける国権の最高機関で、アジアを代表するもう一つの民主主義国家日本の総理大臣が、日本とインドの未来について語り掛ける舞台設定だった。

演説の題名は、17世紀、ムガル帝国の王子ダーラー・シコーが著した書物のタイトルから借りたものだが、様々な支流が次々と合流して河流を形成し、やがては大海原に注ぎ込んで交わるというヴィヴェーカーナンダの言葉がその意味をよく表わしている。

演説での「二つの海」とは、太平洋とインド洋を指し、それらは「今や自由の海、繁栄の海として、一つのダイナミックな結合」体となり、「従来の地理的境界を突き破る「拡大アジア」」が明瞭な形となって姿を現しつつある〈首相官邸ホームページ〉という地政学的な発想を踏まえた演説内容だった。首相・安倍はインド国民に呼び掛けた。

「太平洋とインド洋は、今や自由の海、繁栄の海として、一つのダイナミックな結合をもたらしています。従来の地理的境界を突き破る「拡大アジア」が、明瞭な形を現しつつあります。これを広々と開き、どこまでも透明な海として豊かに育てていく力と、そして責任が、私たち両国にはあるのです」「日本とインドが結びつくことによって、「拡大アジア」は米国や豪州を巻き込み、太平洋全域にまで及ぶ広大なネットワークへと成長するでしょう」

太平洋とインド洋——この二つの海が結ばれることによって姿を現しつつある拡大アジア。日印両国が「戦略的グローバル・パートナーシップ」を結ぶことによって、インド洋—太平洋を開かれた海・透明な海として一緒に育てていく決意がそこには込められていた。

安倍のインド国会演説のポイントに次の三点がある。

・日印両国が結ぶ「戦略的グローバル・パートナーシップ」は〈自由と民主主義〉〈基本的人権の尊重〉といった基本的価値と戦略的利益とを共有する結合であり、ユーラシア大陸の外延に沿って進める「自由と繁栄の弧」構想の要を成す

・日印両国は海洋国家であり、シーレーンの安全に「死活的利益を託す国」として「自由と繁栄」のために、今後、安全保障分野においても協力を深めていかねばならない

・日本とインドが結びつくことによって、「拡大アジア」は米国や豪州を巻き込み、太平洋全域にまで及ぶ広大なネットワークへと成長する

思うに、安倍が退陣間際に発信した〈二つの海の交わり〉の戦略的ポイントは、確実に日本外交の地平を広げた。それは、リアリティある海洋戦略空間への広がりであり、マッキンダー地政学をベースに描かれた対ロシア外交戦略論から、中国を最重視する戦略への重心移動と言える。そして第二次（以降）安倍政権における現在の外交展開を見る時、インド洋―太平洋の〈ダイナミックな結合〉は、日本外交リアリズムの深化と言えた。

確かに麻生外交ビジョン「自由と繁栄の弧」（米国防総省の「不安定の弧」）の考え方には、インド洋も含まれるが、リアリティを持った戦略空間として日本外交のビジョンに組み込まれたのは、この演説が最初だった。後述する〈安全保障ダイヤモンド構想〉（12年）は〈二つの海の交わり〉（07年）の延長線上に描かれたものである。背景には、鄭和《ていわ》の海洋大遠征６００周年（05年、中国ではさまざまな記念行事が行われた）以来、海洋進出に本腰を入れ始めた中国の変化が生み出したリアリティ空間があった。〈二つの海の交わり〉から〈安全保障ダイヤモンド構想〉までの間5年で、現実が理念に追いついたと言えるのである。

ここで使われたインド洋と太平洋の〈ダイナミックな結合〉は、最近、特にアカデミズムの世界において〈インド太平洋〉という概念として普通に使われるようになったが、07年当時、

日本ではまだ使われたことがなく、その地政学的発想自体も斬新なものに映った。

それまでは、日本のアジア太平洋政策と言えば、広大な太平洋の東端に位置する超大国アメリカを遠望しつつ、東南アジア諸国連合（ＡＳＥＡＮ）との良好な関係をどう進めるかに力点が置かれていた。それは必然的に経済次元での相互利益の維持が第一の眼目となり、第二次世界大戦後に構築された地域秩序が揺るぎなきものとして想定されていた。

しかし、21世紀、中国の本格的な海洋進出が始まると様相は一変した。海洋をめぐる問題は、安全保障の喫緊の課題として重視されるようになった。07年の安倍演説の内容は、中国の海洋進出にどう対応するかを念頭に書かれており、〈インド太平洋〉という概念には後になって発露する中国の〝野望〟を十分にわきまえた戦略的意思が込められていた。それが、第二次安倍政権発足直後に提起された「日米豪印ダイヤモンド安保構想」に進化していくのだが、現実が理念に追いついた時の海洋をめぐるパワーゲームの現在状況については後述する。

ここでは、まず「二つの海の交わり」を起点とする理念構築とその発展型である「開かれた、海の恵み――日本外交の新たな5原則」（13年1月18日）について述べたい。

†理念構築の知恵袋とシナリオライター

首相・安倍のインド国会演説（07年）に立ち戻れば、演説は、〈インド太平洋〉の交わりによって形成される新しい「拡大アジア」のほぼ両端に位置する二つの民主主義国家が国民各層あらゆるレベルで友情を深め、政治、経済ばかりでなく、安全保障面においても相互に協力して行かねばならないという日印両国の戦略関係構築に向けたラブコールであった。この安倍演説は、インドの国会議員からやんやの喝采を受けた。

当時の首相秘書官・林肇（82年入省、現外務省欧州局長）が振りかえる。「拍手、そして足踏みし、最後は開閉式の机を開けたり閉めたりして音を鳴らし、総理の演説を絶賛した」。

インド洋と太平洋を結びつける発想はどこから来たか。インド国会演説には、安倍外交の二人の重要な黒衣が関わっていた。地政学に精通し戦略的思考を縦横に展開できる二人、安倍外交を支えてきた兼原信克の直観力と谷口智彦の筆力が融合した戦略ビジョンだと言える。

インド国会演説のスピーチライターは、第二次・第三次安倍政権でも同一の役割を担っている谷口だ。谷口は、前述したように谷内正太郎、兼原とともに、「自由と繁栄の弧」を創成したトライアングルの一角を占める存在だった。

谷口は演説草稿を執筆するにあたって、兼原と議論を重ねた。この草稿の新機軸は、何と言ってもインド洋と太平洋とを直結させ、地政学的発想によって日本の外交・安全保障戦略ビジョンの中にインドを位置づけた点にある。インド洋と太平洋——二つの海洋を結びつけた演説の肝は、日本外交の知恵者・兼原が発想したものだった。谷口の研磨の効いたレトリック豊かな演説草稿、その下地にちりばめられた地政学的発想は兼原の知恵が生かされている。

安倍演説は、インド側に絶賛され、出席者を大いに感動させた。だが、この時既に、安倍は体調を崩しており、一カ月余り後の9月下旬、無念の退陣を余儀なくされた。第一次安倍内閣最後の外交の舞台での演説となった。しかし、12年暮れ、安倍が首相として奇跡的な復権を果たすと、「インド太平洋」戦略は第二次安倍内閣後の外交の主柱として具体化されていく。

†忘れられた安倍論文——日米豪印「安保ダイヤモンド構想」

インド国会演説から5年4カ月後、「二つの海の交わり」の発展型として公表されたのが、「開かれた、海の恵み——日本外交の新たな5原則」だったが、以上二つのようなソフトタッチな表現による安倍外交演説と違って、より安保戦略の色彩の濃い——それだけ本音を吐露した安倍の小論がある。

「アジアの民主的安全保障ダイヤモンド（Asia's Democratic Security Diamond）」と題されたその英文の小論は、第二次安倍内閣が誕生した翌日にあたる12年12月27日、国際NPO「プロジェクト・シンジケート」のウェブサイト「ワールド・オピニオン・ページ」に掲載された。

この小論で安倍は、①太平洋における平和と安定、航海の自由は、インド洋のそれ（平和と安定、航海の自由）と切り離すことはできない、②しかし、南シナ海は中国の海（〝北京湖〟）になろうとしている、③尖閣諸島周辺海域でも、日本は、中国による日常化した威圧行動を認めてはならない――という認識を述べた上で、次のような日本の外交安保戦略を明らかにした。
一、豪州、インド、日本、米国（ハワイ）がインド洋地域から西太平洋に広がる海洋コモンズを防衛するためのダイヤモンドを構成する戦略を描き、私は最大可能な限り日本が有する様々な能力をこの安全保障ダイアモンドにつぎ込む用意がある
一、私は、アジアの安全保障を強化するに際し、英国とフランスが参加するという点において、アジア回帰の舞台設定を奨励する
一、英国はマレーシア、シンガポール、豪州、ニュージーランドの5カ国防衛協定に今なお価値を見出しており、日本はこのグループに参加し、定期的対話や小規模の軍事演習に参加したい

安倍が提唱したこの日米豪印の「安保ダイヤモンド構想」は、一部メディアで報道され、安保関係者の間では話題になった。しかし、中国を狙い撃ちした論旨の明快さ――思えば拡張路線を突き進む中国の本質を鋭く突き、海洋政策をめぐる中国の現在をいち早く予見した内容なのだが――ゆえに、安倍政権のタカ派体質がイメージされ、国民の固定観念を形成してしまえば外交の選択肢が狭められることを懸念する向きも想定された。現に対中関係などを懸念した安倍周辺が公表後火消しに走り、小論はその後忘れられた存在になった。

この小論をめぐっては、曰くつきのエピソードがある。小論の草稿は、安保外交の知的コミュニティやマスメディア界など国内外に幅広い人脈を持つ谷口智彦が書き下ろしたもので、ブラシュアップされた英文も含めて谷口にしか書けない内容だった。（前掲対インド外交三部作、「インド洋を制する者 世界を制す 日印は連携強化を」「TPPと「同盟ダイヤモンド」拡張中国への抑止力」「いまこそインドとの連携強化を　中国の新型ミサイル登場を受けて」）

2012年秋、谷口が「プロジェクト・シンジケート」から原稿を依頼された頃、政権は民主党側にあり、当の安倍はまだ野党党首の自民党総裁だった。当時の首相は野田佳彦（民主党、現民進党）だが、衆院解散・総選挙についても、年内行われるとは想定されていなかった。

安倍応援団の一人として、谷口が世界の目を強く意識しながら、安倍売込みのために切れのある小論草稿を執筆しようとした思いの純粋さは紛れもない。小論は政務秘書を介して安倍と幾度となく草案のキャッチボールをして完成させたものだ。つまり、谷口は第二次安倍政権が誕生することを前提に執筆したわけではないのである。

加えて、「原稿の配信も野党の自民党総裁時代に」と思っていた谷口の意に反して、「プロジェクト・シンジケート」は、配信時期を遅らせた。恐らく、安倍原稿を手にした編集部は、既に12月総選挙への流れが決まっていた政治情勢の中で第二次安倍政権の誕生濃厚と判断して、タイミングを計って配信時期を決めたものだろう。より多くの読者に読まれたいというインパクトのある記事を、絶妙のタイミングで配信したいと考えるジャーナリズム心理に従えば、編集部が、第二次安倍政権誕生直後に配信するのは当然といえば当然であろう。

だが、いざ再び政権に返り咲いた安倍本人や首相首席秘書官・今井ら安倍を囲む側近たちの気持ちは、慎重に石橋を叩いて渡ることだった。安倍の本音はともかく、政権始動にあたっては頭を低くし、タカ派的側面にスポットライトが当たることを極力回避するというモードで一致していた。それは、政権への復帰直後の安倍が、靖国神社参拝を決行しなかったのと同様の心理状態だ。はやる気持ちを抑え、取り敢えず見送った決断と軌を一にしている。

アベノミクスでロケットスタートを切った安倍政権の当面の課題は、リフレ派が主導する金融を軸とした経済政策が最優先だった。ようやく政権に返り咲いた安倍としては、屈辱のうちに退陣を余儀なくされ、わずか1年の短期政権に終わった第一次内閣での悪夢を忘れてはいない。最大の目的は、その汚名を雪ぐこと——すなわち、第二次政権を始動するに当たってまず求められたのは、波風を立てず、いかに凪の状態で船出をするかにあった。

小論はその執筆時期や意図や公表のタイミングなどをめぐって様々な事情があったが、この時点では、現実が理念に追いついておらず、安倍政権のタカ派的側面にのみ光が当てられはしないか、との懸念が首相サイドに生じたとしてもおかしくはない。

側近たちの強い意向もあって、その後、「ダイヤモンド構想」という表現自体は使われなくなり、事実上のお蔵入りとなった。代わって公式に打ち出された「日米豪印連携」論は、ソフトタッチのオーソドックスな表現で化粧直しされた外交演説として登場した。

13年1月18日、東南アジア訪問の際、インドネシアで、「開かれた海の恵み——日本外交の新たな5原則」と称して、日米同盟を基軸にインド、豪州など米国の同盟・パートナー諸国との結びつきを強化する意向を表明する演説を準備していた。この演説は、日ASEAN40周年の年に当たっての東南アジア歴訪の一環として訪問したジャカルタ（インドネシア）で行う予定だった。しかし、アルジェリアで邦人拘束事件が発生したため、安倍は日程を短縮して急遽帰国、実際には行われず、テキストだけが公表された。（外務省ホームページに今も掲載されている）

日本海洋戦略の新五原則

インド国会での安倍演説の延長線上にある「開かれた、海の恵み——日本外交の新たな5原則」は次のような一節で始まる。

「日本の国益とは、万古不易・未来永劫、アジアの海を徹底してオープンなものとし、自由で、平和なものとするところにあります。法の支配が貫徹する、世界・人類の公共財として、保ち続けるところにあります。

わが日本は、まさしくこの目的を達するため、20世紀の後半から今日まで、一貫して2つのことに力をそそいでまいりました。それは、海に囲まれ、海によって生き、海の安全を自らの安全と考える、日本という国の地理的必然でありました。時代が移ろうとも、変わりようはないのであります」

二つのうちの一つは日米同盟であり、もう一つは海洋アジアとのつながりを強くすることだった。

「いま米国自身が、インド洋から太平洋へかけ2つの海が交わるところ、まさしく、われわれがいま立つこの場所へ重心を移しつつあるとき、日米同盟は、かつてにも増して、重要な意義を帯びてまいります。（中略）これからは日米同盟に、安全と、繁栄をともに担保する、2つの海にまたがるネットワークとしての広がりを与えなくてはなりません。米国がもつ同盟・パートナー諸国と日本との結び合いは、わが国にとって、かつてない大切さを帯びることになります」「海に安全と繁栄を頼るわが国の外交を貫いたいま一つのモチーフとは、海洋アジアとのつながりを強くすることでした。このためわたくし自身かつて、インドと、あるいは豪州と日本の結びつきを、広く、深いものとするよう努めました」

その上で、日本外交が拠って立つべき「未来をつくる5原則」を提唱した。

第一、二つの海が結び合うこの地において、思想、表現、言論の自由——人類が獲得した普

遍的価値は、十全に幸《さき》わわねばならない

第二、最も大切なコモンズである海は、力によってでなく、法とルールの支配するところでなくてはならない

第三、日本外交は、自由でオープンな、互いに結び合った経済を求めなければならない

第四、日本とみなさん（インドネシア）のあいだに、文化のつながりがいっそう充実をみるよう努めたい

第五、未来をになう世代の交流を促す

1977年、福田赳夫首相はASEANに対して、①日本は軍事大国にならない、②ASEANと「心と心の触れ合う」関係をつくる、③日本とASEANは対等なパートナーになる――という三つの約束をした。このいわゆる「福田ドクトリン」は、日本の東南アジア外交の基調となっており、安倍五原則は時代の変化を踏まえて敷衍したものだ。が、その特色は、海洋における結びつきを発想の基礎に置いて、インド洋と太平洋をつないだ戦略的色彩の強い点にこそある。

「海に囲まれ、海に生き、海の安全を、おのれの安全とする国」である日本は、同じ条件の下にあるインドネシアやASEANの多くの国とともに、「コモンズ、なかんずく海を、力の支配する場としない」との強い決意を披瀝して演説草稿は締めくくられている。

†フェルメールの視野

2015年の安倍外交は、12月のインド訪問、そして来日したマルコム・ターンブル豪首相との首脳会談をもって締めくくられた。〈インド太平洋〉を念頭に置いた首相・安倍の「ダイヤモンド安保戦略」――日米豪印連携は、新次元に向けた日米同盟の強化で合意した4月の訪米を起点に、着実に肉付けされた。日米の狙いは、〈インド太平洋〉で拡張的な活動を展開する中国の脅威を抑止する点にある。とりわけ南シナ海における近年の中国の動きは、オランダの画家ヨハネス・フェルメールが「真珠の耳飾りの少女」を描き、法律家グロティウスが「自由海論」をまとめあげた17世紀以来積み重ねられてきた、国際秩序に対する力ずくの挑戦と言える。

17世紀は、大航海時代の冒険心によってもたらされた渡来品の移動、異文化交流が一段と深化し、本格的な商業活動が行われるようになった時である。東西間で移動するモノは、偶然の渡来品ではなくなり、流通・販売を目的に生産されたモノであった。当時、オランダはアムステルダムを中心に新奇・珍奇な物品、贅沢品が集積するヨーロッパの一大拠点になっていた。アジアとの海上交易に乗り出す数多くの貿易会社を統合して生まれたのが、世界初の大規模株式会社オランダ東インド会社だ。フェルメールが生まれ育ち、終の棲家とした有産階級の街デルフトは、アムステルダム、ロッテルダムと並んでアジアとの国際貿易を結ぶ中心地だった。オランダ商人は、スペイン、ポルトガルの後を追うように、インド洋、西太平洋の海域にまで船を走らせたのだ。

カナダの歴史学者ティモシー・ブルック教授が17世紀に勃興したオランダを解析している。フェルメールが描いた女性たちは、自分たちが生きているさらに広大な世界をはっきり意識していた。そして有産階級の街デルフトで生きていくためには世界情勢に通じていなければならなかった。また世界中から唸りをあげてなだれ込んでその種類を増していく数々の品物の中から選択しなくてはならなかった。（本野英一訳『フェルメールの帽子——作品から読み解くグローバル化の夜明け』岩波書店）

日本でも熱烈な愛好家のいるフェルメールの作品は、世に三十数点しか現存していないが、彼の作品には、中心に描いた人物と外部世界をつなげるものとしてアジアとの交易、海外に広がる視野を暗示する小道具が描かれている。例えば、「兵士と笑う女」「地理学者」などには世界地図や地球儀が配され、「真珠の耳飾りの少女」「真珠の首飾りをする少女」では、インド洋、ペルシャ湾、ベンガル湾などで採取された真珠が輝きを放っている。

フェルメールは故郷デルフトを安住の地としていたが、17世紀、画家としてのその目は無限の輝きが潜む外部世界に向けられていた。同じデルフトの若き有能な法律家で後に「国際法の父」と称されるフーゴー・グロティウスも然り。先行して西太平洋に進出し、常設航路を既得権化していたポルトガル、スペインに、他国民が交易するため、その航路を自由に航行することを妨害する権利はないとして、交易の自由最優先を主張、オランダの〈インド太平洋〉進出に貢献した。今では、交易の自由・航行の自由は国際法の基本原則であり、グローバル・コモンズとして誰もが享受できる人類の資産と見なされている。

第2節 二つの海――8年目の現実

だが、今、4世紀にわたって様々な状況変化にも耐えて積み上げられてきた海のルールが揺れ始めた。中国海軍の外洋化や南シナ海における中国の「人工島」造成が伝統的な海の秩序を力ずくで覆そうとしているためだ。インド洋で、ミャンマー、バングラデシュ、スリランカ、パキスタンに艦船の寄港可能な港湾を確保した中国は、インドを取り囲むように海洋での存在感を際立たせている。それが「真珠の首飾り」と呼ばれる中国海洋戦略の柱の一つだ。これは、中国・習近平政権が推進する「一帯一路（陸と海のシルクロード）」構想の基盤ともなるだろう。

以前より、巨大国家・中国のカウンター・バランサーとして注目されてきた非同盟の大国インドの重要性が近年、一段と高まっている背景がこの辺りにある。中国のインド洋進出は、インドの脅威感を強めている。インド経済の拡大に向けて太平洋の成長を取り込むための東方戦略は、ルック・イーストからアクト・イーストへと移行し、積極的な戦略に変わった。

こうした中、安倍首相は、伝統的に非同盟・全方位外交を展開するインドとの距離を、実態が伴う形で急速に縮めつつある。とりわけ、モディ首相が登場して以後は、経済協力分野ばかりでなく安全保障面にも積極的に踏み込んでいる。

安倍がインド訪問中の15年12月12日、都内の立教大学で、国際シンポジウム「21世紀アジアをめぐる海の国際政治――インド洋・ベンガル湾・南シナ海・東シナ海・太平洋」が開かれた。そこには、知的コミュニティにおける〈インド太平洋〉に対する関心の広がりが確認できた。日本における〈インド太平洋〉への関心は、第二次安倍政権発足（12年12月26日）以後、とみに強くなった。

†対インド外交の点と線

日本とインドとの加速度的な接近は、両国を取り巻く大情況（戦略環境）の激変が背景にある。その主たる要因は、巨大国家中国が海洋進出を本格化させたことである。ここでは、まず、現実の変化に対応するため、知的コミュニティや外交安保政策サークルが、安全保障上、実践的で「オペレーショナルなコンセプト」（慶應義塾大学総合政策学部・中山俊宏教授）として捻り出した地政学的概念〈インド太平洋〉の形成過程を論述するとともに、〈インド太平洋〉を生むに至った背景について分析したい。

外交安保コミュニティでアジア地域の海洋安全保障を論じる際、「インド太平洋」という概念が流行語のように使われるようになったのは、ここ数年のことである。元来、この用語は、生物地理学、海洋学、海洋生物学の分野で使われてきたコンセプトで、インド洋から太平洋(特に西太平洋)にかけての暖流域を指す。英語では'Indo-Pacific'とハイフン入りで使われてきた。しかし、それが、「ハイフン抜き」の表記の地政学的概念として加速度的な広がりを以って用いられるようになったのは、2010年10月、ヒラリー・クリントン米国務長官がハワイのイースト・ウェスト・センターで行った政策演説で太平洋とインド洋のつながりを論じたことが契機となった。中山によると、クリントンは10年1月と11年11月を含めて計三回、政策演説の中で太平洋とインド洋とのつながりをはっきりとつないだ表現で論じており、09年のオバマ政権発足以来、インド洋と太平洋が「単一の戦略的地域(single strategic area)」として成立しつつあった。(「アメリカ外交における「インド太平洋」概念――オバマ政権はそれをどのように受容したか」日本国際問題研究所報告「インド太平洋時代の日本外交――スイング・ステーツへの対応」15年3月)

地政学的概念としての「インド太平洋」は、①アジアの繁栄が依拠する世界有数の通商路を抱える地域における海洋安全保障、②グローバリゼーションの進展や東アジア経済外延的拡大、インドの「Look East政策」の結果、東アジア―インドの結びつきが強まりつつある経済、③広域的な地域の中に併存する「東南アジア」や「東アジア」「アジア太平洋」といった地域間の相互作用、④中国の力の台頭を背景にそれぞれの地域固有の論理とダイナミズムが働く大国間政治――という四つの側面を備えている。（菊池努「「インド太平洋」の地域秩序とスイング・ステーツ」前掲「インド太平洋時代の日本外交」）

07年演説に対しては、当の安倍が演説後1カ月で退陣に追い込まれたこともあって、日本での反応は鈍かった。

「日本の外交・安全保障コミュニティでインド太平洋論が目につき始めるのは、２０１０年の終わり頃からであったように思われる。その直接のきっかけが同年9月の尖閣事件であった」（神谷万丈「日本と「インド太平洋」――期待と問題点」日本国際問題研究所報告「アジア（特に南シナ海・インド洋）における安全保障秩序」13年3月）。日本の場合、外交官の政策サークルの中から、地政学的発想に基づく用語が政府最高首脳の口から早い時期（07年8月22日）に発せられながら、学者・研究者、ジャーナリスト、アナリストなど知的コミュニティにおいて、外交における〈知的格闘〉可能な概念にまで高められず、アメリカ発の知的刺激を受ける形で始まったように思われる。

一方、アメリカはと言えば、クリントン演説によって概念的にブレークスルーしたが、それに先立って、情況変化と戦略環境の変化に対する現状認識を基にした熟成作用が働いていた。これというのも、日本の外交安保関係でモノをいう〈独立変数＝アメリカ〉と〈従属変数＝日本〉の違いなのであろうか。

†米印関係の接近プロセス

冷戦後の国際政治における最大級の地殻変動のひとつは、事実上の同盟関係にあったソ連の頸木《くびき》からインドを解き放ったことだと言えよう。冷戦後のインドはアメリカとの関係改善に焦点を定めるようになる。

社会主義経済の色濃いインド経済の改革開放政策への転換は１９９０年代初頭、中国より十数年遅れで始まった。ジャワハルラール・ネルー初代インド首相以来推し進めてきた中央集権的計画経済は、資本主義市場経済と社会主義の計画経済の特徴を結合した混合経済であったが、明らかに国民に富をもたらす政策とは言えず、冷戦後、91年に踏み切った経済改革によって、高度成長の足掛かりをつかんだ。「改革以前には規制により労働や資本などの生産要素の使用が非効率だったが、改革によってそれらがより効率的に使用されるようになったことが、経済成長に繋がった。特に、外資規制を緩和したことが外資の流入を促進し、経済の成長を大きく後押しした」（浦田秀次郎、小島眞、日本経済研究センター編『インドvs.中国――二大新興国の実力比較』日本経済新聞出版社）

こうしてインドが変貌を遂げつつある中で、クリントン米政権はインドを、対中政策を進めるにあたってのカウンター・バランサーと位置付けた。アメリカの戦略目標としては、対中カードとしてのインドをいかに自陣営に引き込むかにあった。アメリカの対印関係は、米中関係の変数――米印関係は米中関係であるとも言えた。こうした中で、２０００年3月、レガシー（政治的遺産）づくりに走るクリントン大統領のインド訪問が実現したのである。

一方のインドは、「戦略的猶予期間」の１９９０年代、自国優位の世界新秩序を模索する超大国アメリカからの働きかけもあって、インド自身の外交政策を大きく転換させることになる。しかし、米印両国が名実ともに安定的なパートナーシップを構築するには、なお大きな障害があった。インドの核開発問題である。

冷戦期、良好な関係を構築できなかった両国だが、冷戦後、民主党・クリントン政権が核不拡散を掲げて登場すると、両国の関係改善にはさらに高いハードルとして核問題が争点となった。インドが、98年5月11日と13日、２日間にわたって、しかも計5回の爆発を伴う核実験の実施に踏み切ったのは、中国と並ぶ「核保有国」であることを対外的に公式に宣言、加えて、新たな核保有国を認めない核拡散防止条約（ＮＰＴ）には加盟しない意思を明確にしたものだった。

90年代から21世紀初頭にかけて、アメリカ優位の対中関係構築を目指しながら、対中関係が思うように進まない中で共和党・ブッシュ政権になると、世界秩序に新たな混沌を生み出した9・11米同時多発テロの打撃も加わって、新次元の米印グローバル・パートナーシップ関係の構築を急ぎ始める。

2004年、米印両国は戦略的パートナーシップを結ぶ関係になった。「同盟外交」に対して、これを「連携外交」と呼ぶとすれば、多角的に諸外国とのパートナーシップを広げ、それをベースに戦略的外交を推進してきたのが冷戦終結後のインドだった。2年後、アメリカはインド首相・シンを国賓級の待遇で迎え、米印共同声明でも、両国関係はグローバル・パートナーシップに格上げされたが、米印協力の実際の転換点となったのは05年であった。

アメリカは従来の核政策から「180度方向転換し、NPT未加盟のインドを特別の例外扱いする政策を打ち出した」。こうした方針への反対論は、米政府の核拡散防止政策の立場に反しており、インドを例外扱いすれば、核開発中の北朝鮮やイランなど「核拡散に歯止めがかからなくなる」というものだが、賛成論は、「インドの核」問題をクリアすれば、「インドとの戦略関係が米外交にプラスになるとの視点から立論されていた」。（堀本武功「冷戦後におけるアメリカのアジア政策――米印核協力をめぐって」05年12月の法学研究所第59回特別研究会での報告の加

筆修正原稿）
これは、ＷＴＯ（世界貿易機関）加盟（01年）を機に高度経済成長の波に乗り、国力増大にモノを言わせて海洋への拡張策に舵を切ろうとしつつある中国を、強く意識したものだ。インドを対中バランスのカウンターパートナーに引き込むための切羽詰まった方針転換だったとも言える。
米印核協力のプロセスは段階的に進められた。①米印共同声明と核協力合意（05年7月）、②核協力合意の細部確定（06年3月）、③米議会に米印核協力法案提出（06年3月）、④北朝鮮が核実験・米中間選挙・米印核協力法成立（06年10～12月）。さらに07年8月、米印間で最終合意された「原子力平和利用協力協定」では、インド側に極めて有利な条件を与え、パキスタンと差を付けるものとなった。
05年は、アメリカの核政策の大きな転換点であったが、ブッシュ政権は、もう一つの方針転換を決めていた。前年から始まった国連安保理改革をめぐる協議に関連して、常任理事国入りを目指すＧ４（日本、ドイツ、インド、ブラジル）のうち、アメリカはそれまで理事国入りには日本のみを支持すると公式には明らかにしてきた。しかし、当時の国連代表部幹部によると、日本に加えてインドも支持する方針を非公式に同国に伝えていた。最終的に安保理改革案がまとまらなかったことから、この方針自体、〝お蔵入り〟となり、公表されなかったが、その5

年後、オバマ大統領がインド議会の演説の中で、インドの常任理事国入りを支持する方針を公式に表明した。以上の経緯を振りかえると、アメリカにとってインドの引き込み策は当時、焦眉の急の策だったと読むことができる。

「ワシントンにとってインドとのディール（取引）の真の利益は、より幅の広い戦略的関係が広げていくという意味ある前進、特に安全保障の点において存在するのである」。中国とのカウンター・バランサーとして、「インドとのディールはまた、軍事的にも経済的にもより直接的な利益を米国にもたらし得るだろう」。（"America's New Strategic Partner?" Ashton B. Carter、フォーリン・アフェアーズ、06年July/August）

米民主党が政権から離れていた06年、アシュトン・カーター（クリントン政権で国防副長官、オバマ政権で国防長官）は、ワシントン・ポスト紙にペリー元長官と共同で"If Necessary, Strike and Destroy"（必要なら、攻撃し破壊せよ）と題する論文を寄稿したことがあるが、インド政策についても、持論を展開していた。

その背景を探ってみると、ここにも、インド洋において活発化する中国の動きがあった。

†真珠の首飾り——中国

05年は、海洋を目指す中国にとって特別な年であった。明、永楽帝の時代に南洋からインド洋、アラビア海にかけ、大艦隊を率いて計7回航海した鄭和の第1回遠征から600周年に当たり、国を挙げて様々な記念行事が行われた。国務院は、鄭和が第1回の遠征に出帆した7月11日を「航海の日」に定め、記念切手の発行、北京の人民大会堂では「600周年記念大会」、中国国家博物館では「鄭和西洋航海600周年記念展」などが開かれた。

鄭和の遠征は、大航海時代のバスコ・ダ・ガマの喜望峰経由インド航路発見、コロンブスのアメリカ大陸発見、マゼランの世界一周に先駆けること約一世紀も前の偉業だった。その600年目に当たる05年に、突如として鄭和にスポットライトを当て、大々的に顕彰し国威発揚に力を注いだのはなぜか。その後の中国の国家動向をつぶさに見るに及んで、鄭和航海600周年に当たる05年は、中国の海洋進出を内外に宣言した狼煙のようなものであった。

歴史学者・上田信立教大学教授の説に興味が注がれる。鄭和の遠征は、明の国威発揚と併せて朝貢貿易の拡大が狙いだったとの説がしばしば語られるが、上田が重視するのは、鄭和がムスリムの血脈を持つ雲南省出身の宦官という点だ。インドネシアでの鄭和顕彰がそうであるように、華人系ムスリムの間で、南洋にイスラームを広めた人物として鄭和は顕彰されているのだが、そのイメージが、海洋強国を目指す中国での鄭和顕彰と違和感を伴ってくるためだ。

習近平体制下のいまの中国政府は、「一帯一路」を掲げ、「一路（海洋航路）」のシンボルとして鄭和を顕彰し、7月11日（航海の日）には盛大な行事が挙行されているが、上田は、中国が進める「一路」政策は中国のための海洋政策であり、「そのシンボルとして鄭和が顕彰されている」と指摘する。

上田の説は、鄭和の南海遠征が単なる国威発揚や朝貢貿易拡大ではなく、次のようなものだ。明代の中国はアラブ世界と平和裏に通商を行っていた。15世紀初頭、中国——シナ海からマラッカ海峡を経てインド洋——そしてメッカに向かって開かれていた海上の巡礼ルートが突如途絶えた。このため、ムスリムとして育った鄭和は一計を案じる。海上のメッカ巡礼ルートを再開するために南海遠征を企画、永楽帝に働きかけた結果、指令を受ける形で実行に移したのが、鄭和の大航海だったのではないか、というものである。(上田信『シナ海域 蜃気楼王国の興亡』講談社)

ポスト冷戦時代の「戦略的猶予期間」を遮断してしまった01年の9・11米同時多発テロから4年、アメリカがムスリムとの真っ向対決に舵を切った時に、中国が、鄭和の顕彰によって、アラブ世界に向かっては中国とムスリムの親和性を印象づけることを意識していたと見てもおかしくはないのだが、いずれにしろ、胡錦濤政権で徐々に始まった海洋膨張政策は、習近平政権下で前面に押し出された。その「一帯一路」政策は、中国の中国による中国のための海洋政策と言っても言い過ぎではないだろう。

中国の外洋化が本格的に騒がれるようになったのは、その数年後だが、既に05年1月には、米ワシントン・タイムズ紙が「アジアにおけるエネルギーの未来」と題する報告書を基にした注目すべきスクープ記事を報じた。
「ラムズフェルド国防長官のために準備された非公表の内部報告書によると、中国は、海外での兵力投入と石油輸送船を防衛するため、中東からのシーレーンに沿って軍事力を配備し基地を建設しつつある。中国は、エネルギーの国益を防護するために防御的かつ攻撃的な位置取りをした中東から南シナ海にかけて、シーレーン諸国との戦略的関係を構築しようとしているのだ。内部報告書では、パキスタンのグワダル港で建設中の新たな海軍基地を含む中東から中国南部にまで伸びる基地と外交的つながりを有する「真珠の首飾り」戦略を採用している、と述べている」("China builds up stratégic sea lanes", The Washington Times" Monday, January 17, 2005)
アメリカの〈インド太平洋〉戦略の弱点は、インド洋に常時寄港可能な、港(基地)を保持していない点だ。補給基地としての英領ディエゴガルシアがあるだけで、必要に応じてカタールやアラブ首長国連邦(UAE)、オマーンなどGCC諸国に使用許可を求めることになる。
一方、インド洋への本格進出に向けて準備を進める中国はと言えば、エチオピア、ソマリア、エリトリアに囲まれ、紅海とアデン湾に面する小国ジブチに軍事拠点を建設中だ。モルジブ、アンダニコバル、スリランカを、日本の外交安保コミュニティでは、将来、空母を運用する場合の母港との見方が常識的な受け止め方で、アメリカやインドも警戒感を強めている。

空母は通常、3隻体制で運用（1隻が外洋に展開、その間、母港に係留する1隻と整備中の1隻）されるが、中国の場合、既に1隻を保有、2隻目の建造方針を表明しており、もう1隻保有すれば、駆逐艦や潜水艦などの護衛艦と合わせて、即、空母機動部隊の構成が可能になる。空母の実戦配備にたどり着くのは容易ではないが、どんなに時間がかかろうが、中国がブルーネイビー化する中国海軍の柱に同部隊を据えようとしているのは間違いない。

第3節 インド外交の挑戦「非同盟2・0」

1990年代の「戦略的猶予期間」は、新秩序構築も未完のまま幕を閉じ、21世紀になると、インド洋を中心とする南部アジア域に戦略環境の変化が出始めた。上述したように、米印接近が進む一方で、中国の拡張政策に基づく「富国強兵」路線は加速度を増した。中国は、インド洋、南シナ海に加えて東シナ海でも、影響圏を拡大しようという、事を荒立てる動きを活発化させてきたのだ。

こうした中で注目されたのが、インドの外交安全保障分野に関わる政府関係者と専門家らが提言した政策文書 "NONALIGNMENT 2.0"（「非同盟2・0」）だ。これは、公式の政府文書ではないが、準公式的な性格を持つ国家戦略文書であり、これまでこの種の文書を作成したことのないインドで初めての戦略文書として強い関心が専門家から寄せられた。

序論・本論（全七章）・結論からなるその文書は、アメリカとの関係に言及、既に政治的・経済的に緊密な関係を築きインドのキーカントリーとなった超大国アメリカと同盟関係を結ぶことはないと明確に否定する。その上で、ますます強国化する中国及びその密接な関係国パキスタンとの外交安全保障を最大の課題と位置づけ、今後の非同盟外交を推進するよう求めている。これは「戦略的自律性（strategic autonomy）」を堅持しつつ、伝統的な戦略的防衛から戦略的攻勢への転換を公式に宣言した文書だと言えるが、最も重視するライバル国、中国については、露骨には表現していないものの、実質的にはインドの「潜在敵国」という位置づけである。

「非同盟」の基本的な政策要素は、①米ソが旗頭となって進めた軍事同盟への不参加、②自主的な外交政策、③すべての国との友好関係だと言われる（京都大学大学院アジア・アフリカ地域研究研究科・堀本武功・特任教授）。しかし、もっと緻密な定義、解釈を加味するならば、大国が興亡する国際情勢の中で生き抜くためのインド流の外交戦略を意味しており、同じ冷戦期にあっても、インドの非同盟外交は変質していたことを指摘しなければならないだろう。

インドは独立以後、１９５０年代はアジア・アフリカ会議（バンドン会議、１９５５年）に象徴されるように、中国とともに非同盟の雄だったが、60年代に国境紛争などで中国との関係が悪化すると、70年代初頭、同盟的色彩の濃いインド・ソ連平和友好協力条約を締結するに至り、非同盟外交は事実上変質した。インドにとっては、米ソどちらにも与しないという中立路線を捨てた瞬間だったとも言えよう。だが、冷戦終結に伴うソ連消滅によって、唯一の超大国アメリカとの接近を模索、グローバル・パートナーとして米印緊密化に一段ステージが上がった時点での〈非同盟新次元〉の表明が「非同盟2・0」だ。その背景にあって、インドの非同盟路線をさらに質的に変化、あるいは進化させた存在が、インドに隣接する巨大国家中国であった。

†インドの対中国戦略

「インドの対中国戦略は、協力と競争、経済利益と政治的利益、そして二国間の文脈と地域的な文脈、それぞれの間で、慎重に帳尻を合わせなければならない。インドと中国の間に能力と影響力という点で、現時点と未来の非対称性が所与のものとしてあるならば、われわれはこのバランスを正しいものにすることが絶対に必要だ。恐らく、これこそが、数年先のインドの戦略のための唯一、重要な挑戦なのである」

政策提言書「非同盟2・0」には、中国の「真珠の首飾り」戦略を念頭に置いた表現が明確に見られる。例えば、現状では、インドが海洋能力の点で強みを保持しているものの（インド海軍データ)、「中国は急速にキャッチアップしつつある」と警戒感を露わにしている。「現時点(12年)で、中国がフォーカスしているのは、黄海、台湾海峡、東シナ海、そして南シナ海での海上優勢の確保である。インド洋は現在、プライオリティ順位の第2位に位置づけられている。中国が依然として第一層、即ちより差し迫った海域に気を取られていることが、我々の利益になるのである。アジア・太平洋地域におけるアメリカの強力な海洋展開能力の保持、日本のより受け身的かつ攻勢的な海軍力の投入、そして例えばインドネシア、豪州、ベトナムのようなカギを握る沿岸諸国の海軍力増強、それらのすべてが、たとえ中国を抑止ができないとしても、インド洋に海軍力を投入してくるのを遅延させることにつながるのである」「中国に対するわれわれの姿勢は、変化するグローバル規模かつ地域的な展開に対応して、注意深く違いを見てとり、不断に適応して行かなければならない」(前掲「非同盟2・0」)

中国との非対称性の中で、インドがその劣勢を補うための方策は何か。それが、アメリカや日本をはじめ、東南アジアなどにまで広げたパートナーシップのネットワークを駆使した連携外交なのである。

米印関係に関しては、次のような理屈づけとなる。「米国の歴史的記録が証明するところでは、米国と公式に同盟関係を構築した諸国の場合、それらの国は戦略的自律性が浸食される傾向が見られる。インドもアメリカも、むしろ同盟より友人であり続ける方が双方にとって良いことかもしれないのである」。なぜなら、それは、中国がインドのパートナーシップ外交を依然として懐疑的に、特にアメリカ及び日本とインドとの改善された結びつきを、単純にゼロサム計算において見ているためだ。そこで導き出される結論は、「印、中、米の三角関係について言えば、注意深いマネジメントが必要となるだろうということである」。（前掲「非同盟2・0」）

インドにしてみれば、米国との強固な同盟を持つ日本との関係を緊密化すればするほど、中国は強い警戒心を募らせることになる。本音で言えば、そこにこそ、米印関係と日印関係を連携外交として緊密化させていく大いなる意味があるのだ。即ち、米国との同盟関係なしに効果的な外交安保政策を推進することが可能なわけで、「非同盟」を標榜しつつ、〈連携外交〉を駆使する方が外交安保に効果的と判断するインドの知恵があるわけだ。「知的格闘技」である外交戦では、相手の弱点を突くカードをどれだけ持つかが優劣を分けるが、インドは対中カードを保持しつつ〈連携外交〉を促進しようとしており、冷戦期の非同盟路線からヴァージョンアップした「非同盟2・0」の主眼の一つが、こんなところにも表れている。

†現実が理念に追いついた時代

インドの「非同盟2・0」発表から4年余、2016年は南シナ海での中国の〝攻撃的な海洋進出〟に一段と弾みがついた。既に2年前から、フィリピンによる証拠写真の公表などを皮切りに、南沙諸島の岩礁埋め立てや、人工島造成は中国脅威論を生み出し、世界的な反響を呼んでいたが、15年10月になってようやく、オバマ政権が重い腰を上げた。米海軍のイージス艦が南沙諸島・スビ礁の12海里内に派遣され、「航行の自由作戦」が展開されたのである。

呼応するように日豪印も動いた。その具体的な起点となったのは、14年9月、インド首相・モディの訪日だった。安倍・モディ日印両首脳の会談の結果、日印両国の関係は「特別な」戦略的グローバル・パートナーシップに格上げされた。次いで、暮れも押し詰まった15年12月の安倍訪印の結果、日印両首脳は、原子力協定締結に向けての原則合意、インド西部・高速鉄道計画への新幹線システム導入の覚書署名ばかりでなく、防衛装備品・技術移転協定や軍事秘密保護協定の締結等々――安保次元でも両国は一段と接近する結果となった。

首脳会談後、首相・安倍が共同記者会見で、昂揚気味に力説した。「きょうから日印新時代が始まる。新たな次元に踏み出すことができた」。

それから1週間たらず。日本は、豪首相ターンブルを南太平洋から迎え入れた。9月のターンブル政権発足後、「(〝兄弟国〟) ニュージーランドを除き初の単独外国訪問」というのが、中国を意識した外交当局の売りだった。首脳会談の結果、両首脳は「日豪の「特別な関係」の更なる前進・強化」で合意した。さらに、安倍政権の積極的平和主義・平和安全法制に基づく日豪防衛協力の進展ばかりでなく、日米豪、日豪印の協力強化で一致し、二つの海の交わる〈インド太平洋〉地域を念頭に置いた日米豪印連携の重要性をも確認した。

安倍の07年インド国会演説「二つの海の交わり」から9年余りが経過し、〈インド太平洋〉という地域の捉え方は日本の知的コミュニティの中で市民権を得た。また政治・政策レベルでも、事実上凍結され、首相の〝宝石箱〟に秘匿されてきた「安全保障ダイヤモンド構想」が今、〈インド太平洋〉に具体的な輪郭を以って姿を現しつつある。「一帯一路」構想を掲げる中国の動きが「真珠の首飾り」「人工島」造成によって攻撃的な色合いを露わにするのに応じて、日米豪印の四極が実線で結ばれ始めたのだが、まだそこには濃淡があるのも事実である。

†東経135度上の隣人——豪州

安倍は、前世代が一戦交えた豪州を「（北極点から北極海、アジア、太平洋、オーストラレーシア、インド洋、南極海、南極大陸を通過して南極点までを結ぶ本初子午線面から東へ135度の角度を成す経線）東経135度上の隣人」と呼び、「21世紀のための特別な戦略的パートナーシップ」と位置付けている。

07年9月の日米豪首脳会談は、APECシドニー首脳会議の際に開かれ、安倍首相、ジョージ・W・ブッシュ米大統領、ジョン・ハワード豪首相の間で実現した。三首脳は、共有された価値〈民主主義、法の支配、紛争の平和的解決等〉を基盤に、アジア太平洋地域に平和で、安定かつ繁栄した未来を確保するために、三カ国のパートナーシップをより深化させることを確認。公海における航行や上空飛行の自由、そして海洋をめぐる紛争の平和的解決の確保といった喫緊の諸問題に取り組むとともに、共同訓練、海上安全保障、平和維持、人道支援・災害救援、防衛装備品・技術等の分野において協力を進めることで合意した。日米豪三カ国の安保での連携は、共有する価値観を絆にしたもので、前述したように、インド太平洋のシーレーンをも視野にしてインドとの連携強化をもにらんだ〈安全保障ダイヤモンド構想〉のベースにもなった会談だった。

以来7年、14年の安倍外交は、過去の〈和解〉と未来志向の〈安全保障〉を両輪として回し始める年になった。4月、日米同盟の基点軸を、オバマ訪日を通じて設定し直した首相・安倍は次なる歩を進めた。

トニー・アボット豪首相の訪日（4月）を受けて7月に実現した豪州訪問で、安倍は翌年の戦後70年を迎えるに当たっての布石を打った。豪州国会両院総会での演説（14年7月8日）が、〈安全保障ダイヤモンド構想〉の中での豪州の重要性を凝縮して語っていた。安倍は日豪史の傷跡を踏まえ、旧敵国日本に対して豪州が示した〈寛容〉をキーワードに演説を進めた。

「あれは、1968年のことでした。一人の日本女性を皆さんが招いてくれたことに、私はいも、心打たれるものを感じます。83歳になる松尾まつ枝さんは、招きを受けてお国を訪れ、亡き息子を偲んで、シドニー湾に日本の酒を注ぎました。第二次大戦中お国の攻撃を図り、湾に沈んだ小さな潜水艦に乗り組んだのが、松尾さんの子息でした。その勇猛を長く記憶に留めた皆様は、勇士の母を日本から呼び寄せてくれたのです。なんたる、寛容でしょうか。

"Hostility to Japan must go. It is better to hope than always to remember." (日本に対する敵意は、去るべきだ。常に記憶を呼び覚ますより、未来を期待するほうがよい)。戦後、日本との関係を始める際、R・G・メンジーズ首相が語った言葉です。再び日本国と日本国民を代表し、申し上げます。皆さんが日本に対して差し伸べた寛容の精神と、友情に、心からなる、感謝の意を表します。私たちは、皆さんの寛容と、過去の歴史を、決して忘れることはありません」

そして、未来志向の日豪関係を語り始めた。

「太平洋からインド洋に及ぶ広大な海と、その空を、徹底的にオープンで、自由な場として育てるため、いっそう力を合わせましょう。なにか主張をする際は法を遵守し、力や、威嚇を用いない。紛争の解決は、すべからく平和な手段をもってする。奉じる価値観において重なり合う日豪両国が手を取り合ってこそ、この当たり前のルールが、太平洋から、インド洋へと広がる、繁栄の海を覆う常識になるのだと信じて疑いません」「〈日豪に「特別な関係の、生まれた日」〉メンジーズ首相は、戦後初めて、日本の首相をお国に迎えます。57年前のことでした。

通商協定が成立し、日本と豪州の、いまに続く繁栄の道が始まりました。結んだのは岸信介、私の祖父であります。これがきっかけとなって、豪州の石炭が、鉄鉱石や、天然ガスが、日本に入ってきました。戦後日本産業の復興は、豪州という隣人を得て、初めて可能になりました」「祖父がお国のメンジーズ首相と成し遂げたように、私はトニー・アボット首相と、真新しい礎を、新たに定めようとしています」。

メンジーズは、冷戦期にあって「西側ブロックの誠実な同盟国」と豪州を自己規定し、自身「冷戦の戦士」と呼ばれた反共の闘士。ソ連を盟主とした共産・社会主義陣営との戦いに積極的に関与、良好な対米英関係を築くことで大国政治に影響力を及ぼす独自の冷戦外交を推進した。米英との同盟関係再構築を実現するとともに、豊かさの象徴とも言えるメルボルン五輪を開催するなど国内経済も活況を呈し、自由党政権による保守王国を築いた。1950年代後半、その豪州と同じく対外関係のベクトルを東側陣営と対峙する方向に定めた岸信介首相が同国を訪問した。以来57年、自由党の党首トニー・アボット首相の招待を受けて豪州を訪問した安倍は、岸の孫という因縁が絡んでいた。(竹田いさみ『物語　オーストラリアの歴史』中公新書)

†ケミストリーが合った時代の日豪首脳

安倍にとってアボットは、「プーチン(ロシア大統領)やエルドアン(トルコ大統領)、ネタニエフ（イスラエル首相）に並んで最もケミストリーが合う首脳の一人」（政府筋）だった。否、それればかりか、「価値（観）外交」の観点からすれば、今後安保戦略を展開する上での掛け替えのない「盟友」とも言えた。

14年4月、アボット首相が公賓として来日、日豪両首脳は会談で、「両国の戦略的パートナーシップを新たな特別な関係」に引き上げることを確認した。アボット訪日で印象的だったのは、日豪首脳会談に先立って首相官邸で開かれた国家安全保障会議（日本版NSC）四大臣「特別会合」に、外国の首脳として初めてアボットをゲストとして招待した点だ。日本版NSCは、日本の外交安全保障における司令塔の役割を付与され、議事録も含めて原則非公開の組織として前年の13年12月に発足、実務当局のトップは谷内正太郎が務めている。アボットの招待は極めて異例のケースだった。

会合は、中国の海洋進出によって変動するアジア太平洋情勢をテーマに約一時間、安倍をはじめ麻生太郎・副総理兼財務相、菅義偉《すがよしひで》・官房長官、岸田文雄外相、小野寺五典防衛相との意見交換が行われた。パブリック・ディプロマシーの観点からばかりでなく、日豪の安全保障・防衛協力を新たな段階に引き上げられた対外的意思表示と言えた。

親密な関係を築く安倍・アボットの下で、日豪両国関係は緊密の度を深めた。3カ月後の安倍訪豪は、その返礼のような形で、両国の接近度合いが一段と鮮明になった。上述した豪州国会での演説ばかりでなく、翌日の鉄鉱山視察では、首都キャンベラから5時間、アボット自ら政府専用機で安倍を案内するという特別なもてなしで応対した。

また日豪首脳会談では、日本の安全保障や国際的な平和貢献につながると判断した場合、相手国による厳格な管理などを条件に武器やその技術などの防衛装備の輸出を容認する「防衛装備移転三原則」を踏まえて、防衛装備品の共同開発に関する協定に署名するにいたった。資源大国の豪州経済は、鉱物資源や農産物の海上輸送に絶対的に依存しており、南シナ海や東南アジアへのシーレーンは最重要の海上交通路となっている。しかし、海軍の近代化はことのほか進んでおらず、アボット時代は、世界最先端レベルを行く日本の潜水艦技術に期待感が高まり、安倍も国内の慎重論を押し切って、豪州潜水艦の後継入札競争に参入した。

こうした安保レベルでの日豪の緊密化を、「アジア太平洋重視」のリバランス政策を取るアメリカは歓迎、07年以来7年ぶりとなる日米豪首脳会談（安倍、オバマ、アボット、14年11月）が、G20サミットの機会を捉えて豪州ブリスベンで開かれた。

†なお脆弱性はらむ「ダイヤモンド」

しかし、この「民主的安全保障ダイヤモンド」は脆弱性をはらんでいる。日米との安全保障次元での緊密化に舵を切ったインド首相・モディだが、最大の課題は国内産業の育成、経済的繁栄であり、国民の格差是正だ。今後も長らく中国の経済力に大きく依存せざるを得ない状況が宿命的にまとわりついている。このため、国民の声に耳をそばだて、そして自身の政治的基盤を確かめながら、日米豪との関係強化を進めていかなければならない。「舵を切ったとはいえ、日米豪に比べて（インドは）まだ腰が引けている」（外交当局）状態にある。

加えて対豪州関係にも不安がある。15年9月、前首相・アボットに代わって政権の座に着いた首相・ターンブルが中国との密接な関係を持っている点だ。このため、中国よりも日本を優先する現在の対日重視の姿勢は、安倍首相と蜜月関係を築いたアボット時代と違って、中国経済減速の反映に過ぎないのではないかとの見方もできる。

アボット時代に高らかに宣言した「特別な関係」を刻む、最初の一歩として「防衛装備品及び技術の移転に関する協定」に調印したが、その2年後、「特別な関係」の具体的な実りの一歩となるはずだった豪州が購入する潜水艦の入札競争で、日本はフランスに敗れた。

ダイヤモンドの一辺を形成する豪印関係はどうか。モディは2015年、インドの首相として28年ぶりに豪州を訪問、関係強化に乗り出したが、その関係はまだまだ弱い。

15年、安倍政権が進める日米豪印連携の外交安保政策は、ようやく「ダイヤモンド」の形になってきたものの、課題や懸念が少なくない。〈インド太平洋〉における伝統的な海洋秩序を覆《くつがえ》そうとする中国とのせめぎ合いは、今も熱波を放ちながら続いている。

第5章

外交と安全保障と靖国参拝

第1節 「戦後レジーム脱却」路線の残り香

†二人の外務省OB

安倍晋三首相には、戦略論の観点から真剣に耳を傾ける外務省OBが二人いる。かつては、外務省切っての戦略理論家を自負していた岡崎久彦(元駐タイ大使)がいたが、2014年10月に他界した。現在、外交安保分野に深く関与している一人が、谷内正太郎国家安全保障局長である。当時、内閣官房参与だった谷内は2012年暮れ、安倍が5年ぶりに政権を奪還すると、首相就任にあたって次のように進言した。「総理が本当におやりになりたいのは憲法改正と集団的安全保障の行使容認でしょう。それらを実現するには、御自身の思いはあるでしょうが、中国を利することにつながるので、慎重にされたほうがよろしいかと思います」。

安倍が、第一次内閣時代に果たせなかった靖国神社参拝を、今回も当分は見送るよう要望した進言だった。換言すれば、谷内が持論とする「安全保障の分野に歴史問題を持ち込むべきではない。切り離して考える必要がある」という意味だった。

もう一人の外務省OBは、父・晋太郎の外相時代に若手の秘書官として仕えた宮家邦彦キヤノン・グローバル戦略研究所研究主幹である。宮家は安倍外交が始動して1年以上経ったころ、次のように進言した。宮家自身は否定するが、「総理は、コンセンサス・ビルダーになって下さい。日本のリチャード・ニクソンになるべきです」――と。

安全保障分野で、言論界が左右に割れ、極端な議論が盛り上がる中において、世論の底に沈み込んだ中道勢力の潜在的民意を吸い上げて引き込み、いかに国民のコンセンサスとして形成するか。宮家は安倍を、冷戦下、国際政治の地殻変動が進行する中でソ連の攻勢に歯止めをかけるべく、米国内の反対を押し切って共産主義国・中国との国交正常化に踏み切った米大統領、ニクソンになぞらえた。自身の歴史認識への思いとは別に、リアリストに徹して外交・安保の諸課題に対応するのが、この時代に総理大臣として登場した安倍晋三の使命だ、と説いたのである。

政治家・安倍晋三には、「過激な右派ナショナリスト」というイメージが終始まとわりついてきた。第一次政権時代（2006〜07年）に掲げたスローガン「戦後レジームからの脱却」を公然とは口にしなくなったが、安倍の真の支持基盤は、今も右寄りの保守層にある。だが、5年余の期間を経て再び政権に返り咲いた第二次政権（2012年末）以降の政治家・安倍は、そのように単純なレッテル貼りではとらえ切れない幅と政治的テクニック、マスコミ対応術を体得した。

外交・安全保障と歴史認識をめぐる問題で、なお明確な方向性が定まっていなかった第二次政権1年目の13年（この章で後述）はともかく、特に14年以降の外交・安全保障問題での安倍の振る舞いは、プラグマティズム（実利主義）を基礎としたリアリストとしてのそれであった。海洋進出を本格化させた中国の台頭に向き合う日本にとって、第二次世界大戦後の世界秩序構築を主導したアメリカとの対峙をも意味する「戦後レジームからの脱却」路線は、幻想も同然となった。その現実を、安倍は、苦々しくではあれ受け入れていたのである。

†改憲への新アプローチ

最高権力者の座を再びつかんで初めて迎えた13年春、安倍は、1年で退陣した第一次安倍政権での反省をエッセイストの阿川佐和子との対談で打ち明けた。「私がやりたいことと、国民がまずこれをやってくれということが、必ずしも一致していなかった。そのことが、しっかり見えていなかった。私が一番反省しているのは、その点です」。

例えば、安倍が悲願とする憲法改正問題について、「私としては、国民の関心の有無にかかわらず、今、自分がやるべきだと思うことをやるのが正しいんだと、そう考えていました。祖父の岸信介は安保改定の意義が十分に理解されていなかったとき、俺の信念は正しいと、国会を十重二十重にデモ隊に囲まれようとも貫き通した。私もそうあるべきだと思っていたんです」。しかし、「大きな政策を実行するには国民の理解を高めていくことが重要」「それには時間がかかる」、それに取り組むには「まず政権を安定させ、継続させなければならない」。（週刊文春「「聞く力」で真剣勝負60分！」13年5月2日・9日号）

敗者となった第一次政権時の教訓を率直に口にした阿川との対談が行われたのは、4月12日だった。が、それから10日も経たない4月下旬になると、高支持率に支えられて順調に滑り出した安倍政権を包み込む空気がざわついた。

春季例大祭（4月21日～23日）の初日、首相・安倍は、祭具の真榊《まさかき》を同神社に奉納するにとどめたが、兄貴分の副総理兼財務相・麻生太郎が東京・九段北の靖国神社を参拝した。麻生は、20カ国・地域財務相・中央銀行総裁会議（G20）に出席したアメリカから帰国したばかり。21

日午後7時半ごろ、靖国神社に到着。拝殿前で一礼したのみで同神社を後にした。春季例大祭中に靖国参拝が確認された閣僚は、新藤義孝総務相（20日）、古屋圭司国家公安委員長（21日）と合わせて計三人（稲田朋美行政改革担当相は「主権回復の日」と称して恒例の28日に参拝）。国会議員は、超党派の168人が参拝、中国、韓国は強く反発した。

再生・安倍晋三政権に「戦後レジームからの脱却」路線を期待する熱狂的な支持者が加わり、独特の雰囲気で盛り上がる中、安倍は読売新聞（4月16日付）のインタビューに応じ、手続き条項（憲法96条）の改正問題に言及した。ここで安倍は、①憲法改正の発議要件を定めた96条の見直しをまず最優先にし、②そのために夏の参院選で改正に前向きな勢力を三分の二以上確保したい——とする、二つの改憲への道筋を指摘した。憲法96条は、憲法の改正手続きに関する条項。改正要件として、（一）国会が衆参両院のすべての議員の三分の二以上の賛成を得て発議する（二）国民投票での過半数の賛成で承認する——ことを定めている。

†野党の反発

安倍の改憲への道筋言及について、首相側近は後に、「今後の課題を述べたに過ぎない」と首相の真意を説明しているが、12年暮れの衆院選挙での勝利後、自民党総裁として初めて行なった記者会見の中で「最初に行うことは96条の改正だろう。三分の一超の国会議員が反対すれば、議論すらできない。あまりにもハードルが高すぎる」(12年12月18日付読売新聞)と強調していることもあって、安倍発言は96条見直しを突破口に憲法改正を目指すとの安倍の「改憲への決意」と受け止められた。

国内世論の空気が一気に変わりかけた。かつての小泉純一郎首相側近、飯島勲内閣官房参与が強い危機感を示した。「政局の絵柄というものは、わずか2カ月でガラリと変わってしまうものだ」。7月の参院選終了までは完全に封印すると思われていた「戦後レジームからの脱却」路線の残り香が漂い始めた。

「まずは96条の改正から(行えば)、これは国民の手に憲法を取り戻すことにつながっていく」「当然この7月の参議院選挙においても我々は堂々と96条の改正を掲げて戦うべきであると、私は、総裁としてはそう考えております」(4月23日の参院予算委員会)。封印の紐が緩んだのか、安倍の口から、野党の反発を招くような発言が次々飛び出した。

参院予算委員会での質疑答弁(4月22日)「安倍内閣として、言わば村山談話をそのまま継承しているというわけではありません。これから70年を言わば迎えた段階において、安倍政権としてそのときの言わば未来志向のアジアに向けた談話を出したいと今すでに考えているところでございます」。同委員会(4月23日)発言「(村山談話の「遠くない過去の一時期」「国策の誤り」「植民地支配と侵略」について)まさに曖昧な点と言ってもいいと思います。特に侵略という定義については、これは学界的にも国際的にも定まっていないと言ってもいい」。

翌24日の参院予算委員会では、質問者の民主党・徳永エリの挑発に乗って、冷静さを欠いて答弁する場面が見え始めた。安倍の前のめり姿勢の根っこは、高支持率に誘われた高揚感と過剰な自信から来たものだろう。持ち前の饒舌が徒となった。釈明をし始めると付け込まれて守勢に回り、形勢は不利になる――首相にはこんな思いが強いのだろうか、冷静さを欠くと逆質問してやり返すというのが、安倍の感情の起伏をそのまま物語っていた。

「質問の中で、拉致被害者の方々が懸念を表明されたと、これ極めて重要な質問です。どなたがそれは言われたか、これはやはり予算委員会ですから、ちゃんとしていただかないと、それは質問者としての信頼性、党としての、民主党として質問しておられるんですから、もしいいかげんなこと、言っておられないのに言っていた、これは大変なことですから、それは明らかにしていただかないと、これはおかしいですよ」「ですから、その中において我々はそれに屈しないという態度を取っているわけでございますが、そこで、靖国の問題につきましても、例えば韓国も中国もそうですが、韓国は、では靖国について抗議して、抗議をし始めたのは一体いつなんですか」「(中国と韓国が不快感を示していることにどう対応するかとの問いに)それは、徳永さんですね、徳永さん、日本の国にある、ここから近いですよ、その靖国神社に、御英霊に対して御冥福を、お祈りをする、それについて批判をされることに対しては何も痛痒を感じずに、批判されたことに対してそれはおかしいと思われることが私はおかしいと思いますよ」

†日米韓の連携を乱す歴史問題

安倍にとって想定外だったのは、米国の反応だった。「(麻生が)アメリカから帰国して直ぐに靖国に足を運ぶのが分かっていたなら、バイデン副大統領と会わせるのではなかった」――在米外交筋によると、ホワイトハウスは、中国、韓国との間で、余分な軋轢をつくることになる副総理・麻生の靖国参拝に強い不快感を漏らした。

ワシントン政治に強い影響力を持つワシントン・ポスト紙が13年4月末、米政府の懸念を代弁するかのように報じた。ワシントン世論に火がついた。さらに、5月上旬、訪米中の韓国大統領・朴槿恵《パククネ》が米大統領オバマに、日本の歴史問題を捉えて〝直訴〟した。「北東アジア地域の平和のためには、日本が正しい歴史認識を持たなければならない」(5月7日)。米議会での演説では名指しを避けながらも「(日本が)正しい歴史認識を持たなければ(東北アジアの)未来はない」と言い切った。ワシントン・ポスト紙(電子版)のインタビューでも対日関係に言及、「(竹島問題で日韓関係が悪化していた)8年前から何も進歩していないのを見て、非常に失望している」「日本は(韓国など周辺国の)過去の傷を開き、うずかせてきた。自らをきちんと省みることを望む」と強調した。朴の訪米は米韓同盟関係60周年という節目に当たっての就任後初外遊で、北朝鮮に対して抑止力を強化するのが最大のテーマだったはずだが、韓米日連携による北朝鮮対処という基本原則を自ら壊しかねない展開を予感させるものとなった。日本では「朴槿恵の告げ口外交」と揶揄されたが、その根っこは予想以上に深かった。

さらに米議会調査局のレポートが追い打ちをかけた。安倍首相を「ウルトラ・ナショナリスト」と断言、日本の動きに懸念を示す報告書を公表したのだ。ワシントン政治の展開は安倍政権にとって予想外のものとなった。

ワシントン・ポスト紙の報道以来、菅義偉官房長官にも今後の展開を懸念する情報が入り始めたが、実際に官邸が路線転換を決めたのは連休明けだった。タカ派路線の流れを修正する一連の流れは次のような経過をたどった。

5月6日夜、安倍は、麻生との会談で、さらに同9日夜、公明党・太田昭宏国交相（荒井広幸同席）との会食でタカ派的な路線の修正を相次いで口にした。

さらに10日、BSフジの報道番組に出演した安倍は、過去の植民地支配と侵略を謝罪した村山談話をめぐる委員会答弁（22日の「そのまま継承しているわけではない」と23日の「侵略の定義は定まっていない」との発言）を修正した。

安倍―菅ら首相側近が最も懸念したのが、日米同盟の信頼関係を揺るがしかねないワシントンの疑念だ。ワシントンの疑念を振り払うために、今井尚哉・総理大臣首席秘書官を中心とする「経済産業（出身）官僚」人脈が動いた。首相が何かテーマを持って対外的に発信したい時、発信媒体の特徴に応じてインタビュー先を選び、安倍政権に有利な世論形成に向けてスピン・コントロールする表裏両様のメディア対応チームだ。そのために、5月11日に急遽設定されたのが、アメリカのパワー・エリート、知的エリートに絶大なる影響力を誇る『フォーリン・アフェアーズ』誌（米外交問題評議会発行）のインタビューだった。

†安倍政治「変調」の背景

「一年天下」に終わった第一次内閣での教訓を常々戒めの言葉として胸に刻んでいる安倍だが、権力の館には魔物が棲むのだろうか。70％越えの高支持率によって昂じる高揚感に加えて、「もっと前に進んで大丈夫」という悪魔の囁きがあるのだろうか。

安倍の本来の政治基盤は保守ナショナリストの層にあり、そこには「憲法改正の流れを一気に作るべきだ」という急進的な支持者が含まれる。とりわけ、反リベラル右派の支持者には、首相退陣後の失意の5年3カ月もの間、励まされ続けてきたという〝恩義〟も感じている。加えて、有象無象のネット右翼の存在もある。13年の春はまさに、孤独な宰相の心の隙間に入り込んだ諸々の魔物によって、安倍のリアリズムが変調を来たした時期だった。

周りから始終、「悪魔の囁き」が聞こえてくるのは、決して偶然ではなく、その頃、安倍が嵌まっていたフェイスブック、インターネットからの影響があった。支持者の熱いメッセージに心を揺さぶられ、安倍のナショナリストとしてのもう一つの顔が覗き始めた時のことだ。首相は周辺にこぼした。「ネットが凄くてね」。それはネット右翼からの後押しだった。70%を超える支持者に支えられる安倍に対する期待感が高まり続ける。その、「戦後レジームからの脱却」の先送りを許さない雰囲気が、ネット空間に充満していた。

この時の一連の騒動は、官房長官・菅義偉や首相首席秘書官・今井らの危機管理能力の高さによって辻褄合わせができ、致命傷には到らなかった。しかし、4月中旬以来の安倍本人や応援団の言動は、政権安定の大前提となるマーケット、為替相場に不安定要因を持ち込んだ。現に、右肩上がりだった国債金利が上昇したことによって株価が大幅に下落、乱高下の局面が続いた。そして外交次元で負った傷は、対外的には不穏な動きを派生させた。

†日米分断の画策

ワシントンで日本の「歴史認識」問題に火をつけた韓国大統領・朴槿恵は、訪米に続く訪日という歴代大統領の慣例を破り、6月下旬には中国を訪問した。大国の狭間に位置する「二つのコリア（韓国と北朝鮮）」に、しばしば蜃気楼のように立ち現れる「事大主義者の日本外し」を加速させたものだった。

中韓接近による「日本外し＝安倍孤立化」の仕掛け人は中国だ。彼《か》の国が、この時期、どのような対応をとったか。国家主席・習近平は朴を北京に迎え入れるのに先立って、6月上旬に中南米を歴訪したその帰途、米国西海岸に立ち寄り、米大統領オバマと初の米中首脳会談を行ったのだ。

「新しい大国関係」を模索する中国・習政権は安倍政権の発足以来、「日米分断＝安倍孤立化」を画策し、早い時期から米中首脳会談の機会を伺ってきたが、安倍政権の「変調」、ワシントン世論の安倍ウルトラ・ナショナリスト疑念の拡大を捉えてチャンスをものにした、超大国アメリカ最高首脳との初顔合わせに期待を寄せた。この会談によって、習政権の「安倍孤立化」戦略は最初の節目を迎えようとしていたが、その結果はどうであっただろうか。

オバマ・習会談は13年6月7、8両日、カリフォルニア州パームスプリングスで行われた。両首脳は歓迎式典などのイベントを一切省き、砂漠地帯の保養施設に宿泊、会談は夕食会を含め2日間にわたって計8時間に及ぶという異例の米中首脳会談となった。この会談で中国が狙ったのは、アジア・太平洋の新秩序を「G2——米中二大国」が主導して構築するとの構想を米側に認めさせることだった。席上、習近平は中国の本音を投影する言葉を吐いた。「12年の訪米でも述べたように、広大な太平洋には中米という二つの大国にとって十分なスペース（空間）があり、私は今もそう思っている」。

習近平はおおよそ次のような発言をした。

一、この協議は中米関係の未来を形づくり、将来の青写真について討議するための会談だ。中米の協力関係は新たな歴史的出発点に達した

一、中米は、自国経済の成長促進から世界経済の安定確保、国際・地域紛争に至るまで、多くの点で共通の利益を持つ。すべての課題について意思疎通と協力を強化しなければならない

一、世界が会談を注意深く見つめている。創造力豊かに考え、精力的に行動する必要がある。そうすれば新たな大国関係を構築することができる

一、双方がいかなる協力関係を望んでいるのか、相互利益や世界の平和と発展のためにいかなる協力が実現できるかに目を向けなければならない

†谷内訪中と中国側の翻意

中国としては、超大国アメリカに、中国の経済的、軍事的台頭を認めさせようと迫ったのだが、オバマはこうしたG2論には軽々に乗りはしなかった。

初日の会談は、北朝鮮の核問題など「協調」を演出するテーマが取り上げられたが、2日目の会談で米側が特に問題視したのは、中国発のサイバー攻撃だった。米側は近年、中国発のサ

イバー攻撃に懸念を募らせ、ハイテク化した米軍の軍備が将来、無力化されかねない事態をも想定しており、深刻に受け止めていた。オバマは、米中間に新たな緊張をもたらしているサイバー攻撃について中国側の積極的な対応を強く求めた。習は、これに前向きの対応を約束したが、その後の経過をみると、約束は空手形に終わった。

その後の中国の攻撃的な海洋進出は、米側の対中不信をさらに増幅させた。14年6月1日、シンガポールで開かれたアジア安全保障会議「シャングリラ対話」において、中国側代表の人民解放軍副総参謀長・王冠中は、「南シナ海は2000年以上前から中国の支配下にあった」などと発言、人工島造成を本格的に進めていく。中国のこの露骨な拡張主義が、かえって14年以降の日米〝和解〟・同盟強化路線への下地をつくっていった。

こうした中国、韓国の動きを横目に、安倍は就任後初の外国訪問となった東南アジア（ベトナム、タイ、インドネシア）歴訪（13年1月）を手始めに、アメリカ（2月）、モンゴル（3月）、ロシア・中東（4月末～5月初旬）、ミャンマー（5月）など、最低月1回のペースで外遊した。安倍の「地球儀を俯瞰する外交」は既にフル稼働の域に達していたが、日本外交にとって死活的な近隣外交が早くも悩みのタネとなった。当時、内閣参与だった谷内正太郎は、停滞し続ける日中関係を気にしていた。

その谷内が事態打開のため、人目を忍んで2度にわたって訪中したのは13年6月のことだった。谷内は2度とも外相の王毅に会った。最初の訪中は、日米中シンポジウムへの参加を名目にしたもので、王毅が「是非会いたい」というので北京まで出向いた。「2度目は韓国大統領・朴槿恵が中国訪問中ということもあって、王毅は谷内に会うかどうか迷っていた」が、谷内・王毅会談は実現した。その結果、安倍・習による初の日中首脳会談を行なうための「譲歩案」づくりに着手することで合意し、作業をそれぞれ外交当局に委ねた。「譲歩案づくり」はあと一歩のところまで煮詰まった。

ところが、風死《かぜし》して土用《どよう》凪《なぎ》の頃になると、中国側が「もう少し待って欲しい」と言ってきた。日本側は「総理が靖国参拝をするかどうかを見極めるために、（終戦記念日の）8月15日（が過ぎる）まで待ってほしい」という意味かと推し量ったが、その日を過ぎても中国側からは結局、裏交渉の音沙汰もなく、立ち消えとなった。

外務省高官は想像した。「恐らく王毅は上の反応を気にして、楊潔篪（国務委員・外交担当）を通して習近平にまで上げることが出来なかったのではないか。尖閣をめぐる問題を協議した時がそうだった。羅照輝《らしょうき》と二人で話し合って、「この案で行こう」ということになったが、その1週間後、羅照輝から言ってきた。「あの件はなかったことにしてくれ」と。あの時は、われわれの案について上にお伺いを立てたけれど、楊潔篪に怒られたのではないか。中国の交渉者には実質的なマンデート（交渉権限）を有していないケースが多く、今回も同じだったに違いない」。

第2節　日中関係は日米関係である

†靖国参拝にかけた安倍のリアリズム

２０１４年から15年にかけて展開された安倍戦略外交は、「和解」演説を巧みに織り込んで安全保障問題と歴史認識問題が混濁することを避けつつ、日米同盟の強化と近隣外交の最難関・中国との関係修復を同時進行で進める外交となった。しかし、それに先立つ13年後半（7月〜12月）は前半に引き続き、安倍にとって、長期政権を現実のものとするための試練の期間、つまり本格的な長期政権を築けるか否かの岐路にあった。その起点となったのは、内政である参議院選挙だった。

7月21日に行われた投開票の結果、安倍（総裁）率いる自民党が改選34議席を大きく上回り、現行制度で過去最多の65議席を獲得した。公明党と合わせた与党で非改選を含めて過半数（122議席）を制し、最大の懸案だった〝ねじれ状態〟も解消した。政治的安定基盤の確保は、外交にとっては重要なファクターである。その意味でも一時「変調」を来たした安倍政権にとって、当面の最大のハードルに位置付けられていたこの参議院選挙での勝利は貴重なものであった。このため、対外的にも良い影響を及ぼし潮目の貴重な変わり目になるかに見えたが、外交のアリーナは、永田町、霞が関を中心にした国内政治のアリーナとは規模からして違う。そう容易《たやす》くは行かなかった。

2月下旬に実現した日米首脳会談で安倍は、集団的自衛権の行使容認を軸とした安保法制の整備やTPPへの参加、普天間飛行場の移転計画の進展など、日米同盟の強化に向けてカードを切った。だが、まだいくつもの障害があった。オバマ政権下での日米関係は、表向きはどうあれ〝冷やかな同盟〟状態が続いていた。安倍、オバマ関係は、ビジネスライクでしかないことが垣間見えた。

上述した歴史認識をめぐる4月の騒ぎが、安倍はやはり「戦後レジーム脱却を目指すウルトラ・ナショナリスト」というワシントンの疑念を深めさせた。6月の英ベルファストG8サミットの際は、通常行われる日米首脳会談はなく、立ち話のみ（18日）に終わった。野党は、この点を国会などであげつらった。安倍は、米大統領とはサミット前に電話会談を行い「十分な意見交換を行った」と説明、「会談の長さや形式にかかわらず、十分な意思疎通をできる関係だ」と言い張った。だが、それはいかにも虚勢を張っているかのように聞こえた。

一方のアメリカからすれば、アジア太平洋戦略の基本に位置付けたリバランス（アジア重視）政策を展開する上で、12年〈韓国大統領選での朴槿恵勝利は12月〉に新たなリーダーがこぞって登場した日韓両国と、どのような外交的距離感をとればいいのか、明確な答えを見出せないでいることを物語っていた。対中・対韓外交を優位な方向に動かしていかなければならない首相・安倍にとって、靖国神社参拝問題はノド元に刺さったトゲのようなものであった。

思えば、第一次安倍政権では、小泉前政権で最悪となった対中・対韓関係の改善を最優先し、首相に就任するや間髪入れず、北京とソウルに飛んだ。とりわけ中国とは国家主席・胡錦濤との間で〈戦略的互恵関係〉で合意、安倍外交の存在感を示したが、翌年、体調不良を理由に1年で退陣した。この間、靖国参拝については「曖昧戦略〈行くとも行かないとも言わない〉」を貫き、事実上棚上げしたことから、一度も参拝しなかった。退陣後、安倍は「痛恨の極みだ」と後悔し、周辺には機会あるごとに愚痴った。

〈戦略的互恵関係＝政治体制が異なる日中の関係を「戦略的」と表現し、政治・経済「二つの車輪」を動かし、両国関係を相互の利害が共に損なわないように「高度な次元に高めていく」とした、いわゆるウィン・ウィンの関係〉

今回の政権復帰にあたって安倍は、第一次政権の痛恨事を晴らすため、12年暮れの首相就任直後に早々に靖国参拝を果たそうとしたが、周囲に止められて〝未遂〟に終わった。このため、翌13年、安倍は春季例大祭、終戦記念日、秋季例大祭と、靖国参拝のチャンスをうかがったが、どうにもうまいタイミングをつかめずにいた。涼新たに風物の佇まいが秋めいてきた頃、実弟の岸信夫（外務副大臣）が周辺に漏らしたことがある。「靖国参拝は、就任時のあの日しかなかったのかもしれない。今になっては実行するのがなかなか難しくなった」。

✝アメリカからのメッセージ

安倍・オバマのビジネスライクな関係は、秋風が吹いても動く気配はなかった。

日米首脳電話会談（9月3日）に続いて首脳会談（9月5日）も行われたが、いずれも主要議題は内戦の様相を深めるシリア問題での対応に関してであった。オバマがクールな対日関係を修正する兆候はなかった。安倍のカナダ訪問に続く国連総会出席（9月23〜28日）の際も、オバマとの日米首脳会談はセットされなかった。安倍の歴史認識問題が尾を引いていることは明らかだった。

10月初め、日米安保関係閣僚協議（2＋2）《ツープラスツー》出席のため、米国の国務長官ケリーと国防長官へーゲルが来日した。マスコミの関心事は、東京・三番町の千鳥ヶ淵戦没者墓苑を二人がそろって訪れ、献花したパフォーマンス（3日）に集中した。献花は米側の要望によるものだった。同墓苑は宗教色がなく、身元不明の戦没者や民間人の犠牲者の遺骨を納める国立施設だ。A級戦犯が合祀されている靖国神社とは施設の性格が違う。靖国神社の場合は、歴史認識問題に絡んで中韓両国との対立の火種になっていることから、ケリー、ヘーゲル両閣僚の千鳥ヶ淵墓苑訪問には、靖国参拝を実現したい首相・安倍に対して自制を求める強いメッセージが込められていた。

しかし、米政府の出方に対して、安倍の支持基盤である急進的保守層が激しく反発した。その代表格、櫻井よしこ国家基本問題研究所理事長が即座に反応した。櫻井は「首相は、今こそ靖国参拝を」を寄稿した中で、「靖国参拝を長年の強い想いとしてきた安倍晋三首相にとって、現下の国際情勢を分析すれば、参拝すべきときは今を措いてない」(『週刊新潮』13年10月24日号)として、安倍に今回の秋季例大祭期間中(10月17日から20日)に靖国に参拝するよう強く促すとともに、アメリカに対して「中国や韓国と足並みを揃えて日本非難に走ることが、如何に米国の国益に負の効果をもたらすか」と問いかけ、「日本がどれだけ重要なパートナーであるかに気付かせる」べきだと説いた。さらに、櫻井は、安倍が秋の靖国参拝をも見送るのを見極めると、二の矢を継いだ。

「安倍晋三首相が靖国神社参拝をためらう理由に米国の反発があると見られている。(略)首相周辺の補佐官や助言者の間でも、首相の靖国参拝で日本が中国や韓国と摩擦を起こすことを、米国が非常に嫌っているとして、日米関係のためにいまは参拝を控えるのがよいとの考えが広まっているのだ。(略)中韓の当面の戦略目標のひとつは日本潰しにあるといってよいだろう。

その手段のひとつが歴史の捏造である。日本の唯一の同盟国である米国を舞台に、中韓両国が激しい情報戦を展開し、その影響がどれほど広く深く米国社会に浸透しつつあるかを過小評価してはならない」(『週刊新潮』10月31日号)

当の安倍は4月の春季例大祭、8月の終戦記念日に続き秋季例大祭も参拝せず、祭具の真榊を奉納するにとどめた。領土、歴史認識で関係が冷え込む中韓両国との決定的な対立を回避するとともに、日中、日韓関係の一層の悪化を望まない米国の意向も考慮したものだが、自身の支持基盤には、安倍批判に転じるかもしれないという不穏な空気が流れ始めた。

†靖国神社参拝断念の舞台裏

実は、首相・安倍の靖国参拝計画は首相就任以来これまでに2回あった。

一回目は、12年暮れ、就任直後のこと。小泉の懐刀だった内閣官房参与・飯島と、決行した際の連絡手順や警備、マスコミ対応について密議を重ねながら立てた「12月27日参拝計画」だった。前日の組閣の最中に計画の存在を偶然知った総理首席秘書官の今井がすんでのところで止めに入った。せっかく総理大臣の座に返り咲いたばかりで決行すれば、対米関係が壊れかねないためだ。共和党・ブッシュ政権の対日対応の感覚からは予測できない民主党・オバマ政権独特の感覚を知る今井は、安倍に執拗に翻意を求めた。渋る安倍も、首席秘書官辞任をほのめかす、体を張った今井の説得に折れた。再び短命政権に終わりかねないとの説得が計画中止の決め手となったのだ。その時、安倍は「なら、秋だな」と呟いたという。

そして二回目が、翌13年10月の秋の例大祭に際してだった。安倍は10月17日の靖国参拝を決意していたが、前日の16日夜、今度は今井ばかりでなく、官房長官・菅義偉と、官房副長官・杉田和博が首相公邸で説得、翻意を求めた。政権浮揚の正念場と位置づけてきた夏の参院選に大勝した結果、国会のねじれが解消され、２０２０東京五輪パラリンピックの誘致成功によって政権運営に自信を持ち始めた安倍だが、同じ16日に伊豆大島を襲った台風26号による災害対応を優先すべきだとの主張に配慮し、二人の説得に対して安倍は意外にあっさり断念した。秋の例大祭時の参拝を見合わせることにしたのだ。

この夜、飯島は参拝取り止めの意向を伝える安倍からの電話をもらった。

こうした動きを踏まえて、当の首相は「第一次安倍政権で任期中に参拝できなかったことは痛恨の極みだと申し上げた。その気持ちは今も変わりがない」（10月19日）と記者団に述べたが、年内には参拝するという決意を、その時すでに固めていた。二度にわたって先延ばしを余儀なくされた安倍にとって、次のチャンスは政権発足一周年の節目にあった。靖国参拝積極推進派の一人、萩生田《はぎうだ》光一《こういち》・自民党総裁特別補佐は秋季例大祭が事実上終わったところで断言した。「（首相は）必ずどこかの時点で参拝する。（12年12月26日から）就任一年という時間軸の中できちんとその姿勢を示されると思う」（10月20日、フジテレビの番組）。この発言に慎重派の官房長官・菅らが異論を唱えたため、首相の靖国参拝計画は永田町の深層にいったん沈み込んだ。

それでも、首相・安倍の年内参拝への環境整備は密かに進められていた。11月半ば、安倍とは歴史認識を共有する衛藤晟一《えとうせいいち》・首相補佐官が訪米し、米側の動向を探った。表向きの理由は北朝鮮問題でのワシントン要人との意見交換だったが、衛藤は安倍から米政府及びワシントン知日派の反応を探るようにとの特命を受けていた。衛藤は帰国すると、ワシントンの空気を安倍に詳細に報告した。ワシントンのパワー・エリートたちは、首相の靖国参拝問題に対して一様に批判的だったが、「安倍の年内参拝の決意が変化した兆候はなかった」（首相周辺筋）。

こうした情況の中で、中国が突然「防空識別圏」を設定（11月23日）、日本側を挑発してきた。時を同じくして日本国内では、国家安全保障会議（日本版ＮＳＣ）創設法案と併せて政府が推進する特定秘密保護法案の処理をめぐって左右対立が表面化、特定秘密保護法案の衆院（11月26日）及び参院（12月6日）での採決の際には、首相官邸や国会の周辺が騒然となった。街路がデモクラシーの主要舞台と化す〝ストリートクラシー〟が出現したのだ。安倍親衛隊の言論人たちも左翼・リベラル派の批判に対抗し、論陣を張った。人によっては、60年安保闘争における祖父・岸信介対戦後リベラル派勢力の対決の構図を思い起こしていたであろう。こうした情勢の中で、「戦後レジームからの脱却」を志向する首相・安倍の決意が、益々強固となっていったことは想像に難くない。

†バイデン米副大統領の誤解と「失望」

13年12月初め、安倍首相の決意をさらに強く固めた一件が起こる。

内向きの米オバマ政権の中で、中東問題に精力を注いでいる国務長官ケリーに代わって、アジア外交担当の役回りを事実上割り当てられている副大統領のバイデンが12月2日、日本に到着、翌日安倍と会談した。「貴総理が個人的な気持ちを抑えて靖国に参拝しないでおられることに敬意を表する。是非その姿勢を続けていただきたい」。靖国参拝を気にするバイデンの発言に対して、安倍首相は頷きながらも、ひと言も発せず聞いていたという。バイデンは安倍のこの〝沈黙〟を目の前に「靖国参拝はない」と確信したのだろうか。

このあと4日に北京入りしたバイデンは、習近平（国家主席）と5時間余り会談した。

米中間には、直接対決を避けて新たな大国間の関係を構築しようという意識が根強くあった。現に11月20日に行われたスーザン・ライス大統領補佐官（国家安全保障担当）のジョージタウン大学での演説が、それを物語っていた。ライス演説とは、6月のオバマ（大統領）との会談で習近平（国家主席）が提案した「米中の新大国関係」構築に意欲を示し、米中二大国で世界を仕切る「G2論」を容認する考えを示唆したものだ。

講演の中でライスは言い切った。「新たな大国関係を機能させようとしている。これは米中の競争は避けられないものの、利害が一致する問題では協力関係を深めようとしていることだ」。中国が考える「新型大国関係」は、東シナ海や南シナ海など中国の覇権的な海洋進出の容認にもつながりかねないとの見方が日本側にはあったが、ライスは、沖縄県・尖閣諸島を巡る日中関係にも言及し、こうも強調した。「米国は主権の問題には立場を取らない」と述べた上で、尖閣が日本の施政権下にある点には触れず、「日中が対立を先鋭化しないよう平和的で、外交的な方法を探るよう両国に促している」。

まるで、尖閣問題で日中喧嘩両成敗にでもするかのような高みに立った言いっぷりだった。ライス演説は、日本政府ばかりでなく、ワシントンの知日派にも極めて評判が悪かったが、国務省、国防総省の対中認識とは明らかに一線を画すホワイトハウスの雰囲気を反映するものであった。

バイデンは、中国訪問後、6日にはソウルで韓国大統領・朴槿恵と会談して帰国した。中国、韓国訪問の報告と称して、安倍との電話会談を行ったのは12月12日の深夜（日本時間）だった。「朴槿恵大統領には『安倍総理は靖国神社に参拝しない』と話しておいた。あなたが参拝しないと表明すれば、朴氏は会談に応じると思う」。12月3日の安倍との会談の心証を基に口にしたバイデンの発言に、安倍は強い不快感をもった。「参拝は国民との約束である。私はいずれかの段階で行くつもりだ」。この返答にバイデンは落胆し、「That's your decision.（あなたがお決めになることだ）」と言って電話を切った。

この電話会談を契機に、「12・26靖国参拝」への安倍の決意は、なんぴとも動かし得ぬ、硬いものとなった。

†靖国参拝を決行

13年12月26日午前、東京・九段北の靖国神社——。安倍はついに自身総理として初の靖国参拝を果たした。現職首相の参拝は小泉純一郎以来7年ぶりだった。

モーニング姿の首相は午前11時半すぎ、公用車で靖国神社に到着。日本遺族会会長の尾辻秀久自民党参院議員らの出迎えを受けた後、昇殿参拝した。「内閣総理大臣　安倍晋三」と記した花も供えた。安倍は神社内にある、靖国神社に合祀されていない内外の戦争犠牲者を広く慰霊するための「鎮霊社」にも参拝した。今井は、その30分前に番記者を集め、首相の靖国参拝予定を発表した。計画は、今井主導で実行された。

参拝後、安倍は記者団に、自身の気持ちを縷々《るる》説明した。「日本のために尊い命を犠牲にされたご英霊に対し、尊崇の念を表し、御霊安らかなれと手を合わせた。二度と再び、戦争の惨禍によって人々の苦しむことのない時代を創るとの決意を込めて不戦の誓いをした」「中国、韓国の人々を傷つける考えは毛頭ない。理解をいただくための努力を重ねていきたい」。

安倍の靖国参拝を遅くとも2、3日前には知っていたのは、官房長官・菅義偉、総理首席秘書官・今井、大石吉彦・総理秘書官（警察庁から出向）、鈴木浩・総理秘書官（外務省から出向）、声明を今井と共に書いた佐伯耕三・内閣副参事官ら数人に限られていた。

自身の思いは別にして、外交相手を利することは回避する。そこに、安倍の政治家としての成長とリアリズムが感じられた。中国、韓国は激しく反発した。その点は安倍にとっては織り込み済みだったのだが、米政府も異例の対日批判声明を発表した。アメリカは不快感を通り越して「怒り（pissed、ワシントン要人の言葉）」を感じるに至った。

オバマ政権が即刻発表した異例の声明は、以下のようなものだった。

「日本は大切な同盟国であり、友好国である。しかしながら、日本の指導者が近隣諸国との緊張を悪化させるような行動を取ったことに、米国政府は失望している（Nevertheless, the United States is disappointed that Japan's leadership has taken an action that will exacerbate tensions with Japan's neighbors.）。米国は、日本と近隣諸国が過去からの微妙な問題に対応する建設的な方策を見いだし、関係を改善させ、地域の平和と安定という共通の目標を発展させるための協力を推進することを希望する。米国は、首相の過去への反省と日本の平和への決意を再確認する表現に注目する」（在日米国大使館ホームページ仮訳、13年12月26日）

米国声明の中に「disappointed」を書き加えたのは、副大統領バイデンその人だとの説もあるが、声明は既に、首席公使のカート・トンとの間で調整済みだったとも言われる。何しろ、バイデンが靖国をめぐって煮え湯を飲まされたのは、これが初めてではない。4月中旬、財務相・中央銀行総裁G7会合が開かれたワシントン。バイデンは日本側の要望に応じて副総理兼財務相・麻生太郎と会談した。帰国した麻生は財務省に短時間立ち寄った後、その足で靖国神社に参拝した。これは米政府にとって想定外の出来事だった。この一件はバイデンにとって、春の麻生靖国参拝に続く、苦い対日体験となった。

第一次政権で掲げた「戦後レジームからの脱却」というレトリックを公言することなく、経済を最優先してきた安倍だが、政権誕生後一周年の靖国参拝は、支持基盤の期待に応えるように「復古調モード」への転換を図るかに見えた。しかし、安倍のリアリズムは、この間（前述した歴史問題と安保外交が混濁した13年前半）に鍛えられた経験を基に進化していた。

靖国参拝が大きな反響を呼ぶ中で、宮家邦彦は安倍と面会した。「中国、韓国の反発は織り込み済みだった。長期政権を狙うってことですね」と語りかけると、安倍は無言のままだったが、その瞬間、思わずニヤッと頬を緩めたのだった。また、斎木昭隆外務事務次官にはこう釈明した。「一度行っておかないとね」。二人とも、安倍の今回の靖国参拝は自身の熱烈な支持者たちに配慮したため、つまり首相在任中の靖国参拝は（政権末期を別にして）これ一度きりと、首相自身が考えていると受け止めた。

†安倍はなぜ参拝に踏み切ったか

中国、韓国が反発する中で、東アジアの「余分な火ダネとなる靖国参拝を控えてほしい」と自制を求める米政府は、10月3日の国務、国防両長官による千鳥ヶ淵戦没者墓苑訪問など、ことあるごとに日本に対してメッセージを発信してきた。にもかかわらず、安倍首相はなぜ参拝に踏み切ったのか。

靖国参拝について安倍は「国民との約束」として、それを果たしたに過ぎないとの立場を強調したが、実際には、首相〝周辺居住者〟や超党派の保守系議員連盟「創生日本」のメンバー、安倍親衛隊の言論人の期待に応えるという意味合いが強かったと思われる。就任後1年経過して靖国に参拝しなければ彼らの気持ちが離れていってしまうと危惧したのではないか。彼ら熱狂的な安倍信者こそが「安倍政権の真の支持基盤である」(政府筋)。失意の5年余の間、支持し続けてくれた支援者への恩義に応えるという意味合いがあったからだ。加えて、改善の兆しが見えてこない対中、対韓関係については「これ以上悪くなりようがない」(政府高官)ほど落ち込む中で、内閣支持率が高止まりしている今のうちに行かなければ、参拝のタイミングを失するとの読みもあったのではないか。

第3節　中国の安倍孤立化戦略と誤算

†中国が仕掛ける「新持久戦」

13年12月26日、安倍は首相就任1年の節目に靖国神社に参拝して内外に激震を引き起こした。中国は安倍首相を「敵」と見なし、世界規模で対日非難を展開するとともに、韓国との反日連携を強化し、「安倍孤立化」に向けて「新持久戦」に打って出た。

対日批判の談話、日本の大使を呼びつけての抗議、要人会談のキャンセルはお決まりの反発パターンだが、デモによって強い抗議の意思を内外に発信する伝統的な反日運動の手法が影を潜めた。ここ数年、「中国当局は大衆行動を抑えきれない」「共産党が脆弱となってきた」との見方もあったが、実は大衆行動を封殺する力、コントロールする力は、なお歴然としてあり、その点に変化はない。むしろ、靖国参拝後の中国側の対応を見ると、街頭での激しい抗議運動は中国の暴力性、脅威論を印象づけてしまうとの教訓を踏まえての戦略転換と言える。中国は、在外公館などを通じた人的ネットワークや情報通信機器を駆使した対外キャンペーンをグローバル規模で展開するようになったのだ。

中国による対日非難キャンペーンは、口汚い言葉で峻烈に罵るだけでなく、全体が組織化されていた。例えば、諸外国に駐在する中国大使が任国のメディアを通じて日本非難アピールを発信したが、アメリカに対しては真珠湾攻撃を想起させ、英国に対してはハリーポッターに登場する悪魔に日本を模して、ドイツには戦敗国としての同国に配慮して抑えた表現にするなど、対象国に応じて使い分けされている。中国はアジスアベバにあるアフリカ連合（AU、加盟54カ国・地域）本部でも記者会見し、ここでは戦時中の日本軍の中国人犠牲者の写真を掲げながら日本の残虐非道ぶりを、日中歴史問題になじみのないアフリカ諸国に強く印象づけようとした。

安倍の靖国参拝を利用して「戦後秩序否定への第一歩」という国際世論を作りたい中国は、海外メディアへのテレビ出演による宣伝戦とは別に、主要国をはじめとする50カ国を超える在外公館の大使・幹部に対して現地の有力メディアに対日批判の投稿をするよう指示、グローバル規模で大々的なキャンペーンを実施した。

キャンペーンの根幹を成すのは、安倍政権を軍国主義勢力に見立て日本国民と区別し、安倍包囲網・孤立化を画策する手法である。14年の年が明けると、新華社通信が発行する雑誌『瞭望』最新号（1月14日配信）に興味深い論考が掲載された。「新持久戦に打ち勝つ」、筆者は陳向陽・中国現代国際関係研究院戦略研究センター副主任。陳は、日本の右傾化を阻止するために新持久戦が必要だと説いた。要旨（和賀正幸訳）は次のようなものだった。

第一点、中国は国民総生産（GDP）で日本を追い抜いた、とは言え、日本は世界第三位の経済力を有し、海上自衛隊の実力を含めて依然として強い国力を有する。中国が全面的に日本を追い越すには、「まだ時間が必要だ」。だから、「焦ってはならない。絶対に敵を軽視してはならない」。現時点では、日中の競争は「まだ〝戦略対峙〟の段階にある」と。その裏には、時間をかければかけるほど中国に有利になる、即ち「時の利」は我にあり、との確信があるに違いない。

第二点、必ず勝利するとの「戦略的自信」を持って日本の数多い「戦略的欠点」を見極めねばならない。「戦略的欠点」とは、深刻な高齢化、外国に依存する資源とエネルギー、間違った歴史認識、地震・津波・台風など頻発する災害等々である。しかし、欠点はそれだけではない。戦略に深みを欠き、福島原発の放射能漏れ（3・11東日本大震災）への不安が無限に続く。道義的価値は喪失し、外交は独善的で日米同盟に依存していて、東南アジア諸国を引き込もうとしてできもしない「継ぎはぎだらけの中国包囲網」を構築しようとしているだけだ。

その上で陳向陽は、日本を全面的に追い越す「新持久戦」に打ち勝つためには6つの方策があると強調した。

①思想を統一し体制を整え、硬軟合わせて文武両道の準備をする

②対外的世論戦を強化し、第二次大戦の反ファシスト戦争の勝利の成果を（国際社会と）共同で堅持し、戦後の国際秩序と国連体制を維持する

③中韓協力を推進し、中露協力を深める。同時に米日の矛盾を利用して、中国との関係において米国に小異を残して大同につかせ、「米日連携」を阻止する

④経済的に質を高めて金融面での実力を増強し、「中国市場カード」を巧みに駆使する

⑤釣魚島（尖閣）と「東シナ海防空識別圏」の権利擁護闘争を強化すると共に、断固として領土保全を堅持、西太平洋の第一列島線を効果的に打破する

⑥重点を日本政府の孤立化に置いて、中国は日本の自民党以外の政党、野党ばかりでなく、民間及び地方の日中友好人士に対して「以民促官」（＝民を以って官を促しコントロール）する

†新持久戦の効果

前年暮れ、安倍の靖国神社参拝から年明けまでの中国の戦略は、まさにこの陳向陽路線に沿って展開した世論戦で、「歴史カード」を手に韓国との統一戦線構築に照準を絞ったものだった。この中国の動きで特徴的なのは、硬軟織り交ぜて対日攻勢を図っている点だ。日本国民の関心事については、日本国民を安倍政権と明確に区別する形で、中国の公正さを印象づけようとするプロパガンダを大々的に展開した。

中国外務省外国メディア担当部局と遼寧省外事弁公室、北京などに駐在する外国メディア担当記者を対象に、抗日戦争記念館など5カ所を案内するプレスツアーを急遽実施（1月16〜17日、参加者はプレス40人——韓国16人、日本15人前後、その他は欧州、インドなど）。前年夏以来拘束していた在日中国人研究者、朱建栄・東洋学園大学教授を釈放（17日）。中国黒龍江省ハルビン駅構内に安重根記念館オープン（19日）。ギョーザ中毒事件の被告に無期懲役・政治権利の終身剝奪の判決（20日）。さらに、欧米諸国首脳がロシアの同性愛禁止法や人権状況を問題視し、ロシア・ソチ五輪開会式への出席を見合わせる中で、対露関係の緊密化を進めようとする首相・安倍の「開会式出席の意向」が報じられると、中国政府は、間髪置かず、習近平（国家主席）のソチ冬季五輪開会式出席（2月6〜8日）を発表した。

ただ、中国の仕掛ける世論戦が、日本に対してどれだけの効果があったかは疑問がある。なぜなら、そもそもが、巨大国家中国に脅威を感じたり、良い印象を持っていない、いわゆる嫌中派が日本国民には数多くなっているためだ。安倍支持の世論調査は高止まりしたままで、対日非難のキャンペーンはかえって逆効果になった可能性がある。

1989年の6・4天安門事件は、冷戦終結とほぼ軌を一にして中国社会に噴出した民主化要求への弾圧という中国史の汚点として日本人は記憶している。「自身の歴史を直視せず、日本に対しては歴史を直視せよと要求する中国」（外務省筋）の独善性。加えて、近年の力ずくの海洋進出にしても同様の独善が見える。日本には、その種の中国脅威論が国民各層の隅々にまで浸透しているのだ。

陳向陽の「新持久戦」は、日本政府と国民や野党を区別して安倍政権の孤立化を狙う伝統的な統一戦線方式に変わりはない。しかし、80年代のように「日中友好」「熱烈歓迎」でことなきを得る時代ではない21世紀の日中関係には、単純な統一戦線方式は通用しない。そして安倍内閣は逆風が強まれば強まるほど、支持率が上がるという——凧あげの力学現象が働くのをどう見るかも考える必要があった。

第4節　日米和解劇、陰の主役・中国

†2014年冬の混沌から

年が明けて2014年、中国の陳向陽は、「中日甲午戦争（日清戦争）勃発120周年」に当たるこの年を、「21世紀の中日戦略競争のカギとなる1年」（雑誌『瞭望』最新号1月14日配信）と位置づけたが、日本にとっては、戦後70年に当たる「15年の準備期間」となった。

中国の膨張主義に反発を感じながらも直接対決は避けたいオバマ政権は、東アジア安定化の

ために、「歴史認識問題で中韓と軋轢を起こす日本の総理はトラブルメーカーとまで認識し始めた」(外務省幹部)。安全保障の同盟国として日本を重視し、アジア・太平洋の安定と繁栄のためには日本の存在が不可欠と認めながらも、安倍の靖国参拝によって引き起こされた問題に関して、ワシントン知日派の多くが「うんざりし、いい加減にしてほしい」と思っていた。口では日本を敬しつつも、距離感を取るオバマ政権の対応がいっそう鮮明になった。

中国が「新持久戦」に打って出たのは、アメリカも批判的なこの機に乗じて安倍政権を根底から揺さぶれると、判断したからだ。特に戦後70年となる15年は、日米中にとって歴史の節目の年だ。そこに中国が照準を当てるのは当然で、「抗日戦争勝利七十周年」を大々的に内外にアピールするチャンスとして捉えた。日米分断・安倍孤立化の工作を本格的に始めたと言える。

安倍政権揺さぶりに当たって習近平政権にとって最も重要なのは、やはり対米工作だった。13年6月にアメリカに持ち掛けた「新型大国関係」の構築に向けた米側への働き掛けを強め、あらゆる機会を捉えた米中接近を演出しようとする一方、日米離間を図るために様々な形で揺さぶりをかけた。しかし、中国の思惑通りには、アメリカも動かなかった。

寒明けて、冬の余韻が残る中にも春の兆しが感じられ始めた頃、在京の日米外交ルートが機能し始めた。斎木昭隆・外務事務次官とキャロライン・ケネディ駐日米国大使の東京―ワシントン・ラインだった。斎木は、ケネディと頻繁に連絡を取り合い、密接に協議を重ねた。二人はケミストリーが合った。ケネディは、斎木を通じて説明があった安倍の靖国参拝の事情に一定の理解を示した。4月のオバマ訪日の成功に向けて、本格的な地ならしが始まった。

ワシントンに幅広いネットワークを持つ親米派の政府筋が率直な感想を語った。「アメリカでのケネディ・ブランドは凄い。これまで、日本に見向きもしなかった議員たちまで東京に来るようになった。年が明けると、政財界の実力者が続々日本を訪れた。その目的の一つに、ケネディ大使とのツーショット撮影がある。東京に行けば、ケネディ大使と会えて、写真も一緒に撮れる、とね」。

ケネディは、訪れるパワー・エリートを通じて、「歴史修正主義者・安倍」というステレオタイプ化されたイメージを否定し、「リアリスト安倍」というもう一つの側面を語り伝えた。〈もうひとりの安倍晋三〉をワシントンの対日世論に注入し、安倍政権のイメージを徐々に〝修正〟し、対日見直し論を裾野に広げて行ったのだ。こうして、オバマ訪日に向けた雰囲気は日米双方にとって次第に好ましい方向に形成されつつあった。

そこで次なる問題は、より具体的な成果をどう現実のものとするかにあった。しかし、安倍靖国参拝に乗じて日米同盟にクサビを打ち込もうとする中国の独善的な動き。それに加えて、日米間には、両国を繋ぐ軸を相互に逆のベクトルに向かわせかねない外交ファクターが不安要因として頭を擡《もた》げ始めていた。いわゆるロシア・ファクターがそれであった。

†ロシア・ファクターの出現

ソチ五輪が閉幕すると、ウクライナ情勢は一触即発となり、風雲急を告げる事態になった。ロシアのクリミア併合、米欧とロシアの対立が一段と先鋭化する中で、安倍政権は外交的に苦境に立たされた。先進7カ国（G7）の一員としての立場、その一方で、二国間関係においては北方領土問題を抱える日本独自の立場があった。欧米―ロシアの間でディレンマに陥ったのだ。

2014年3月3日の参院予算委員会――。答弁に立った首相・安倍の顔には苦悩の色が滲み出ていた。「平和的手段で解決されることを強く期待している。ウクライナの主権と領土の一体性を尊重することを強く求めたい」。ロシアに自重を求めると同時に、「既に5回、（プーチン大統領と）首脳会談を行うことができた。首脳同士の信頼関係をテコにして平和条約交渉を加速化させていきたい」と強調、北方領土問題解決に向けて対ロ関係を強化する考えを示した。しかし、オバマが主導したG7首脳による対ロ非難声明では、ロシアの軍事行動を批判し、G8首脳会合に向けた準備会合へのロシアの参加を「当面、停止する」と宣言する厳しい内容となった。

それでも安倍は、「ウクライナ問題だけで日露対話のルートを閉ざすべきではない」との立場に立っていた（外務省幹部）。6月にロシアのソチで開催が予定されていたG8首脳会合や、秋のプーチン大統領来日の実現のため、引き続き首脳会談を軸に日露政治対話を密に重ね、領土問題の前進を目指す考えに拘った。しかし、米側は、安倍政権が独自色の強い外交を推進するのを好まなかった。

これは、安倍政権に始まったディレンマではない。戦後日本が、常にアメリカとの間で抱えてきた外交次元の心理的〝障害〟、いわゆる〈日本外交の頸木《くびき》〉であった。思えば、外交コミュニティの中には、一つのトラウマがあった。1970年代初頭、首相・田中角栄が、いち早く日中国交正常化に踏み切った対中外交に続き、エネルギー小国日本を意識して主体的な対ソ連外交を積極的に推進しようとしたことがあった。そうした田中の対ソ接近の動きに強い懸念を持った石油メジャーや米国内一部パワー・エリート層が、角栄失脚を画策した、それがロッキード事件の深層だというのだが、その説はいまだに囁かれている。

オバマ政権は、安倍のソチ冬季五輪出席をはじめ、クリミア併合後の対露政策に関連して強い不快感を持っていた。このため国務省を通じ、14年3月19日にホテル・ニューオータニで開かれる「第六回日露投資フォーラム（経済産業省、ロシア経済発展省、日露貿易投資促進機構主催）」への対応について注文をつけてきた。①閣僚は双方とも出席しない、②ロシアからのフォーラム出席者は安倍首相に会わせない、③首相の挨拶は代読にする（挨拶内容にクレームをつけたという話もある）――などのほか、３月30日に予定されていた日朝政府間協議についても「なぜ今やるのか」とクレームを付けてきたのだ。

14年３月７日の日米電話首脳会談は、ウクライナ危機をテーマに30分の予定が40分に及んだ。ロシアがクリミア併合を宣言（３月18日）すると、Ｇ８モスクワ外相会議（４月27、28日）出席に合わせて予定していたプーチン訪日の地ならしのための岸田外相訪露が延期になった。

ロシア・ファクターは、春の兆しが感じられ始めた日米関係が寒の戻りに反転しそうな気配を包含していた。

こうした状況の中で、外務事務次官・斎木は３月14日、オバマ訪日の際の日米首脳会談に向けた詰めの作業を行うため、急遽、ワシントンに飛んだ。斎木は、ホワイトハウスのアントニー・ブリンケン大統領次席補佐官（国家安全保障担当）と約１時間会談した結果、「ウィーク・オバマ（弱いオバマ政権）を払拭したいアメリカと、尖閣問題との絡みでアメリカを引き寄せたい日本」との利害が一致、同盟関係を強化することを確認した。

それは、日本が集団的自衛権行使容認の具体化を進め、その見返りとして米側は「尖閣諸島への日米安保の適用」を大統領自身が明言することを意味していた。そこには、日米両国は、より対等となる関係へ移行しなければならないとの思いを踏まえて、「これまでとは次元の異なる関係に近づかねばならない」とする安倍政権のリアルな判断があった。

斎木訪米を進言した外務省幹部は、「これで昨年中国側が提起した米中の新型大国関係（G2論）はなくなった」「アジア・太平洋地域はGゼロでもG2でも、新型大国関係でもない、日米が主導する新しい次元の日米関係になる」と確信した。

✝米大統領が初めて表明した「尖閣への安保条約適用」

14年4月24日午前、東京・元赤坂の迎賓館――。安倍・オバマによる日米首脳会談は約1時間40分にわたって行われ、両首脳はアジア太平洋の平和と繁栄に貢献するため、日米同盟が主導的役割を果たすことを確認。この後の記者会見でオバマは、中国が領有権を主張する沖縄県・尖閣諸島問題に言及、「日米安保条約第5条の適用対象となる」と言明した。米大統領として初めて、尖閣に対するアメリカの対日防衛義務を公式に表明したのだ。

中国の海洋進出をめぐる日米首脳会談のやり取りは次のようなものだった。

安倍「中国は力による現状変更の試みを継続している。尖閣諸島に関し、わが国は冷静かつ毅《き》然《ぜん》と対処している」

オバマ「日本の施政下にある領土は、尖閣諸島を含めて日米安全保障条約第5条の適用対象だ」

安倍「集団的自衛権などと憲法との関係について現在有識者による検討が行われており、今後報告書が提出され、政府見解を示す予定だ」

オバマ「今の発言を歓迎し、支持する」

また両首脳は、14年末までに日米防衛協力のための指針（ガイドライン）見直しに着手し、幅広い安全保障協力を進めることを確認した。

日本が長年言い続けてきた日本の「尖閣領有権」に同意するには到っていないが、記者会見での米最高権力者の言葉は、アメリカの太平洋リバランス政策において日本の存在が重みを増していることを裏付けるものであった。それは同時に、米側が首相・安倍について前年来ずっと強い警戒感を露わにしてきた「危険なナショナリスト」という固定観念から緩やかに移行し、「リアリスト安倍」の側面に目を向けるようになった証左とも言えた。

オバマが離日した後、件の外務省幹部は安堵の胸をなでおろした。「今回のオバマ訪日の成功について、私が誇れるとしたら、斎木次官の訪米を進言して実現したことだけですね。あれで、すべてが動いた」「歴史問題さえ混入しなければ、安倍外交は大丈夫だ」

ここ数年、日米首脳会談のたびに「陰の主役は中国」というレトリックが使われてきた。今回も同様だが、2年前の安倍訪米の際とは明らかに違っている点がある。米側から見た場合、太平洋に張り出す中国の影の広がりとその濃厚さの度合いがかなり違ってきた事実だ。

とりわけ、南シナ海では、今や中国がスプラトリー（南沙）諸島で岩礁の埋め立てを推進するとともに港湾施設なども建設中で、実態上、軍事用施設の下準備と見られるなど、周辺国に脅威を与えている。米国や、岩礁の領有権を争うフィリピンでは、南シナ海を囲い込む「砂の万里の長城」とも呼ばれている。また写真が米ニューヨーク・タイムズ紙にも報じられるなど、「中国の力ずくの現状変更」は米国世論全体にも確実に浸透し始めている。

米国のアジア太平洋戦略に影を落とす中国の動き。前年秋、中国が東シナ海に防空識別圏を設定し、同圏内を飛行する航空機に対しては事前に飛行計画を提出するよう求めてきたが、その一方的なやり方によって中国の真意が一段と鮮明になった。ホワイトハウスが尖閣諸島をめぐる問題をはじめ、対中抑止強化重視に舵を切ったのは、この唐突な中国の動きが大きく関係していた。振り返れば、これがオバマ政権の対中政策の明確な分水嶺となった。

1936年、張学良が蔣介石を監禁し、共産党征伐を止めて抗日に政策転換するよう諫めた西安事件をスクープした国際ジャーナリスト、松本重治（同盟通信上海支局長）は、「日米関係は日中関係である」と喝破したが、今や国際政治が複雑化する中で、「日中関係は日米関係でもある」と言えるのではないだろうか。

第6章

アメリカの歴史認識と日本外交

第1節　戦後70年の米国外交

†日米和解への道

　主張する政治家として対外発信に力点を置く安倍首相は、非凡な答弁術に加えて、演説や講演というスピーチ手法を自身の戦略外交に不可欠な効果的ツール、否〝武器〟と見なし、ことのほか重視している。5年5カ月の長期政権を誇った小泉政治の代名詞となった「ワンワード・ポリティックス」とは、ある意味、対極のスタイルだが、生き生きとしたエピソードや絶妙のユーモアを織り交ぜた安倍の「スピーチ・ポリティックス」は、より戦略性高くイニシアティブを発揮できる政治手法だ。とりわけ〈安全保障〉と〈歴史問題〉との機微な関係を念頭に対外発信する際に効果を発揮しているのが、安倍の「スピーチ・ポリティックス」だと言える。

外交と歴史認識――対米〈和解プロセス〉の第一幕は、日米、日中、米中の間合いがある程度定まったオバマ米大統領のアジア歴訪（2014年4月〜5月）であった。4月のオバマ訪日時に尖閣問題への日米安保適用を大統領が保証した時点で、集団的自衛権行使容認への具体的なプロセス、漠然とではあるが日米和解の演出シナリオ作成のスケジュール感が、日米両首脳間及び外交当局間に徐々に共有されていった。

14年7月1日、日本政府は憲法改正ではなく憲法解釈の変更によって、集団的自衛権の行使を容認する方針を閣議決定し、新たな戦略環境に対応した安保法制を整備する作業に着手するが、戦後70年という〈歴史〉の重要な節目である2015年を翌年に控え、保守とリベラルに二分しやすくなる〈安保〉との区分けは容易ではなかった。政治とは「小魚を煮るが如き」丁寧さと技術、気配りと忍耐が必要であるが、この格言は外交にもあてはまる。ある駐米大使経験者は、こう表現する。「日米同盟を磨き上げるというのは、アンティークに何度も何度もニスを塗り替える作業だ」。

安保法制関連法の成立（15年9月、衆院通過は同年7月16日）までの一年余りは、薄氷を踏む場面もあった。地球規模で戦略環境が変化する中にあって、もはや、日米同盟の強化と中国の攻勢的な海洋進出、それぞれが後戻りできない里程標を通過したように感じられた。

†オバマの俳句

15年4月、国賓級待遇で大統領・オバマに招待された首相・安倍は、異例ずくめの米国訪問を経験した。今回訪米の一歩を印したボストンでは、ケリー国務長官の私邸での夕食会に招かれ、ワシントン入りすると、外交でもビジネスライクの付き合いを好むオバマが、自らリンカーン・メモリアルに足を運び、記念堂内を案内するなど、2年前の2月の訪米とは比較にならないほどの歓迎を受けた。大統領は首相の前で日本語を連発、晩餐会では日本語を下五に配したHaiku（俳句）を読み上げた。

“Spring, green and friendship／United States and Japan／Nagoyaka ni.”

俳句は米国でも「Haiku」として知られる。英語のHaikuは三行で表わし、それぞれの音文節を5・7・5以内におさめるのがルールだ。大統領は、自身披露した下五の「Nagoyaka ni」を「harmonious feeling」との解説を加えたが、「ナゴヤカニ」の日本語に会場の雰囲気が和らいだ。共同記者会見では「オタガイノタメニ」と同盟強化の狙いをズバリひと言で突いて見せ、締めくくりにツイッターで「チカイウチニ」と送信、6月のG7サミットでの再会を約束した。一方、米議会も日本の首相として初めて上下両院合同会議に招待、安倍演説に何度もスタンディング・オベーションをもって応えた。第二次安倍政権発足から2カ月後、安倍が勇んで訪米した前回のホワイトハウス側の対応と比較すると、その差は歴然としていた。

象徴的なシーンがある。1957年に訪米した祖父・岸信介首相とアイゼンハワー大統領がゴルフを通じて交友を深めたエピソードに絡めて、安倍がオバマとの初の首脳会談の際に和製パターをオバマにプレゼントする演出を凝らした場面だった。プレゼントとして贈呈した「山田パター工房」(社長・山田透)のパターは、2012年5月の米ゴルフ・ツアーで、豪州のライン・ギブソンが、ゴルフ史上最少スコアの55を記録し、一躍、全米に知れ渡るようになったパターだ。ところが、オバマの反応は礼を一言述べただけの愛想のないものだった。場は白けそうになったが、パターの価値を即座に見抜いた社交上手のバイデン副大統領がギブソンの快挙に触れ、話をつないでその場を和ませた。バイデンの機転に日米双方ともが助けられた。だが、それ以上に日本側が痛いと思ったのは、共同記者会見が見送られたことだった。

それから2年余り。米側は工夫を凝らして日本の首相を迎え入れた。その厚遇ぶり、熱の入れ方は前回の比ではなかった。安倍には、このワシントンが花冷えの地から春爛漫、万象玲瓏《れいろう》なる都へと変わったように感じられたのではないか。

背景には、南シナ海や東シナ海における中国の攻撃的とも言える次元を一段階上げた海洋進出など、厳しさを増す戦略環境の劇変があった。安全保障のパートナーとしての日本の地政学的重要性についての認識が、国防総省ばかりでなく他のワシントン・パワーエリートの間にも広がった点を裏付けていた。

✝新防衛協力の指針と南シナ海

2015年の日米首脳会談（4月28日）の前日、日米外務・安保担当閣僚による「安全保障協議会（2＋2《ツープラスツー》）」において、日米防衛協力の指針（ガイドライン）再改定で合意したが、それを踏まえて、首相・安倍は、集団的自衛権の行使容認の実現を確認。停戦前のシーレーン（海上交通路）での機雷掃海などを可能とする安保法制整備に関する安保関連法案の国会成立を約束した。大統領・オバマは「アメリカは、もはや世界の警察官ではない」と言明する中で、米政府はアジア太平洋の安全保障での自衛隊の広範囲な協力に期待しており、米側は現在を「両国の防衛関係の転換期」（ケリー国務長官）と位置づけた。

14年4月に訪日したオバマは、日本の施政権下にある尖閣領域が日米安保条約第5条の適用範囲であると公式に言明、日本の安全保障へのコミットメントを一段と明確にした。この発言の延長線上に、新たな日米防衛協力指針の内実があり、今回の安倍訪米への厚遇に投影していたと言えよう。

この間、日本側もオバマ発言から約2カ月後の7月1日、集団的安全保障の限定容認など「切れ目のない安全保障」整備のための閣議決定によって応え、同盟強化に向けた防衛協力の具体的な内容は4月28日、「新たな防衛協力のための指針（ガイドライン）」と併せて、日米首脳会談直前にニューヨークで開かれた外交・防衛担当閣僚による日米安全保障協議委員会（「2＋2《ツープラスツー》」）の協議文書に明記された。

日米両国は今回の安倍訪米を機に、首脳会談と外交安保閣僚会議「2＋2《ツープラスツー》」で決定した「2015防衛協力指針」に基づき「世界の平和と繁栄のための日米同盟」強化に向けて合意した。

「2015防衛協力指針」は、「1997年日米防衛協力のための指針（ガイドライン）」を抜本的に改定、安倍政権が進める新たな安全保障の法制化と調整しつつ、より実践的、現実状況に適用できるように作成された。それは、大きく分けて三つの側面から成り立っている。

第一は、「世界の平和と繁栄に貢献する日米同盟」という視点から成り立つ日米同盟のグローバル化の側面。「国際平和支援法案」に基づく外国軍への後方支援が可能になるのと併せて、日米同盟がグローバル化する。

第二は、平時から緊急事態を含めてあらゆる段階（重要影響事態／存立危機事態）における米軍との一体的な運用を可能にする「切れ目のない」日米同盟の側面。

第三は、宇宙・サイバー空間に関する協力という視点からの立体化した日米同盟の側面。「97防衛協力指針」にはなかった分野だが、宇宙空間での日米協力は米国の海洋戦略とも密接に絡んでおり、同盟の構造は立体化する。

こうした三つの側面のうち、現実的な視点から直ぐに重要になるのは、例えば自衛隊と米軍との「平時からの協力」が実践的になった第二の側面だ。南シナ海での現在の中国の動きは、ウクライナ問題でのロシア同様、「力による一方的な現状変更の試み」であり、オバマ大統領の心中に深刻の度を加えていた。発足以来、「太平洋国家」を宣言、アジアへの「リバランス政策」を推進しているオバマ政権だが、中国の海洋活動の活発さが増すのと並行して、憂慮の念は深まっていった。

安倍政権が整備しようとしている新安保法制では、地理的制約が緩和されるが、平時で言えば、東シナ海ばかりでなく、南シナ海をも強く意識したものとなるだろう。新指針には「相互運用性・即応性・警戒態勢」の強化が明記され、「日本の平和及び安全に影響を与え得る状況の推移を常続的に監視する」ため、自衛隊と米軍は一体的運用体制を敷き、協力して情報収集、警戒監視及び偵察(ISR)活動をすることが可能となる。

南シナ海などを想定した場合、現時点では、自衛隊の装備数の不足、整備に必要とされる空港・港湾施設の確保などに様々な問題点はあっても、ゆくゆくは視野に入ってくる課題だ。またＩＳＲばかりでなく「訓練・演習を通じた海洋における日米両国のプレゼンスの維持・強化」の協力も明記されたことから、日米は同盟調整メカニズムを通して「重要影響事態（日本の平和と安全に大きな影響を及ぼす事態）」、「武力攻撃事態（日本有事）」、「存立危機事態（日本国民の生命・権利を根底から覆す明白な危険がある事態）」や、そうした事態に到る前のグレーゾーン各段階における幅広い訓練・演習メニューを策定・実施ができることになる。

シーレーンの安全航行が不可欠な海洋国・日本からすれば、東シナ海へとつながる南シナ海はバイタル（死活的に重要）な海だが、岩礁の埋め立てが完成すれば、中国は次なる一手として、まず防空識別圏を東シナ海同様、設定するであろう。「二つの１００年（２０２１年＝中国共産党創立と２０４９年＝中国建国）」を念頭に、長期戦略目標としての南シナ海「聖域」化に向けた一手といえる。

✝米中「新型冷戦」

15年の日米首脳会談では、日米同盟の強化によって中国に対する抑止力を高め、その膨張・拡大路線、第二次世界大戦後に米国主導で構築された秩序の「力ずくの一方的な変更」、新たなルール作りの阻止に向けて対処することを鮮明にしたが、今や、アジア太平洋を舞台にした米中の覇権争いは、これにクリミアを併合したプーチン大統領のロシアを絡めて〈新冷戦〉とも言われている。ただ、第二次世界大戦後、核兵器を保有する米ソ超大国が対峙した時代は、政治体制・経済体制ともに、イデオロギー次元で対立していた〝冷たい戦い〟だった点を考えると、〈新冷戦〉の様相は、米ソ冷戦時代よりはるかに複雑になった世界で展開されている。

国際政治学者・永井陽之助は、核兵器の出現によって両陣営とも実力行使を自制し、慎重に行動せざるを得ず、あらゆる有効な非軍事的手段（イデオロギー、政治・心理宣伝、経済制裁、内乱、各種の謀略、秘密工作等）を駆使して相手の意志に直接的圧力を加える行為の応酬を〈冷戦〉と呼んだ（『冷戦の起源――戦後アジアの国際環境』中公クラシックス）が、金融グローバリズムをベースにした経済の相互依存が深化する現況で、現在の〝冷たい戦い〟の状況をそのまま第二次大戦後の米ソ冷戦の延長線上で単純に捉え、簡単に〈新冷戦〉と呼ぶのはあまり適切ではないだろう。

冷戦の特徴を解析すれば、①凄まじい殺傷力を持つ核兵器の恐怖によって相互に使用できない状況下で、②他の軍事行使についても間違ったシグナルによって軍事的エスカレーションを起こす可能性があるため、慎重にならざるを得ない、③このため、必然的に現下の世界情勢に有効な非軍事的手段によって相手にダメージを与える――というものに集約されるが、確かに米中の「冷たい戦い」には、これらのファクターが備わりつつある。ただ、ポイントは、金融のグローバル化で緊密になった経済的な相互依存の深化を、安保戦略に影響を及ぼすファクターとしてどう考えるかである。

この点を勘案して、先の冷戦の単なる延長線上ではないという意味合いを明確にするために、今われわれが目の当たりにしている大情況を、総体として〝新冷戦〟と呼ぶより、経済、軍事、情報、技術、文化等々の組み合わせによって幾層にも分かれた複雑な新種の冷戦、即ちニュータイプの冷たい戦争＝〈新型冷戦〉と呼ぶ方が相応しい。とすれば、「冷たい平和」から緊張状態が常態化した冷たい戦いの様相を呈し始めた南シナ海を舞台にした中国の動きを通して、その実態と意図が透けて見えてくるのではないか。

†戦略的価値が高まる日本

この視点に立脚すれば、中国が提起した海と陸のシルクロード（一帯一路）構想、そしてアジア・インフラ投資銀行（ＡＩＩＢ）構想は、超大国アメリカに挑戦するための戦略の一環と見ることができる。ＡＩＩＢをめぐっては、15年3月に英・仏・独・伊など欧州主要国が参加を表明。拡張路線をひた走る中国による欧米分断策は一応功を奏した。当然ながら、米国には、前年来本格化した中国の攻勢的な言動が、戦後秩序への挑戦と映る。その頃から大統領オバマ自ら「中国主導の国際的なルール作り」を厳しく批判する場面も増えていった。オバマの反応は、第二次世界大戦の結果、圧倒的な国力によって「パックス・アメリカーナ」「ブレトンウッズ体制」を構築した経験を有する米国の穏やかならぬ超大国心理を色濃く反映していたと言えよう。

また、日米両首脳は会談で、環太平洋経済連携協定（TPP）について「地域の平和及び安定の促進を含む広範な長期的な戦略目標」達成に必要との立場からコミットメントを再確認した。国際情勢が厳しさを増す中で、米国にとって日本は、国家戦略上、アジア太平洋地域における重要なパートナーであるとの意思を際立たせた。米国にとっての日本の必要性は、今の局面では増しこそすれ、決して減りはしないだろう。

安倍訪米に対する米側の評価の底流には、日本を可能な限り引き寄せておこうという国家心理が働いていたことは間違いない。対中抑止の強化に向けて日米両国が合意した「2015防衛協力指針」は、抑止という概念が恐怖を通じて相手を思い止まらせるという心理的ファクターをはらむことから、軍拡競争に向うリスクを伴いながら、有効なあらゆる非軍事的手段を駆使する情報戦・世論戦・宣伝戦主体の新型冷戦への引き金を引いたと言えるかもしれない。

第2節　戦後70年の同盟深化

†歴史修正主義者というイメージ

「安保問題」と「歴史認識問題」の混濁——第二次安倍政権になっても引きずる安倍のウィーク・ポイントだが、15年の安倍訪米のもう一つの狙いは、「歴史修正主義者」という自身のイメージを払拭する点にあった。安倍は訪米に先立ってワシントン・ポスト紙（電子版3月26日）のインタビューに応じ、いわゆる従軍慰安婦問題について「人身売買（human trafficking）」との言葉を使用して、「慰安婦問題に関して言えば、人身売買の犠牲になり、言葉には尽くせないほど計り知れない痛みと苦悩を経験したこれらの人たちに思いを致す時、心が痛む」と強調した。また訪米中の4月27日に米ハーバード大ケネディスクールでの会合に出席した際の質疑応答でも同じ表現を用いた。

第一次政権の時は、首相はいわゆる「従軍慰安婦」問題について、旧日本軍による「狭義の強制性」を否定し、米国世論の反発を招き、ブッシュ米大統領との首脳会談で釈明を余儀なくされた。米下院外交委員会は、慰安婦問題に関する対日謝罪要求決議を可決した。しかし、今回の訪米での安倍のパフォーマンスに対して、米国内の反応は上々だった。

翌28日の日米首脳会談後、共同記者会見の冒頭、安倍首相は、あらかじめ用意した応答要領に基づいて発言、首脳会談の成果を誇示した。

「私たちには一つの夢がある。平和と繁栄に満ちあふれた世界を作りあげることだ。日本と米国は新たな時代を切り開いていく。強い決意を戦後70年目の節目となる年にオバマ大統領と確認することができた。日米同盟の歴史に新たな一ページを開いた。世界の中の日米同盟とも呼ぶべきものだ」「ビデオで見たケネディ大統領の就任演説は今も胸に強く響くものだ。その一節を思い出す。「米国があなたのために何をするのかを問うのではなく、我々が人類の自由のために一緒に何ができるのかを問うてほしい」。日本はその呼びかけに答える国でありたい。バラクと二人でこの場所に立ち、ここから日米の新しい時代がスタートする。70年後の子や孫たちにそう思ってもらえるような歴史的な会談になった」

しかし、歴史問題に触れなかった点について、すかさず報道陣から質問が飛んだ。

「安倍首相は第二次世界大戦の謝罪は言わなかった。従軍慰安婦問題については、どうか」

「首相　慰安婦問題については人身売買の犠牲となって筆舌に尽くしがたい思いをされた方々を思い、非常に心が痛む。この点は歴代の首相と変わりはない。河野談話は継承し見直す考えはない。20世紀は一度紛争が起こると、女性の名誉と尊厳が深く傷つけられた歴史があった。

21世紀こそ女性に対する人権侵害のない世紀にしないといけない」（日米首脳共同記者会見の要旨、2015年4月29日付日経新聞インターネット）

慰安婦問題での対応に関して首相は「河野談話は継承し、見直す考えはない」と明言したが、この部分については、事務レベルで事前に用意した応答要領にはなかった。首相が、自身で決めて公式な日本の立場を対外的に明示したものだ。

†日米和解への助走――豪州演説

岸信介の生きた冷戦期から時代は大きく変わった。ロシアがウクライナでクリミアを力ずくで併合し、中国が東シナ海や南シナ海で「力による一方的な現状変更」（日米両首脳）を試みている歴史的転換点、即ちそれは第二次世界大戦後の秩序が徐々に崩壊する過程であって、日本人の世界史認識が試されている。

戦後70年を控え、安倍が歴史問題をめぐる起点としたのは、2014年7月の豪州訪問だった。日豪両国は、太平洋戦争で戦火を交えた。とりわけ、豪州の委任統治領やダーウィンなどへの日本軍の空爆や艦砲攻撃は、豪州に深い傷跡を残した。オーストラリア第28代首相のトニー・アボットは、日本との関係を「アジアにおける最良の友」「世界史の中で最もお互いに恩恵を受けてきた二国間関係の一つ」と評価した。

14年暮れ、既に訪米での米議会演説の「基調のトーン」は決まっていた。「過去については、それほど触れずに未来について語って行こう」というもので、それは安倍首相も菅官房長官も一致していた。ベースとなったのは豪州国会での演説（第4章で詳述）だった。安倍演説のキーワードは、〈寛容〉だったが、これは、戦後初めて日本の首相（岸信介）を豪州に招いた「冷戦の戦士」ロバート・メンジーズ首相（自由党）が対日外交関係を樹立するに当たって、第二次世界大戦で戦火を交えた日本への敵意を捨てよと国民に呼びかけた、その「寛容の精神」に応えたものであった。

スピーチライターを任された谷口智彦・内閣参与は既に、半年以上も前から米議会演説に備えて有識者と会って、草稿のコンテを整えるためのブレーンストーミングや素材集めの仕込みを始めていた。知日派の米研究者、ダートマス大学のジェニファー・リンド教授はその一人だった。その際、豪州国会での安倍演説（記録）を読んだリンドは、感心したという。「直接的に謝罪の言葉を使わなくても、日本の気持ちを伝える表現の仕方があるんですね。なかなかい い」。

57年前の岸も豪州国会で演説した。その中で岸は、先の大戦について遺憾の意を表明するとともに、「犠牲者を慰める唯一の方法は、太平洋をその名の如く永久に波静かで、洋の南北に位置する日豪両国の友好親善を増進することによって両国の繁栄を築くことである」（『岸信介回顧録――保守合同と安保改定』廣済堂出版）と強調した。岸の演説は、豪州との緊密な関係を築く転換点となったが、安倍も、戦争の犠牲者に対する追悼と併せて、岸―メンジーズ関係をダブらせ、安倍・アボット豪首相関係の緊密化を進める意向を表明した。

†岸首相、米議会演説の音声記録

豪州議会演説の翌年、安倍は、今度は米キャピトル・ヒルの殿堂に招かれ、奇しくも祖父と同じ議場の壇上に立った。インドネシアで開かれたバンドン会議（1955年）60周年記念首脳会議で演説してまだ一週間しか経っていない。これも、東南アジア歴訪直後に訪米した首相・岸との因縁を感じさせる。

安倍はバンドン会議60周年首脳会議の演説で、60年前にインドネシアのバンドンで採択された「平和10原則」に言及、「日本は先の大戦の深い反省とともに、いかなる時でも守り抜く国であろうと誓った」などと強調した。この演説で注目されたのは、首相・安倍が演説で使った「深い反省」を、「deep remorse」との英語訳にした点だ。スピーチライターは、豪州国会での演説同様、谷口だ。「remorse」は「自らの罪悪への深い後悔」「自責の念」といった意味があり、謝罪を連想させる。第二次世界大戦勃発50周年に当たる1989年9月、西ドイツのコール首相が行なった演説の英訳で、米ニューヨーク・タイムズ紙が使ったことで知られている。

類まれな英語の使い手、谷口はこの点を十分意識して使ったのである。安倍演説は海外で高く評価された。

「私は、本日、この民主主義の殿堂において一言御挨拶を申し述べる機会を得ましたことを、最高の名誉と考えるものであります。この由緒ある殿堂に向って、キャピトル・ヒルを上って参りました時、私は非常な感激を覚えたのであります」

1957年6月20日、安倍晋三の祖父・岸信介首相が米議会で行った演説は、戦後その米国の背中を見詰めつつ新たに民主国家としてスタートを切った日本の「決意」を示す言葉で始まった。それは、アメリカン・デモクラシーに対する敬意を胸に、民主主義の「価値」を共有して再生した日本を全米に宣言したものとも言えた。

岸訪米は、バンドン会議に参加し、国際連合への加盟（56年）が認められた日本は、今後〈中立主義〉に走るのではないかと懸念した米国が、対日調整の主導権を握るために設定したものだった。米国にとっては、アジア・太平洋戦略を展開する上で日本の戦略的価値は何ものにも代え難かった。このため、日本に「穏健な保守政権」を根づかせること、日本に強まるナショナリズムを「日米同盟の文脈」に取り込むことを戦略目標に据えた（対日政策の基本NSC5516/1、55年4月決定）。

こうした中での岸演説は、米国民の代表たる連邦議員に対して日本の首相が直接語り掛ける場として、極めて重要な政治イベントとなった。石橋内閣（56年12月23日～57年2月25日）が短命で終わり、その後を受け継いだ岸は、訪米に先立って東南アジア6カ国（57年5月、訪米後にさらに9カ国）を歴訪した。「アジアの代表・日本」を印象づけたい岸流のワシントン入りだった。

6月20日、国務省での会談を終えた岸首相は午後12時半、国務省ビルから護衛付きのリムジンで東方約2マイル（約3・2キロ）の小高い丘陵にある米議会議事堂（キャピトル・ヒル）に到着した。岸は、まず上院本会議場でニクソン副大統領に紹介されて挨拶、1時15分から、議事堂内の旧最高裁判所控室で開かれたニクソン主催の昼餐会に出席した後、2時半、下院本会議場での演説に臨んだ。下院は余剰農産物処理法案の討議中だったが、特別に休会を宣し、遠来したかつての敵国の総理大臣の演説を日程に載せたのである。

議会演説の中で岸は、かつての敵国・米国とのより対等なパートナーシップを求めて、「自由世界の忠実な一員として」国際共産主義と戦うとの決意を表明したのだった。ヘンリー島内こと島内敏郎（後に駐ノルウェー大使）が英語で草稿（日本語は逆翻訳）を書き下ろし、自身通訳した岸演説の核心は、米国を中心とした西側自由主義陣営への参加を明確にした点だ。議場からは何度も何度も拍手が沸き起こった。

その存在自体が忘れ去られていたこの音声記録を、安倍首相は実際に聴く機会を持った。音声記録の持ち主は島内と交友関係にあった飯久保《いいくぼ》廣嗣《ひろつぐ》という民間人。岸演説のナマ録音を実際に聴かされた時、「これこそが日米関係の原点だ」と感じて譲り受け、大切に保管していたものだ。

飯久保は、57年米国デポー大学卒業後、アメリカとの草の根レベルの交流を重視してきた親米派の民間人で、アメリカによる対日占領政策は通常の先勝国が敗戦国にとる政策とは、ひと味もふた味も違っていたと感じていた。日頃、「恩義に対する感謝を形で示さなければ、戦後は終わらない」と考えた飯久保は、戦後50年を前に「A50」なるプロジェクトを立ち上げた。「A」はアプリシエイション（感謝）とアメリカを、「50」は戦後50年とアメリカの50州を意味した。会社のビルに小さな事務局を確保し、アルバイトを雇い、友人・知人を頼り活動を単独で始めたのだ。

そんな飯久保と、冷戦下の50年代におけるアメリカで同じ空気を吸った日本人、ヘンリー島内との交流を通じて残された岸演説の貴重な音声記録を聞いた安倍の胸に去来したものは何であったであろうか。

岸信介——後に「妖怪」などとも称される大政治家は、極東裁判に憤る反米ナショナリストと評されることがあるが、岸はそのような単純な反米主義者とは一線を画す存在だろう。岸が巣鴨プリズン体験に根差す反米感情を有していたとしても、彼は50年代の世界史的潮流を的確に把握した上で我が物にした〈戦略的リアリズム〉を基本に、戦後の政《まつりごと》を挙行した怪物だったように思われる。

世界史的変動の渦中に身を置いた国家指導者が、理想と現実の狭間に在って自国の力の限界をわきまえつつ、自身に課せられた時代的役割を現実的な形で志向したこと、その点は、戦争直後の廃墟の中で国家の舵取りを任された吉田茂の〈戦略的リアリズム〉と同じ位相にあった。そして日本が国家アイデンティティを回復しようとする50年代に、政治家として国家の舵取りを任された岸は、国論が二分された日本社会の嵐の中に突っ込んで行く宿命にあった。日米安保体制の「双務性」構築を掲げ、自由と民主主義というアメリカと同一の価値観を共有する日本を宣言した岸は、その3年後に批准に漕ぎ着ける安保改定への扉を開いたのだった。

それから半世紀余。耳を澄ます安倍。万雷の拍手の中、岸首相がマコーマック民主党院内総務とマーチン共和党院内総務の先導で米下院本会議場に入場する場面で、演説の音声記録は始まった。米議会本会議場の壇上に立つ、自身の姿を思い浮かべる総理大臣・安倍晋三の脳裏には、岸の勇姿がよぎったのではないだろうか。

2015年1月、安倍は中東歴訪中、エルサレムのホテルで、アメリカのジョン・マケイン上院軍事委員長ら7人の上院議員と懇談する機会を持った。席上、安倍は率直に胸の内を披歴した。「ワシントン訪問時に米議会で演説をさせて頂ければ光栄です」。かねてより駐米大使館に指示をしていたものの、色よい感触を得られていなかったためだ。マケインは即座に応じた。「是非実現させましょう」。首相側近の今井はこの言葉を聞いて小躍りせんばかりに喜んだ。「絶対に実現できる」と。

†「希望の同盟」

安倍演説のタイトルは「希望の同盟へ（toward an alliance of hope）」と表記されたが、草稿が完成するまで少なくとも10稿以上書き換えられた。まず、安倍の考え方や心情を理解する谷口が原案を執筆したが、2月には自腹で訪米、様々な材料の仕込みをするなど、書き手のプロに徹する仕事をした。谷口の原案をベースに首相を中心にディスカッションを重ね、話の組み立てと流れ、表現、キーワードの使い方、英訳の的確さなどについて、様々な角度から仔細に検討が加えられた。

草稿途中の段階で、国家安全保障局長・谷内正太郎、佐々江賢一郎駐米大使、外務事務次官・斎木昭隆がコメントを求められた。キーワードのひとつ「remorce（反省）」は2カ所に出てくることから、一つは、多くの「アメリカの若者」が斃《たお》れた第二次大戦の「取り返しのつかない、苛烈な」歴史を思い、懺悔の気持ちを表わすために、より宗教的な言葉「repentance（悔悟）」に修正された。最終案も、4月26日、米国に向う専用機上で首相が手を入れるなど、きめ細かい推敲を重ねて完成稿が出来上がった。

15年4月29日午前（日本時間30日未明）、安倍の声が議場に響いた。英語で約45分間「アメリカと私」「アメリカ民主主義と日本」「第二次大戦メモリアル」「かつての敵、今日の友」「アメリカと戦後日本」「環太平洋経済連携協定」「強い日本へ、改革あるのみ」「戦後世界の平和と、日本の選択」「地域における同盟のミッション」「日本が掲げる新しい旗」「未来への希望」に到るまで、繰り返し沸き起こる拍手を受けながら演説を行った。

日米両国の兵士は戦って互いに傷つけ合ったが、「戦後の日本は、先の大戦に対する痛切な反省を胸に」国家の歩みを刻んできた。その上で、「自らの行いが、アジア諸国民に苦しみを与えた事実から目をそむけてはならない。これらの点についての思いは、歴代総理とまったく変わるものではありません」と明言。両国が戦後の和解を経て今や「価値観」を共有、「希望の同盟」を目指して深い信頼と友情に結ばれるまでの国家関係になったという、戦後70年にわたる日米関係のサクセス・ストーリーが披露された。

†歴史認識の対米融合

対決と和解を経て、友情の絆に結ばれた〈トモダチ〉が危機を乗り越えるために未来にチャレンジするという、いかにもアメリカ人が好む見事なストーリー仕立て。「熾烈に戦い合った敵は、心の紐帯が結ぶ友になりました」と、日米戦争の激戦地・硫黄島に言及したくだりでは、ギャラリーを指して、中隊を率いて上陸したスノーデン米海兵隊大尉（当時）と、日本軍を指揮して防戦した栗林忠道大将の孫・新藤義孝衆院議員が握手（和解）する姿を紹介する演出を織り交ぜるなど、安倍演説は出席した米議会人に好意的に受け止められた。

演説は、例えばヒロシマ、ナガサキへの原爆投下をめぐる問題などを除けば、第二次世界大戦の一側面（日米戦争）に関する国家としてのケジメ（指導者責任の処理の仕方）として双方の〈潔さ〉と〈寛容〉を示したものだ。戦中・戦後をめぐる歴史認識を両国が基本的に共有していることを裏付けた形だが、あえて換言すれば、首相に復帰した後は「戦後レジームからの脱却」を自身から公然とは口にすることなく、事実上封印している安倍による歴史認識の〝対米融合〟という表現もできる。その上で、何よりも「未来への希望」に力点を置いた安倍演説への賛辞には、次のような意味が含まれていたのではないか。

日本の首相は米国民の代表たる議会人に向けて、国際協調主義に基づく「積極的平和主義」の旗を掲げた日本が価値観を共有するアメリカとの絆、それを通じてグローバル規模の国際的役割を果たすことを公約する。安倍のこの決意表明を、日米首脳会談での成果——「かつての敵対国が不動の同盟国」となり、「和解の力を示す模範」として「国境のみによって定義されない」—「グローバルな射程を有するようになった同盟」という「日米共同ビジョン声明」

――と併せて考える時、日本が現下の世界史的岐路において米国の側に絶対的に立つと誓約したことを意味する。

これが、現在の歴史的転換点に立った首相が、半世紀以上前の岸演説に思いをはせながら内外に示した決断だった。その際、演説の中で安倍は、安保法制関連法案に言及、「戦後、初めての大改革だ。そのために必要な法案の成立を、この夏までに必ず実現する」と強調、15年8月までの成立に強い自信を示したのだった。

†暗転の安保政局

ところが、それから1カ月も経たないうちに、安保政局を根底から揺るがすハプニングが起こる。6月4日、衆院憲法審査会に自民党推薦で出席した早稲田大学法学学術院の長谷部恭男教授をはじめ三人の憲法学者が、集団的自衛権の行使容認を柱とした安保関連法案に関して違憲論を展開したことで、安倍政権は世論の逆風を受ける事態となった。安保法制を整備する関連法案の今国会処理は、安倍が4月訪米の際、米議会演説で「(安保法制整備を)夏までに実現する」とまで明言していた対米公約だった。政府・与党が念頭に置いていたタイムテーブルが大きく狂った。

安保法制関連法案については、5月27日に衆院平和安全法制特別委員会で実質審議入りした。

自民、公明の与党側は当初、週三日のペースで審議を進めれば6月下旬（会期末は6月24日）までには、採決のタイミングのメドと当初想定していた「80時間」に達し、衆院通過は可能とみていた。しかし、野党の抵抗が激化したため、小幅の会期延長では衆院通過―参院成立の展望が見通せない状況となった。

安倍官邸内に、超大幅延長論が浮上した。安倍一強状態の中で自民党も追随、官邸の意向に沿って与党は過去最長の95日間の会期延長（9月27日まで）に踏み切った。その裏には、8月15日を挟んだ夏を幅広に跨ぐ形で〈歴史〉を遠ざけたいという思惑があり、秋風が吹く頃に対米公約の〈安保〉をソフトランディングさせる道を選んだのである。

第3節　戦後70年首相談話の深層

†作成過程が異なっていた

70回目の終戦の日となる15年夏、〈安保〉と〈歴史〉の混濁を回避する――これが、安倍政権の行く末を左右しかねないこの局面での至上命題となった。

戦後70年首相談話の執筆に本格的に着手したのは、安保法制関連法案の衆院通過（7月16

日）後だった。それまでに、練られていたいくつかの草案はすべて事実上なきものとなった。

談話の草稿作成過程はこれまでと異なる方式がとられた。対外向けのスピーチの演説草稿は通常、首相の考え方を聴取した谷口智彦が書き下ろし、何人かのチェックを経ながら、谷口が書き上げ、安倍が最後を仕上げるが、しかし今回は、首相と今井首席秘書官、もう一人の優れたスピーチライターとして機能している今井の部下、佐伯耕三の三人で書き下ろしから脱稿まで貫かれた。執筆作業と並行して、途中途中に首相が信頼する有識者の何人かに見せたと言われるが、この局面でのスピーチ草稿組み立ての中核を担ったのは、今井と佐伯だった。

首相の考え方を詳細に聴取した側近の今井が聞き書きし、それを素材に練り上げて洗練されたレトリックと表現などで工夫を凝らして全体が書き上げられた。このため、戦後70年談話は、安倍自身が戦略性を込めてまとめあげた政治文書と言ってもよかった。出来上がった第一稿は、再び今井経由で安倍に戻され、安倍本人が入念に手を入れる。このプロセスが、少なくとも3ラウンドにわたって行われた、と言われる。

もちろん、戦後70年談話に並々ならぬ意欲を持ってきた首相の〝頭〟は、2月に立ち上げた「20世紀を振り返り21世紀の世界秩序と日本の役割を構想するための有識者懇談会（21世紀構想懇談会）」や、その会合を実務的に仕切った兼原信克・内閣官房副長官補による毎回の事前及び事後ブリーフや、自身の読書を通じて、既に作られていた。「一カ月前には出来上がっていた有識者懇談会報告書（8月6日発表）もしっかり読み込んでいた」（政府筋）。首相は、『岸信介回顧録』ばかりでなく、誰に進言されるまでもなく、ヤスパースの『責任論』や会田雄二の『アーロン収容所』のほか、尊敬する岡崎久彦なども含めて幅広く読みこなしていた。

7月末、首相側近の今井が官邸4階にある谷口の部屋を訪ね、おずおずと口を開いた。「谷口さん、申し訳ないけれど、総理が自分で書いてしまったんです」と言って、手渡されたのが談話の「原案」であった。豪州国会での演説（バンドン会議60周年会合での演説）、米議会演説の〝和解三部作〟を執筆した谷口は、戦後70年談話も自分が執筆すると思っていた。現に、谷口は既に二つのヴァージョンを用意していた。「ひとつは慰霊を念頭に置いた卜短調、もうひとつはニ長調の明るいヴァージョンだった」。しかし、谷口は「総理が執筆した」という談話を一読して、その出来栄えを「凄い」と感じた。既に完成品となっている。自分のは使えないと思った。谷口は振り返る。「自分のを読み返してみると、文芸調でダメだと思いましたね」。

確かに、谷口が執筆した〝和解三部作〟は、アメリカの有識者をはじめ、海外メディアにも好評で、洗練された言葉遣いには力があり、ボキャブラリーやレトリックを通じて米欧人の心に強く訴えかける優れた草稿であることは誰もが認めていた。

ただ、6月の時点でのことだが、政府高官がこんな言い方をしたことがある。「首相談話の基本的なトーンは米議会での演説と同じになるだろう。ただ、あの時の演説は、冒頭に岸総理の演説の話を持ってきたのはどうかと思う。我々の世代は、60年安保を体験している。今は保守になった人でも、岸さんを好きでない人は多い。吉田茂と違って、満州国に行き、戦犯容疑を逃れて総理になったという暗いイメージが岸さんには強い。妖怪と言われるおじいさんを尊敬するのもいいが、あまりまねをするのもどうかと思う」

一方、首相周辺には、谷口のスピーチ草稿は「時に情緒的になりがち」と評する向きもあった。それは、安倍晋三個人にぴったり寄り添おうとするあまり、安倍の気持ちを過剰に読み込んで、感情移入してしまうために表出してくるものだとも言える。

だが、安倍が対中戦略で勝負を賭けた〈安全保障〉分野の関連法整備に関する衆院強行採決によって、7月の内閣支持率が急落した。安倍首相にとって、〈歴史〉問題を扱う戦後70年首相談話は、極めてリスクの高い政治的イベントになるのは目に見えているのだった。

こうした情況を踏まえれば、当然のことながら、太平洋戦争を念頭に置いた「戦争責任と和解」をテーマにした〝三部作〟と、日中戦争が主軸となる戦後70年最大の関心事となる首相談話は、政治次元での機能において自ずと違ってくる。即ち、20世紀に日本人が戦った戦争の一側面（太平洋戦争）を主要なテーマにしたスピーチではなく、むしろ日本人が戦った戦争のもう一つの側面（日中戦争）に焦点を当てなければならないことから、現在進行形で展開される外交での熾烈な戦い相手、中国の反応も想定した内容にしなければならない。しかも、安倍自身の真の支持基盤である極論を吐く有識者も含めた国内保守層の反応をも十分に計算に入れたものとして書かねばならないのである、

そのように安倍が考えたとしても不思議ではない。戦後50年、同60年に、村山政権、小泉政権下でそれぞれ日本が置かれていた戦略環境及び世界的潮流と比べて、今回の戦後70年首相談話は、より複雑で政治的な機微が求められる時代になっていた。言わば、安倍政権にも〈もう一人の安倍晋三〉が必要な時期になったのである。

†状況の変化で崩れた想定

15年（平成27年）元旦にあたって宮内庁のホームページに掲載された「天皇陛下のご感想（新年に当たり）」が、有識者の間で話題になった。戦後70年という節目について言及し、具体的な歴史認識を示されたからだ。

「本年は終戦から70年という節目の年に当たります。多くの人々が亡くなった戦争でした。各戦場で亡くなった人々、広島、長崎の原爆、東京を始めとする各都市の爆撃などにより亡くなった人々の数は誠に多いものでした。この機会に、満州事変に始まるこの戦争の歴史を十分に学び、今後の日本のあり方を考えていくことが、今、極めて大切なことだと思っています」

「満州事変に始まるこの戦争の歴史」――先の戦争に関連して、天皇陛下がこうした具体的な形で歴史認識を示された例を知らない。陛下は、戦後50年の節目となった1995年（平成7年）の「ご感想（新年に当たり）」では、「50年前、日本の国民は最も厳しい戦争の終局を迎え、戦後は困難な復興を果たしつつ、世界の国々との関係の改善に尽してきました。この節目の年にあたり、過去を振り返り、戦争の犠牲者に思いをいたすとともに、今日の繁栄を築いた人々の労苦をしのび、改めて世界の平和を祈りたいと思います」と述べておられるだけである。

無論、安倍首相が政権復帰して以来、こだわりを見せてきた「戦後70年首相談話」と直接関係があるわけではないのだが、そのおよそ8カ月後に示される首相談話の表記にも反映したように思われる。

戦後70年にあたっての首相発言は、元旦の年頭所感から始まった。「今年は、戦後70年の節目であります。日本は、先の大戦の深い反省のもとに、戦後、自由で民主的な国家として、ひたすら平和国家としての道を歩み、世界の平和と繁栄に貢献してまいりました。その来し方を振り返りながら、次なる80年、90年、さらには100年に向けて、日本が、どういう国を目指し、世界にどのような貢献をしていくのか。私たちが目指す国の姿を、この機会に、世界に向けて発信し、新たな国づくりへの力強いスタートを切る。そんな一年にしたいと考えています」

その4日後の記者会見で戦後70年談話について問われると、「（戦後50年の）村山談話を含め、歴史認識に関する歴代内閣の立場を全体として引き継いでいます。そしてまた、引き継いでまいります」「戦後70年の節目を迎えるに当たりまして、安倍政権として、先の大戦への反省、そして戦後の平和国家としての歩み、そして今後、日本としてアジア太平洋地域や世界のために、さらにどのような貢献を果たしていくのか。世界に発信できるようなものを、英知を結集して考え、新たな談話に書き込んでいく考えであります」（15年1月5日、年頭記者会見）と述べたが、その20日後に出演したＮＨＫ番組では「今まで重ねてきた文言を使うかではなく、政権としてどう考えているのかとの観点から（首相談話を）出したい」（1月25日）と強調した。

この時点での安倍の考えは明確だった。「今までとは違う位置づけで、未来志向」の談話である。「村山談話を含め、歴史認識に関する歴代内閣の立場を全体として引き継ぐ」とは、13年春、安倍政治が歴史認識問題で「変調」を来たした時（第5章）を機に使われるようになった表現だ。安倍周辺筋が解説したことがある。「全体として引き継ぐのだから、一字一句正確に引き継ぐ必要はないということなんですよ」と。つまり、具体的には、村山談話に盛り込まれた「お詫び」と「侵略」まで安倍内閣が引き継ぐ――もう一度書く――必要はなく、村山談話を「上書き」することで、新たに出た安倍談話が上位にランク付けされるというわけだ。

しかし、上述したように中国の海洋進出が一段と強まる中での安倍訪米（4月）の準備が進む過程で、そして訪米後、安保法制化に関する対米公約を果たさなければならない中での情況変化によって、「何ものにも縛られずに談話を書く」というわけにはいかなくなった。中韓、とりわけ中国の反応や安保関連法案絡みで重要な公明党の反応、さらには首相を熱狂的に支持する歴史的美学重視派の保守層にも心配りしたバランス型の談話が不可欠となっていった。

4月から戦後70年首相談話の下書きが始まったとも報じられたが、憲法学者の安保関連法案違憲論や同法案の衆院通過をめぐる野党の抵抗や内閣支持率の急落等々によって、安倍が当初目指していた「何ものにも縛られずに書く談話」という想定は脆くも崩れ去った。

戦後70年目の夏、そこで求められていたのは、「美しい国日本」を捏《こ》ねまわす国家指導者などではなく、時に極論を跳ね上げる右バネを抑止しつつリアリズムに徹し、政権の弱体化を回避するために振る舞うプラグマティック（実利主義的）な指導者の顔であった。

こうしたリアリズム思考の延長線上に、オバマ大統領のヒロシマ訪問（16年5月）があり、首相・安倍の真珠湾訪問（12月）が成り立ったのである。

†戦略的「戦後70年談話」の正体

15年8月14日に発表された戦後70年の安倍首相談話は、分量が3000字超となり、戦後50年の村山首相談話（約1300字）の2倍強、戦後60年の小泉首相談話（約1100字）の3倍弱と、過去二回に比べて非常に長い首相談話となった。これは、安倍政権を取り囲む大情況の中で、個人的な思いを極力自制し、安保関連法案の処理をめぐって立たされた窮地をいかに脱するかという思いが最優先された戦略的談話だったからと言えよう。

対外的には大きくは中国、韓国、そして国内では我が内なる言論人を含む保守勢力の反応、もちろん、同盟国アメリカや東南アジア諸国の反応も想定して書かれなければならない、というのが首相の本音だったのではないか。自民党の谷垣禎一幹事長が「非常にバランスのとれた談話である」と絶賛したのは、そうした談話の戦略性にこそあったのだと言える。

戦後70年安倍首相談話の特色を挙げると、次の三点に要約できる。

第一点は、歴史的な客観描写の中で、バランスのとれた歴史認識を示したことだ。「100年以上前の世界には、西洋諸国を中心とした国々の広大な植民地が、広がっていました。圧倒的な技術優位を背景に、植民地支配の波は、19世紀、アジアにも押し寄せました。その危機感が、日本にとって、近代化の原動力となったことは、間違いありません。アジアで最初に立憲政治を打ち立て、独立を守り抜きました。日露戦争は、植民地支配のもとにあった、多くのアジアやアフリカの人々を勇気づけました」「満州事変、そして国際連盟からの脱退。日本は、次第に、国際社会が壮絶な犠牲の上に築こうとした「新しい国際秩序」への「挑戦者」となっていった。進むべき針路を誤り、戦争への道を進んで行きました。そして70年前。日本は、敗戦しました」

マスコミが評価の基準として設定した歴史認識に関わる四つのキーワード「侵略」「植民地支配」「心からのお詫び」「痛切な反省」は、型通りに引き継がれた。中国側が注目していたのも、その四つのキーワードだった。それは、どのような文脈の中で用いられたかではなく、どんなレトリックで用いられたかでもない。英語版を見れば一目瞭然だ。「心からのお詫び」は「heartfelt apology」、「痛切な反省」は「deep remorse」、「侵略」は「aggression」、「植民地支配」は「colonial rule」とそれぞれ訳され、いずれも、戦後50年の村山談話、戦後60年の小泉談話の英訳表現を踏襲した。当初、一説によれば、「お詫び」と「侵略」は8月7日時点の原案には盛り込まれていなかったが、「談話発表の数日前」に明記された。(15年8月15日付日経新聞朝刊)

「心からのお詫び」と「痛切な反省」は、次のように歴代内閣の歴史認識を引用する形で、安倍内閣でも継承するという表現方法がとられた。「我が国は、先の大戦における行いについて、繰り返し、痛切な反省と心からのおわびの気持ちを表明してきました。その思いを実際の行動で示すため、インドネシア、フィリピンはじめ東南アジアの国々、台湾、韓国、中国など、隣人であるアジアの人々が歩んできた苦難の歴史を胸に刻み、戦後一貫して、その平和と繁栄のために力を尽くしてきました。こうした歴代内閣の立場は、今後も、揺るぎないものであります」

安倍談話に、引用や客観描写を通じた歴史認識表明のレトリックが随所に見られるのは、キーワードを用いなければ、中国や韓国の揚げ足取りが待っているし、自身の直接的な「謝罪表明」と受け取られるような表現にすれば、党内外の安倍シンパたちから問題にされかねない――そうしたジレンマを超越するための政治的文書だとも言える。中国も韓国も、実際は真っ向から批判できないくらい「よくできた文書だった」(外務省筋)。

村山談話は日本語でも、「私」は「ここにあらためて痛切な反省の意を表し、心からのお詫びの気持ちを表明いたします」と明記されたが、日本語では主語が明記されていない小泉談話も、英語版を見ると、明確な違いが浮き出てくる。「おわび」と「反省」の主語は、村山、小泉両談話が一人称の「I(私)」であるのに対し、安倍談話では「わが国」を「Japan」(日本)と訳している。この辺りから、安倍談話の不十分さを指摘する批判の声が出てくる。「植民地支配や侵略をしたことが大変悪かったと率直に謝る印象の文になっていない」「村山談話のキーワードをできるだけ薄めて触れたくないという気持ちがあったのだろう」(村山富市元首相、8月14日の大分市内での記者会見)。

†脱謝罪外交の呼びかけ

第二点は、中国の反応を最も強く意識した文書でありながら、実態は豪州国会演説、米議会演説の延長線上の発想を脱却していなかった点だ。

「事変、侵略、戦争。いかなる武力の威嚇や行使も、国際紛争を解決する手段としては、もう二度と用いてはならない。植民地支配から永遠に訣別し、すべての民族の自決の権利が尊重される世界にしなければならない。

先の大戦への深い悔悟の念と共に、我が国は、そう誓いました。自由で民主的な国を創り上げ、法の支配を重んじ、ひたすら不戦の誓いを堅持してまいりました。70年間に及ぶ平和国家としての歩みに、私たちは、静かな誇りを抱きながら、この不動の方針を、これからも貫いてまいります」

安倍は今回の戦後70年談話でも、4月の米議会演説で先の大戦への「深い悔悟の念」（deep repentance）という言葉を使った。「悔悟（repentance）」は、キリスト教では天国に行くために罪を認めるという非常に強い言葉で、上述したようにバンドン会議60周年首脳会合のスピーチに続いて、米議会演説の中にも盛り込まれ、英語圏では、率直に大戦の過ちを認めたとして高く評価された。

しかし、日本にとって第二次世界大戦は大きく分けて二つの側面を有する戦争だった。ひとつは、海の戦争、即ち旧日本軍の真珠湾奇襲攻撃が戦端を開いた太平洋戦争、もう一つが、ユーラシア大陸での戦争、即ち満州事変に端を発する日中戦争だが、今回の談話では、村山談話での曖昧な表現「過去の遠くない一時期」を、踏み込んで明確に「満州事変」と明示し、アジア一般に通用する歴史認識で日本の過ちを率直に認めたものの、その一方で、「事変、侵略、戦争」という一般名詞の並列化によって、「侵略」が突出しないようなレトリックも用いられた。安倍に報告書を提出した21世紀構想懇談会で座長代理を務めた北岡伸一（東大名誉教授）によると、「2人の委員から「侵略」という言葉を使用することに異義がある旨の表明があった。しかし、満州事変以後が侵略であることに残る14人の委員は賛成した」（15年8月21日付毎日新聞朝刊「論点〔安倍談話と戦後70年〕」）

「私たちは、自らの行き詰まりを力によって打開しようとした過去を、この胸に刻み続けます」「私たちは、経済のブロック化が紛争の芽を育てた過去を、この胸に刻み続けます」

しかし、安倍談話が「日本は進むべき針路を誤り」と述べた部分は「Japan took the wrong course」と訳され、村山談話の「国策を誤り」「following a mistaken national policy」は度外視された。マスコミ基準の評価設定では及第点を取った安倍談話だが、日米、日中（この時の中国は国民党の蔣介石率いる中国だが）両戦争、あるいは経済ブロックの打破および欧米への抵抗という側面と、日本の生命線を死守するとの名目でなされた大陸侵略という歴史的潮流の中で、国民の暮らしをつぶし多大の犠牲を払った海陸両様の戦争という大戦の両面性を、談話は十分にカバーしていないことになる。

安倍談話の戦略性は、以上二つの点で説明できるが、第三点の特色として挙げられるのは、9月3日の抗日戦争勝利記念式典を念頭に真剣に放った「未来志向」のメッセージで、安倍談話の真の狙いとも言える「脱謝罪外交」の呼びかけだった。

「日本では、戦後生まれの世代が、今や、人口の8割を超えています。あの戦争には何ら関わりのない、私たちの子や孫、そしてその先の世代の子どもたちに、謝罪を続ける宿命を背負わせてはなりません。しかし、それでもなお、私たち日本人は、世代を超えて、過去の歴史に真正面から向き合わなければなりません。謙虚な気持ちで、過去を受け継ぎ、未来へと引き渡す責任があります」「私たちは、国際秩序への挑戦者となってしまった過去を、この胸に刻み続けます。だからこそ、我が国は、自由、民主主義、人権といった基本的価値を揺るぎないものとして堅持し、その価値を共有する国々と手を携えて、「積極的平和主義」の旗を高く掲げ、世界の平和と繁栄にこれまで以上に貢献してまいります」

第7章 中韓の歴史認識と日本外交

第1節 和解模索の虚実

†対中・対韓和解への狂ったシナリオ

歴史問題に絡んで忘れられない日本外交の記憶がある。小渕恵三首相が推し進めた対中・対韓外交に絡む出来事だ。「韓国、中国との関係は最も心を砕いた外交であり、ライフワークだった」(小渕優子元経済産業相、2015年7月講演)が、不幸の始まりは、1998年夏に中国・長江で発生した大洪水にあった。98年9月に予定されていた江沢民国家主席の訪日が大洪水被害への対応を理由に11月に延期され、既に固まっていた金大中・韓国大統領訪日（10月7日〜10日）との順序が逆転した。それは、歴史問題が常に絡んでくる対中・対韓外交の難しさを物語っていた。

「21世紀を担っていく若い世代のためにも、20世紀のことは20世紀のうちに解決をしたい」――小渕新内閣が誕生（98年7月30日）すると、首相・小渕恵三は強調した。外相を引き継いだ高村正彦は小渕の指示を受けて中国を訪問、8月9日、河北省・北戴河《ほくたいが》に滞在中の江沢民と会談した。この会談を踏まえて、日中平和友好条約締結20周年最大の日中外交イベントとなる江沢民（国賓）の訪日（9月6日〜11日）が正式に発表された。

ところが、それから約2週間。中国・長江大洪水被害への対応が緊急に求められる事態になったため、中国外交部から外務省に対して江沢民訪日延期の申し出（8月25日外務報道官発表）があったのである。既に、9月に江沢民訪日―日中共同宣言、10月に金大中訪日―日韓共同宣言という順序を想定して、共同宣言の案文作成も着々と準備が進められていたが、中国外交部との間で日程を再調整した結果、江沢民訪日は11月に再設定された。

98年10月、小渕・金大中首脳会談を受けて発表された日韓共同宣言「21世紀に向けた新たな日韓パートナーシップ」には、「小渕総理大臣は、今世紀の日韓両国関係を回顧し、我が国が過去の一時期、韓国民に対し植民地支配により多大の損害と苦痛を与えたという歴史的事実を謙虚に受けとめ、これに対し、痛切な反省と心からのお詫びを述べた」と明記された。日韓間では「歴史の清算と未来志向」の和解が成立したとして、高い評価を受けた文書となった。が、問題は金大中訪日後に日中外交当局者の間で表面化した。この「日韓和解」の展開を見た中国側が、「同様に日中共同宣言にも「反省とお詫び」を明記しろ、と強引に迫ってきた」(谷野作太郎・元駐中国大使)のだ。

†小渕首相の逆鱗

中国との共同宣言づくりは、橋本政権下で江沢民訪日を想定して既に準備が始まっていた。外務省チャイナ・スクールの谷野が駐中国大使に就任した時には、江沢民訪日の際に「第三の文書」として作成する方針が決まっており、文案についても、日本語が堪能な外交部の王毅から「謝罪は不要です。村山談話の歴史認識をサラッとコミュニケ(声明)に書いてもらえればいいです」との言質を、谷野は取っていた。「北戴河での高村・江沢民会談にも同席したが、強く印象に残っているのは、江沢民が「日本の防衛費が膨大だ」と批判したことぐらいで、「謝罪」の問題は9月で予定通り訪日が実現し延期がなければ、何事もなく済んでいるはずだった」(谷野)。

しかし、日韓共同宣言後、日中外交当局間で「謝罪」問題が表面化すると、小渕に後を託した前首相・橋本龍太郎も、「日韓共同宣言に明記されて、自分のところでは明記されないのでは、中国側も面子が立たないだろう」として、谷野に見直しを促してきた。谷野は、事を荒立てないためにも「中国の要請に応じることで、日本が道義的にも中国との関係で高い所に立てる。以後、歴史問題では中国には四の五の言わせない」という理由を添えて見直しの意見具申を首相・小渕に対して行った。ところが、それが小渕の逆鱗に触れることになった。小渕は既に、「反省とお詫び」について、「対韓関係では文書化しても、対中関係では文書化してはならないと外務省に厳命していた」（外務省筋）のであった。

小渕は、韓・中両国に対して、なぜこんな差別化を図ったのか。

様々な要因が考えられるが、最大の要因は、韓国側からは再三にわたって、日本が歴史問題で謝罪表明をしてくれれば、二度と同じ問題を取り上げないとする強い要請があったが、「中国側からは、その種の強い要請はなかった」（外務省筋）からである。

当時の外相・高村は、産経新聞に証言している。「とにかく文書で一度、謝ったら二度と過去を問題にしないというメッセージが韓国政府から何度もきた。それで政治的な決断をした」（「角栄の流儀・小渕恵三元首相編（下）」「「反省とおわび」の日韓共同声明」2014年5月8日付産経新聞）。もっとも、韓国側も実際にはその後も、大統領が代わると歴史問題を平然と蒸し返す約束違反をおかしているが、その点はここでは触れない。

†小渕のバランス感覚

この時、小渕は、金大中との日韓首脳会談を「歴史を清算し未来志向の日韓関係に切り換える好機」と捉えたのである。現に会談では、金大統領も「過去の不幸な歴史を乗り越えて和解と善隣友好協力に基づいた未来志向的な関係を発展させるためにお互いに努力することが時代の要請である」と表明し、韓国において日本文化を開放していくとの方針を伝えた。韓国の世論調査では、日本文化の開放に対して85%の反対があったが、金大中にも、常々小渕が強調していた「20世紀に起こったことは20世紀に解決を」の言葉通り、リスクがあってもやり抜くという気迫があった。

当時、過去・現在、そして未来を見つめた日韓関係を考える時、非常に重要な三つの課題は、青少年交流の充実／韓国における日本文化の開放／2002年のワールドカップ共同開催──だった。「父には、ただ単に政府間で合意文書を取り交わすだけではなく、確実に民間レベルに交流のうねりを広げていきたいという強い思いがありましたね」（元経産相・小渕優子）

小渕には、韓国と違って中国に対する思い入れが特別あったわけではなく、むしろ心情的には親台湾派の政治家だった。このため、対中外交については、絶妙の実務的バランス感覚で対応した。無用な軋轢要因は極力取り除いた。

「みんなで靖国神社に参拝する国会議員の会会長」だったが、対中外交上、不利を被ると見て、首相に就任すると同時に退いた。小渕は首相在任中、靖国神社を参拝したことは一度もない。

第2節　動き出した日中関係――安倍戦略外交

†福田と谷内の極秘訪中

それから20年近くが経過した。第6章で見たように、戦後70年問題の節目に安倍首相が進めた和解シナリオはその主要な側面としての「真の日米和解」への道筋が次第に見えてきたものの、第二次世界大戦のもう一つの主要側面に関わる中国との関係については、目に見えて進む状況にはならなかった。

歴史問題をめぐっては、小渕時代の外交努力にもかかわらず、その後も何度となく蒸し返されていた。安倍は戦後70年の節目に、こうした「お詫び外交」に終止符を打つべく、底流での中国側の動きに応じて、早くから様々な駆け引きを始めていた。

安倍の豪州訪問で〈対米和解〉への助走が始まった2014年7月、日中間では、それまで淀《よど》んでいた空気を押し流してくれそうな新たな風が微《かす》かに吹き始めた。

第二次安倍政権発足後、中国との首脳会談は一度も行われていない。7月下旬、福田康夫元首相の訪中を要請する、北京の意向が伝えられた。「福田先生に是非お出で頂いて、国家主席（習近平）に会っていただきたい。ついては、谷内正太郎国家安全保障局長にも一緒にいらしてほしい」。

中国側が谷内同行を条件に福田訪中を求めてきたのだった。実際は、福田への訪中要請は6月に続くものであった。福田は、政界を引退したとはいえ、父・赳夫が日中平和友好条約を締結した時の首相であり、当の福田康夫も胡錦濤時代に日中の〈戦略的互恵関係〉を公式文書化するなど、対中国融和派の大物として知られる〈戦略的互恵関係〉の合意は、2006年10月、訪中した首相・安倍と、国家主席・胡錦濤）。

福田の6月の訪中は、福田が博鰲《ボアオ》アジア・フォーラムの理事長をしていることから、そのルートを使った中国人の仲介で実現した。その時に、外相・王毅との会談で、福田は日本側の事情、安倍政権の安定度、歴史認識問題などについて事細かくコメントを求められたが、それは、安倍戦略外交の大黒柱的存在、谷内正太郎を呼び込むための事前聴取のようなものだった。

福田は谷内にその旨を伝えると、谷内から返ってきたのは、「とは申しましても、私は安倍総理にお仕えしている身ですから」との答えだった。福田は即刻、電話をかけた。谷内を同行させることについて、安倍から直接了解を得たのだ。安倍の方も、「地球儀を俯瞰する外交」

を標榜しているにもかかわらず、「一度も、日中、日韓の首脳会談が開かれていないことを気にしていた」（政府高官）ためだ。国際会議に三首脳が出席したハーグにおいて、オバマ（大統領）の仲介による日韓米首脳会談が3月に一度行われたが、日韓二国間の首脳会談はこの時点で一度も行われていなかった。オバマ政権からも、「日本も中国や韓国との首脳会談を行なうようにしてほしい」とのプレッシャーがかけられていた。

加えて、東シナ海上空においては、中国による一方的な防空識別圏設定以後、秒速単位で不慮の衝突も招きかねない情況が現出するようになっていた。現に、14年5月24日午前11時頃と午後12時頃、東シナ海の公海上空において、海上自衛隊のOP－3C及び航空自衛隊のYS－11EBが、それぞれ2機の中国軍戦闘機Su－27から50メートルと30メートルまで異常接近を受けるという事案が発生した。

「中国軍機は、通常のスクランブル発進であれば行われるべき無線による接触等も行わず、空対空ミサイルを積み、自衛隊機を追い抜く形で異常接近した」（5月28日、自民党外交部会・国防部会決議）。海洋の膨張政策と並行して進められようとしていた中国空軍の洋上防空拡張志向は、防衛省・自衛隊の中でも、懸念が広がっていた。「空で、たとえ偶発的であっても衝突事故が起これば一触即発の軍事的対立にエスカレートする可能性は否定できない」。

日中関係者の間に強い軍事的懸念が広がる中で、福田と谷内は北京入りした。二人は最初に、王毅（外相）、続いて外交担当の国務委員・楊潔篪と会談すると、いきなり出されたのが紙に書かれた中国側のポジション・ペーパーだった。そこには、「その一、安倍首相は靖国神社に参拝しないこと／その二、日中間には釣魚島（日本名・尖閣諸島）をめぐる問題があるが、引き続き棚上げする」などの趣旨が書かれていた。

福田は「これでいいんじゃないか」と言って、谷内の顔を見た。谷内はすかさず口を挟んだ。「これではだめです」。そもそもが、日本は尖閣諸島問題について、棚上げ云々どころか、問題自体が存在したことはないとの立場だ。

靖国参拝問題に関しても、「参拝するとも参拝しないとも言わない曖昧戦略」が、第一次安倍政権以来の基本姿勢なので、飲めるわけがないというのが、谷内の言い分だった。「総理の意向を、私がとやかく言うわけにはいきません」と谷内が強調すると、福田は「何を言ってるんだ、君」とつぶやきながら、中国側に向かって「私と谷内さんが、参拝させない」と言い切った。この後、福田は、谷内も同席する形で国家主席・習近平と会談したが、谷内の帰国後、報告を聞いた安倍は驚いたという。

「（福田氏は）そんなことまで言ったのか」。みるみるうちに顔がこわばるのが分かった。「紙なんかつくらなくてもいいんだ。こちらは、無理に会談をやらなくてもいいんだから……」。

†北京APECへの懸念

7月下旬の福田・谷内訪中によっては、打開の糸口が見いだせなかったが、安倍政権誕生以来、14年夏前までの中国側の対応を考えれば、「ほのかながら改善の兆しは見えた」（外務省幹部）。これまでの中国の対日姿勢はと言えば、アメリカに対して「新型大国関係」の構築を呼びかけるとともに、韓国を自陣に引き寄せようとしてきた。日米離間を図り、日韓対立を煽り立てることによって、安倍孤立化を進めるというのが習近平政権の基本的な対日姿勢だったのだ。だが、福田、そして首相・安倍の信任厚い谷内に対する訪中の打診からは、それまでと大いに違ってきた中国側の空気が伝わってきた。裏を返せば安倍孤立化戦略を進めようとすればするほど、日米両国を同盟強化に向かわせてしまうという危機感の現われでもあった。

中国側には、11月に北京で開かれるアジア太平洋経済協力会議（APEC）首脳会合が控えていた。その成功は習近平らにとって至上命題であった。それは、国家主席・習近平の威信に直接関わる国際イベントであったためだ。

遅くとも11月のAPEC北京首脳会合の際に日中首脳会談を開きたいというのが中国側の本音だが、そう考えているのは、APECサミットの席上、安倍が南シナ海問題で「不規則発言をするのではないかと恐れていた」（政府高官）ためだった。「価値観外交」を看板にする安倍が、「法の支配」を前面に押し出して海洋ルールの順守などで議論をリードすることにでもなれば、APECサミットのムードが中国にとって好ましくない方向にガラリと一変する可能性があると懸念したためだ。国内政治上、APEC北京会合は失敗と見なされ、習近平の基盤固めにとっては、不利な材料になるのは必至だった。

福田・習近平会談では打開できなかったが、日中双方とも、トップの指示で今後の調整作業は外務当局の局長レベルに降ろされ、中国側の強い希望で、日中首脳会談を行う際に備えて、国内向けに説明がつくよう合意文言を詰めていくことになった。当初、日本側の担当局長は伊原純一アジア大洋州局長、中国側は知日派の孔鉉佑《こうげんゆう》アジア局長だったが、双方とも事務レベルの建て前を主張するだけで、進展の兆しはなかった。9月末、日朝・日韓問題も担当するアジア大洋州局長・伊原が、「北朝鮮交渉に専念できるように」との理由で、日本側は、秋葉剛《たけ》男《お》・国際法局長が伊原に代わり、交渉を進めることになった。安倍首相直々の指示という形がとられ、秋葉は、アジア局長の所掌範囲のマンデート（権能負託）を実質的に与えられた。

中国外交部のアジア局長・孔鉉佑が9月に続いて、10月10日すぎにも来日、秋葉との間で、四項目の文書づくりが進められた。既に、〈四項目合意〉に関する文案はほぼ出来上がっていたが、孔は即答できず、上司の決裁を取るため、文案を持ち帰った。習近平の決裁が下りるまでには時間がかかった。

対する秋葉の方は、安倍と直接会って意向を聞くことができる立場であり、四項目に関するポイントについては、既にマンデートももらっていた。例えば、中国側がこだわる尖閣諸島に関して言及した第三項目に「緊張状態」との文言を入れることについても、事前に了解をもらっていた。しかし、中国の場合、外交部は主導できる立場になく、上に上げた文案も、「二、三カ所ひっくり返された」（日中当局者）。

APECサミット開幕まで2週間を切った10月末、福田がまたしても訪中した。この時も谷内が同行した。その結果、日中双方は、これまでの作業の流れを確認するとともに、〈四項目合意〉文は、①日本語版正文、②外務省作成の英語版、③中国語版正文、④中国外交部作成の英語版――の4種類を作成することで大筋一致した。

†英語版の合意文でトラブル

この後、〈四項目合意〉の日本語と中国語両正文に関する最終的な詰めが行われたが、それは、谷内が改めて北京入りする1日前だった。先乗りした秋葉が、中国外交部に缶詰めで深夜まで孔と詰めの作業を行い、翌日も朝から始めて、10時間かけて〈合意文〉を仕上げた。このため、谷内─楊潔篪会談が始まったのは、未明の午前零時を回っていた。1時間半かかった会談で双方が最終合意したのが、以下の〈四項目合意〉（日本語版正文）である。英語版については、それぞれが仮訳し、互いにチェックを要しないとの相互了解があったが、発表は同時発表が暗黙の了解事項だった。ところが、〈四項目合意〉発表後ちょっとしたトラブルを引き起こす。

【日本側正文】「日中関係の改善に向けた話合い（平成26年11月7日）」

日中関係の改善に向け、これまで両国政府間で静かな話し合いを続けてきたが、今般、以下の諸点につき意見の一致をみた。

1　双方は、日中間の四つの基本文書の諸原則と精神を遵守し、日中の戦略的互恵関係を引き続き発展させていくことを確認した。

2　双方は、歴史を直視し、未来に向かうという精神に従い、両国関係に影響する政治的困難を克服することで若干の認識の一致をみた。

3　双方は、尖閣諸島等東シナ海の海域において近年緊張状態が生じていることについて異なる見解を有していると認識し、対話と協議を通じて、情勢の悪化を防ぐとともに、危機管理メカニズムを構築し、不測の事態の発生を回避することで意見の一致をみた。

4　双方は、様々な多国間・二国間のチャンネルを活用して、政治・外交・安保対話を徐々に再開し、政治的相互信頼関係の構築に努めることにつき意見の一致をみた。（外務省ホームページ）

まず、中国側が、「同時発表する」との暗黙の了解事項を無視して、抜け駆けで英語版をプレスリリースしたことから、ひと騒ぎとなった。さらに〈知的格闘技〉と言われる〈外交闘争〉という視点から言えば、ここでのポイントは上述したように双方が別々につくることを相互了解した「英語版」である。用いられた単語にニュアンスの違いがあったのだ。

国際世論を意識して海外プレス向けに発信するものだが、それはある意味、日本側が日中首脳会談の開催を最優先し、英文訳でのニュアンスの違いが出てくるのを黙認する覚悟をしたことの反映とも言える。当然のことながら、外国プレスは、日本側・中国側双方の英文を比較しながら、記事を書くことが常識と考えているからだが、日本の一部マスメディアでは、中国側は抜け駆けで海外プレス向けに英語版をいち早く配布、自身に有利な言葉遣い、ニュアンスを基に記事に仕立て上げさせようと意図したとの指摘がなされた。

例えば、第三項目の「尖閣諸島等東シナ海の海域において近年緊張状態が生じていることについて異なる見解を有していると認識」の部分について、中国側の英訳文では「見解（views）」とすべきところを、「立場（positions）」という、より強い言葉を用いていた。「立場」は「見解」より強い表現で、これは中国側が、尖閣諸島問題での既成事実化を意図したものだと報じられた。中国側が、それを真に「意図」したものか否かは判然としないが、同時発表の暗黙の了解事項（事実上の約束）を破ったことから、様々な憶測が飛び交ってきたのは間違いない。

加えて言えば、日本側の場合は、安倍政権誕生以来、一度も行われていない日中首脳会談を実施することで、アメリカからの〝風圧〟を少しでもやわらげようとする意図があってもおかしくはないが、中国側の方からすれば、APECファクターの裏に日本問題をめぐる〝内圧〟(体制内圧力)が伴うことから、〈四項目合意〉は内部説明用に必要だったのではなかったか。

安倍政権になって初の日中首脳会談の頭撮りの際、表情がぴくりとも動かない習近平の仏頂面の意味は、この点を如実に物語っていたと言えよう。

英語版でのそれぞれの思惑の違いが出たが、いずれにしろ、「日中首脳会談ありき」の〈四項目合意〉に基づき、初の安倍・習日中首脳会談が11月10日に北京で行われた。靖国参拝問題、尖閣問題等々、双方のポジションは何も実態的に変わらない会談であった。

「内容は別にして、お互いやること自体にのみ意味がある会談だった」(政府筋)

第3節　戦後70年談話の裏側

†日中和解は可能か

「経済をもって政治を促し、文化をもって国民感情を促し、民をもって官を促す」（『唐家《とうか》璇《せん》外交回顧録　勁雨《けいう》煦《く》風《ふう》』加藤千洋監訳、岩波書店）

今なお、対日外交で隠然たる影響を及ぼしている唐家璇元外相が回顧録に綴ったこの言葉は、中国外交の要諦を言い表している。外交を幅広く捉え、二国間外交が行き詰まった時、規律ある指示の基にさまざまなレベル、かつ様々なアプローチを通じて相手方に圧力をかける手法だ。

この手法は習政権になっても当然受け継がれているのだが、安倍政権を相手にすると、やや勝手が違っているように見てとれる。グローバリズムによって相互依存が急速に深まった経済分野は、小泉時代のような「政経分離」を建て前に経済だけを正常にしておく便法は通用しなくなった。日中関係が悪化すると、不利益を被るのは日本ばかりではない。不満が広がるのは中国側も同様だ。特に地方レベルでは日本からの投資が減り、経済的恩恵を得にくくなった。

日本国内に中国脅威論・嫌中論が広がるなかで、中国が2014年初頭に推進した世論戦――「悪いのは一部軍国主義者で日本国民も被害者」として日中国交正常化を進めた周恩来の論理立てをまねて、日本国民を別扱いし安倍首相を孤立させようとする統一戦線方式の宣伝戦――は効果なく、失敗に終わった。この間、中国人の日本への旅行熱はいささかも衰えず、爆買いは減ったものの年間250万人を維持した。むしろ「国民感情を促した」のは、日本が中国に対してだった。

こうした中で注目を集めたのが、二階俊博・自民党総務会長率いる〝三千人訪中〟だった。二階訪中は日中間の外交関係を一気に活性化させた。14年後半に変化の兆しを見せた中国側の対日姿勢が、15年5月下旬、二階訪中の際に結実し、「民を以って官を促す」中国の対日方針が、はっきりした姿となってあらわれたと言えるだろう。

†習近平講話の戦略意図

中国側は、二階訪中をタイミングよく効果的に使った。15年5月23日、〝三千人訪中〟の目玉として人民大会堂で開かれた大宴会「日中観光交流の夕べ」に習近平が登場。「中日友好交流大会」の文字を背に対日外交に関する重要講話を行ったのだ。国営新華社は即、習近平講話の全文を配信した。翌24日、中国共産党機関紙「人民日報」は、日中関係の重要性を強調した習講話を、一面トップに堂々と掲載した。こうした報じ方は、国内向けを強く意識した、特に対日オピニオンを形成する外交専門家・有識者、共産党員を念頭に置いた「教化的講話」だったことをうかがわせる。

習講話のポイントは、その戦略的意図がどこにあるかは別にして、「中国は中日関係の発展を非常に重視しており、中日関係が風雨に遭っても、この基本方針は常に変わらず、今後も変わることはありません」と、当面の対日方針を明言した点だ。

講話は、西安が「中日友好交流の重要な門戸」だった頃、阿倍仲麻呂が李白や王維と深く友情を結んだこと、近代以降、毛沢東、周恩来、鄧小平、田中角栄、大平正芳が高い政治的知恵をもって、さまざまな困難を乗り越え、中日国交正常化・平和友好条約によって新時代を開いたことに言及し、「前の人が木を育て、後の人が木陰で涼む」と締めくくった。

反腐敗運動によって求心力を高めたトップが何を言うか、この一点に過度な関心が寄せられる中国政治の脆弱なあり様がここに反映されているのだが、このタイミングでの習近平の登場とその講話は、日中関係の修復を口にするにはなお憚られる雰囲気、日中間に淀んでいた空気――つまり中国側の対日専門家を中心になお残っていた批判的空気――を押し流した。

安倍外交と歴史認識との関連について言えば、習近平はこの講話で歴史問題にも言及しているものの、それは中国が対日外交を取り上げる際に決まって触れる、型通りの〝通過儀礼〟のような表現であった。習講話は、停滞する日中関係をとにかく動かしたいという、明らかにそうした戦略意図を含んだ前向きのメッセージだった。夏の「戦後70年談話」に向けて日中の駆け引きが激しくなろうとするこの局面では、自民党総務会長・二階に首相親書を携行させた日本側の戦略意図と併せて、習講和がその後、真に意味あるメッセージとして生かされたか否かを考える必要がある。

†潮目が変わったのはいつか

外交の要諦は相手国の権力中枢へのアプローチであり、突き詰めれば、権力の中枢＝首相官邸、中国なら中南海をどう動かすかだ。外交の主体は、官に支えられた政治にあるが、前年来の日中関係の局面は、政と官が協調し、関係修復に向けて日中の和音が響き合った結果だと言えよう。

「地球儀を俯瞰する外交」を掲げながら、肝心の近隣外交で点数を上げられないでいた安倍政権だったが、政治が動き、曲がりなりにも関係修復への道が開かれる端緒は、前述した14年7月下旬の元首相・福田康夫の極秘訪中だった。福田が習主席と極秘会談したこの福田訪中には、中国の要望に応じる形で国家安全保障局長・谷内正太郎が首相の了承を得て同行した。それを切っ掛けに、11月の北京APEC首脳会合に向けて、安倍孤立化戦略の見直しが本格的に始まった。11月7日の谷内—楊潔篪会談での〈四項目合意〉を受けて、12日、安倍—習の日中首脳会談が、初めて行われた。

では、中国が対日姿勢を修正せざるを得ないと思い始めた潮目はいつだったのか。それは、安倍自民党が大勝した14年暮れの衆院選挙であろう。衆院選の自民大勝によって、中国側も「安倍長期政権」を展望せざるを得なくなったためだ。安倍は、15年9月に自民党総裁として再選され、14年の時点で、安倍政権は最長2018年9月までの存続が視野に入ったのである。現に存在し、避けて通ることができない安倍政権とどう付き合うか。これが、習近平政権下の周辺国外交――それは対米関係も深く絡んでくるのだが――にとっての最大の課題となった。

†「安保」への「歴史」混入回避に動く

14年に比べれば、日中間のとげとげしい空気が、翌年は影を潜めた。だが、それは日中両国の戦略的互恵関係の起点がリセットされたにすぎない。外交当局も楽観視していない。「習近平『講話』で対日姿勢が明示されたので、修復への流れが出てきたとも言えるが、これが本物の流れになるかどうかは、まだ分からない」。こうした中で安倍官邸は、その後、どういった戦略外交を展開しようとしたのだろうか。

14年の福田・谷内の訪中を突破口に、15年5月の二階訪中を巧みに引き込みながら、中国との関係修復への糸口を探ってきた安倍だが、夏に対中外交の正念場を迎えた。戦後70年首相談話が予定されていたためだ。だが、その頃に唐突に出始めたのが首相談話の閣議決定を見送るとの新聞報道だった。その理由は、政府の公式見解としての意味合いを薄める一方で、首相の個人的見解と位置づけ、過去の談話の表現（キーワードとされる「侵略」「お詫び」を使うか否か）に拘束されないようにするためと見られたが、報道には内外の反応を見極めるための観測気球的な要素が含まれていた。こうした中、政府内には「韓国はどんな談話になってもクレームをつけるので、意識しすぎない方がいい。問題は中国の対応だ」（政府筋）との見方が出始めていた。

一方、習近平政権にとっては、日中関係を悪化させたままでは、日本の対米傾斜は強まるばかりとの懸念がある。日本を超大国アメリカの側に追いやれば追いやるほど、アジア太平洋における中国の影響圏拡大戦略の障害は大きくなる。9月には、習近平主席の米国訪問も予定されている。日中関係は米中関係も絡んで、水面下で激しい駆け引きとシグナル交換、メディアを通した世論戦、心理戦の段階に入った。

6月になると、戦後70年首相談話の作成作業と併せて、9月2、3日に北京で開かれる抗日戦争勝利70年記念式典にどう対応するかが安倍戦略外交の中心課題となった。4月の日中首脳会談で、習近平主席から安倍首相は招待を受けたためだ。

6月、政府高官が自信ありげに語ったことがある。「日本は強力な対中カードを二枚持っている」。一枚は、中国が国際金融機関としての箔を付けたいがために日本の参加を切望するアジア・インフラ投資銀行（AIIB）加入カード。そして、もう一枚は日中間の水面下で打診があった9・3抗日戦争勝利記念日の式典への安倍首相出席カードだ。中国は、幅広い西側首脳の出席も期待しており、式典内容における「抗日」部分を薄める代わりに、安倍首相の出席を密かに打診してきていたのである。

中国側には、どれだけ「抗日」色を薄める用意があるのだろうか。それが、政府高官の主要な注目点だった。式典自体への出席が無理なら、5・9対独戦勝記念日の翌10日ロシアを訪問したメルケル独首相にならって、北京を訪問するということも想定できる。安倍官邸はその可能性をも探っていた。「こちらは、式典が「反日」という性格でなければ、出席する可能性がある。日本が出席すれば、他の国々も行きやすくなるだろう。戦後70年談話を出した後の中国の反応をぎりぎりまで見極めた上で、出席するかどうかを決めればいい」（政府高官）というのが、首相の胸の内であった。

†「抗日戦勝記念式典」カード

日本政府としては慎重な対応が必要だが、日中ともに二階訪中で醸成された良好な雰囲気を維持したい。当面は、戦後70年談話への対応を含めて両国間に、不必要に波風を立てるような事態を互いに避けたいというのが本音であった。しかし、戦後70年目の終戦記念日を2カ月後に控えて、安倍政権は〈安全保障〉と〈歴史〉によって挟撃される情況に陥ることになる。国会の安保論議によって戦後70年首相談話、抗日戦争勝利70周年記念式典への向き合い方も変わって行くことになる。

8月14日午後5時すぎ、戦後70年首相談話を決定するための閣議が始まった。ちょうどその頃、霞が関・外務省の事務次官室では、斎木昭隆がキャロライン・ケネディ駐日アメリカ大使と会談、「首相談話」を提示していた。ケネディは、談話（英語版）を一読して「すばらしい」とコメントした。米国務省の定例記者会見はすでに終わっていたことから、「談話を発出して頂きたい」とする斎木の求めに応じて、ケネディは「分かりました」と答えた。

ケネディが部屋を去った後、控え室で待っていた中国の程栄華駐日大使を呼び込み、日本語版と英語版の「談話」を手渡した。程大使は、ウンウンと頷きながら一カ所だけ質問した。繰り返し表明してきた「痛切な反省と心からのお詫び」「その思いを実際の行動で示すため、インドネシア、フィリピンはじめ東南アジアの国々、台湾、韓国、中国など、隣人であるアジアの人々が歩んできた苦難の歴史を胸に刻み」の箇所についてだった。

「なぜ台湾と中国が同列になっているのか?」。斎木が答える。「気になさらないで頂きたい。植民地になった方が先になっただけで、他意はない。日中には共同声明（台湾の地位について合意された第三項「台湾が中華人民共和国の領土の不可分の一部である」との立場を、日本政府は十分理解し尊重する）があるじゃないですか」。

この後、韓国の柳興洙《ユフンス》駐日大使は、「戦場の陰には、深く名誉と尊厳を傷つけられた女性がいたことも忘れてはなりません」と「私たちは、20世紀において、戦時下、多くの女性たちの尊厳や名誉が深く傷つけられた過去を、この胸に刻み続けます」などの二カ所が、いわゆる慰安婦問題を念頭に書かれているとの説明を受けた。

「戦後70年首相談話」に関係する主要三カ国、米中韓に対する外交ルートを通じた伝達は、内容には特段の違和感が示されもせず、ことのほかスムーズに運んだ。伝達の順番が悟られぬための工夫もなされた。米中韓の三大使が顔を合わせることのないように、出入りの玄関口と通路を変えて招き入れるなど、細かな配慮が功を奏した。柳大使が次官室を出たのは、安倍首相の記者会見が始まる5分ほど前だった。

第4節　安倍談話後の日韓関係

†不発に終わった安倍談話

「首相談話」にどのように反応するか。首相官邸と外務省が特に注目していたのは北京の反応だった。

２０１５年4月下旬、インドネシア・バンドンでの日中首脳会談の際、習近平主席から9・3「抗日戦争・反ファシズム戦争勝利70周年」記念式典への招待を受けていたためだ。式典の中心となる行事は、9月3日の軍事パレードで、習主席の大きな狙いは、「戦勝国」として戦後国際社会で中国が果たした貢献を強調し、天安門で「大国・中国」を国民に示すことだ。

首相・安倍は、その訪中を米議会演説や戦後70年談話とも併せて安倍戦略外交の柱になり得ると考えた。式典出席が「（日中）和解の旅につながるなら訪中してもいい」――これが安倍の基本姿勢だった。安倍の意向は、駐日中国大使・程を通じて北京にも伝えられていた。

外務省高官はこう語った。「（日中）和解を示すような何かができるのであれば、安倍訪中の可能性はあった」。現に、前述のように、反日色が薄められるような式典内容変更の期待感が非公式に伝えられたり、ロシアが5月に行った旧ソ連の対独戦勝70年記念行事の際に、メルケル独首相がロシアを訪問したのと同じような方式が取れはしないかといった声が首相周辺に根強くあった。

メルケル方式とは、ウクライナ危機のために先進7カ国（G7）首脳がモスクワでの軍事パレード（5月9日）観閲をボイコットしたが、独ソ戦当事国の独首相・メルケルだけはパレード翌日にモスクワ入りし、日露首脳会談を行うとともに、「無名戦士の墓」に献花、不戦の誓いを新たにした、そのやり方を指す。その時は、シュタインマイヤー独外相も7日、第二次世界大戦の激戦地、ロシア南部ボルゴグラード（旧スターリングラード）を訪れ、犠牲者に献花しており、欧米がロシアと対峙する局面にあっても、抜け目なく強かな独自の外交を展開するドイツの方式について、検討がなされたのだ。

今回の首相談話全体に対する強い反発はなかった。日本側では、9月3日抗日戦勝記念日の軍事パレード参観の式典は論外として、レセプションへの出席は条件付きで検討された。「日中和解の要素と平和と安定に貢献してきた戦後70年の日本の歩み」を評価する内容が出てくれば、レセプション出席も可能という安倍が意を込めて発信したシグナル（謝罪外交にピリオドを打つ未来志向の日中関係）に対しても、北京からの反応は何もなく、なしのつぶてであった。当時、上海株急落による中国経済の大減速や天津での巨大爆発事故（8月13日）への対応に追われ、日本への反応・回答が遅れているとの見方もあったが、日本政府は首相談話発表後10日目を区切りに、首相・安倍の中国訪問を見送る方針を固めた。

8月23日夜、事務次官の斎木が駐日大使・程を外務省に呼んで直接伝えた。その時、程は「ちょっとびっくりしたような表情をみせた」（外務省筋）。「夜、わざわざ呼び出されたため、首相訪中に一縷《いちる》の期待感を抱いて来たのかもしれない」との見方もあったが、中国側の真意は不明だ。翌24日、定例記者会見での質疑応答の中で官房長官・菅が安倍訪中の見送りを公式に表明した。

ところが、欧米各国は首脳(級)の式典出席を見送ったものの、3日後、韓国が朴槿恵・大統領の式典出席を発表した。日本政府は落胆した。朴は、実際、プーチン・ロシア大統領とともに、9月3日の軍事パレードを習近平と並んで観閲した。朴の行事出席については、朝鮮半島をめぐる「安全保障」の枠組みとなる日米韓トライアングルの連携が乱れることを懸念する米国が反対していたが、韓国がまたしても、「歴史」を軸にして中国との対日連携を鮮明にした瞬間だった。

安倍が模索する「脱謝罪外交」に向けた対中・対韓メッセージは、「歴史カード」を放棄しようとしない中韓両国を動かすものとはならず、談話を通した戦後70年の〝仕掛け〟は不発に終わった。しかし、戦後70年の節目で展開した日本外交には、予期せぬもう一つのドラマが待っていた。

†日韓「慰安婦問題」の到達点

15年は、日韓基本条約調印から50周年でもあり、日本にとって20世紀のもう一つの傷跡が容赦なく疼いた年である。安倍政権誕生前から低位不安定の状態で推移していた日韓関係だが、安倍の対韓外交でもさしたる成果はなく、韓国・朴槿恵大統領の対中傾斜だけが際立っていた。02年の日韓共催ワールドカップサッカーや、「冬のソナタ」で発火した日本国内の韓流ブームは今や遠い昔日の思い出となっていた。

アメリカへの告げ口外交然り、旧日本軍の慰安婦問題をめぐる少女像建設を米国にまで広げる歴史戦然り。執拗な政治工作に対して、安倍官邸は、「まず日中関係が改善できれば、韓国は後からついてくる」（政府高官）と見る大国外交に力点の軸足を置き続けた。

こうした中で朝鮮半島の安全保障の観点から日韓不和を憂慮するオバマ大統領が仲介の労を取って、日米韓首脳会談が国際会議の合間を縫って開催された時もあった（14年3月、オランダ・ハーグでのG20首脳会議）。しかし、機熟さず年が明けた。

水面下で動き出したのは、国家安全保障局長・谷内正太郎だった。相手は、旧知の韓国外交官、李丙琪《イビョンギ》である。13年6月、第20代駐日韓国大使として着任した李丙琪と、谷内は親交を深めていったが、15年2月、その李丙琪が大統領秘書室長として青瓦台《せいがだい》（韓国大統領府）の中枢ポストへと異動することになったのだ。

谷内は、日韓関係修復の最初のターゲットを6月22日（日韓基本条約調印50周年の日）に置いた。最大の課題は、日韓間のトゲとして刺さっている慰安婦問題だ。日本政府は、元慰安婦を含む賠償問題は1965年の日韓請求権・経済協力協定で解決済みとの立場だが、韓国政府は、在野の反日勢力に迎合し、その動きに合わせるように、繰り返し歴史カードとして使ってきた厄介な障害として存在していた。

65年6月の日韓基本条約調印（日韓国交正常化）後、冷戦時代は何事もなく時が流れたが、90年代に入ると再燃、韓国で元慰安婦が初めて名乗り出た（91年8月）のに続いて、元慰安婦が日本政府を提訴。日本政府が調査を開始（12月）した。以後、日本政府の「お詫び」表明（93年8月の河野洋平官房長官談話、95年8月の村山富市首相談話）が続き、「アジア女性基金」を通じて韓国人の元慰安婦61人に歴代首相の「お詫びの手紙」を添え、各人500万円ずつの「償い金」を支払うとの手続きを取った。そして、本章冒頭に紹介した小渕・金大中の歴史的な日韓共同宣言（98年10月）へとつながったのだが、歴代韓国政権は、日本側の取り組みを事実上無視する形で、対応してきたのだ。

2011年8月、韓国憲法裁が元慰安婦の賠償請求権をめぐり、韓国政府が日本側と交渉する努力をしないのは違憲と判決／12年5月、徴用工問題で韓国最高裁が元労働者の賠償請求権を認める初判決／同年8月、李明博《イミョンバク》大統領が島根県・竹島上陸／同年12月、第二次安倍内閣発足／13年2月、朴槿恵大統領就任／14年6月、日本政府が慰安婦問題に関する河野談話の検証報告書公表／同年10月、韓国検察当局が産経新聞前ソウル支局長を在宅起訴……。

谷内―李丙琪ルートは、6月の日韓国交正常化50周年に向けて動き出し、週末を利用した極秘のソウル訪問が一度、二度ならず秋になっても行われることになる。こうした動きの中での最初の好機が、6月21日にセットされた東京での日韓外相会談だったが、「明治日本の産業革命遺産」のユネスコ世界文化遺産への登録に関連して、韓国政府が朝鮮半島出身の徴用工が強制労働させられていたとして異議を唱え、東京、ソウルそれぞれの国交正常化50周年記念式典を前に険悪な空気が流れた。

岸田文雄外相が日韓双方の立場を包摂した妥協案をタイミングよく出し、東京での衝突は回避されるのだが、その1週間後、ユネスコ世界遺産委員会が開かれたドイツのボンで日韓外交の〝局地戦〟が勃発する。

韓国側が土壇場になって徴用工問題を蒸し返したのだ。7月1日、韓国勤務経験もある国際法のプロ、杉山晋輔・外務審議官が6月に続いてソウルを再訪、世界遺産登録の投票での決着を避けたい首相・安倍の強い意向を受けてぎりぎりの交渉を行った。その結果、一件落着に漕ぎつけ、「明治産業遺産」の世界遺産への登録が決まるのだが、薄氷を踏むような交渉だった。韓国が唐突に提起した委員会審議での声明案文「徴用工を日本政府が「強制労働(forced labor)」と認めた」との表現を、「brought against their will and forced to work(その意思に反して連れて来られ、働かされた)」に戻し、岸田が「forced to work は強制労働を意味しない」と公式にコメントするという、修羅場に強い杉山ならでの知恵がそこにあった。

しかし、相撲で言えば不意打ちを食らわして相手を倒す蹴手繰《けたぐり》的な手法を繰り出す韓国の執拗な政治工作に、50周年の節目をテコに日韓首脳会談を実現させ、関係改善を図ろうとする日本側の意図は当てが外れ、完全に水をさされた格好となった。

†急転直下の決着と朴槿恵政権倒壊

夏、戦後70年談話の日本側の仕掛けにも拘わらず、朴槿恵の対応は変わることなく、対中傾斜が続き、一刻の爽秋が戻って来た北京で開かれた「抗日戦争勝利70年」の式典（9月3日）に出席、天安門広場で繰り広げられた軍事パレードを、ロシア大統領プーチンと参観した。日韓改善を求めるワシントンからの〝風圧〟は途切れることがなかった。11月になると、初めて実現した安倍・朴の日韓首脳会談が行われ、わずかに光明を見出す状態が現出したが、それでも日本側に、戦後70年が暮れるまでの慰安婦問題決着への見通しについては、楽観的な空気はなかった。

こうした中で、12月半ばを過ぎると韓国側から前向きなシグナルが送られてきた。水面下での事前調整の結果、「元従軍慰安婦支援のため韓国政府が財団を設立、日本政府が10億円程度の資金を一括拠出する」「安倍首相は心からのお詫びと反省の気持ちを表明する」「慰安婦少女像の撤去は、韓国政府が関連団体との協議を通じ解決に努力する」「日韓両国は慰安婦問題の最終的かつ不可逆的な解決と確認する」などの方向が大筋固まっていったが、安倍は、自身の支持基盤である右派からの反発を恐れてか、「最後の局面になってからは、容易に首を縦に振らなかった」(政府高官)。だが、ここを最大の好機と見て、決着を強く主張したのがハト派でならす外相・岸田だった。岸田の強い意思が安倍の背中を押す結果となった。安倍は22日に続いて、24日夕に首相官邸で岸田と会談、年内に訪韓するよう手はず通り指示した。

冷戦構造崩壊後の日韓関係史はある意味で、両国の合意が成立していても韓国政府に破棄され、新たな要求が突きつけられる「ムービング・ゴールポスト」の歴史でもあった。しかし、慰安婦問題の「最終的かつ不可逆的な解決」という15年12月合意は、生中継された日韓両外相の共同記者会見を通じて、対外発信された。もう、ゴールポストは微動だにしないと信じることにしたい。それが日本側の願いだった。

ところが、慰安婦問題をめぐる日韓合意から1年、朴槿恵大統領は長年の親友、崔順実《チェスンシル》被告の国政介入事件が発端となった弾劾訴追によって職務停止に追い込まれ、事実上、政権は崩壊した。そこで、日本外交に関連してまず注目されているのが、2015年12月の「慰安婦問題」日韓合意の行方だ。

「どなたが大統領になっても、もう一回やり直してくれと言われても、受け付けるつもりはない」「合意は不可逆的に問題を終了しようというもので、二国間だけで誓い合ったわけではなく、米国を含め国際社会の前で約束したことだ」（萩生田光一・官房副長官、16年12月11日のフジテレビ番組）――と、日本政府は表向き平静を装っているが、韓国政界では「ポスト朴槿恵」に向けた動きが加速、誰が新大統領になっても、程度の差はあれ影響を及ぼすのではないかとの見方が強い。

対韓外交への影響が危ぶまれているのは、慰安婦問題の日韓合意だけではない。16年11月に日韓両政府が締結した軍事情報包括保護協定（GSOMIA）にも、韓国新政権がどんな姿勢を示すか注目される。これに関連して、朴槿恵政権が決定した在韓米軍に配備される最新鋭地上配備型迎撃システム「高高度防衛ミサイル（THAAD）」の扱いも焦点だ。朴槿恵政権の崩壊は、THAAD配備に反対してきた中国も絡んで、朝鮮半島をめぐる安全保障に不穏な空気を漂わせている。

第8章　戦略的リアリズムの真贋——対露外交

第1節　北方領土交渉の戦後史

　ロシアの対アジア・太平洋政策を見る場合、その〈戦略的リアリズム〉は、常に複眼的な視点で分析されなければならない。特に、ソ連時代を含めてロシアの対日外交は常に、アメリカと日本の関係を見極めつつ進められている。そして、ロシアにとっては対米連携上、微妙な加減で協調の糸を保持しなければならない中国との関係がある。日露関係は米露関係であり、中国問題でもあるのだ。それは安倍晋三首相の対米姿勢と深く関わっている。当然のことながら、安倍も、このロシアの目、つまりプーチンの「複眼的視点」を強く意識している。

2016年5月、安倍は冬季五輪開会式の時以来2年ぶりに、ロシア南部のソチを訪問した。ウラジーミル・プーチン大統領との日露首脳会談は5月6日に行われた。席上、安倍は「これまでの発想にとらわれない、新しいアプローチで交渉を精力的に進め、停滞を打破しよう」と働きかけ、対ロ経済協力八項目プランを提示。会談終了後、安倍は記者団に対して「突破口を開くという手応えを得ることができた」などと淀《よど》みなく語った。

キーワードの「新しいアプローチ」は具体的に何を意味するのか。「対外説明はしない」(関係筋)としている以上、様々な解釈が可能だ。憶測の伝播を織り込み済みで使った対露外交のこの新たなレトリックが、実際に様々な憶測となって拡散した。日露関係は、経済協力と領土問題協議を並進させる包括的アプローチによって急速に進展局面に入るとの期待感が一時広がった。が、戦後の北方領土問題交渉の歴史を振り返れば、安易なバブル的楽観論は容易に弾《はじ》ける。今回も、秋暮れる頃には同じ道なりを辿ってしまうように見えた。米大統領選中、ロシアに秋波を送っていたトランプ新大統領が、ロシアとどう向き合うのか、また千島列島・同海域が安全保障の視点から戦略的価値が高まる中で、北極圏への進出を視野に置く中国の動向をロシアがどう展望しているのかも、日露関係に深く関わってくる。

†サンフランシスコ講和と56年日ソ共同宣言

外務省高官が溜息交じりに呟いた。「北方領土問題をめぐる案はすべて出尽くしている。あとは装いを新たにした案をどのようにつくれるかにかかっているんです」。

冷戦後、歴代政府は「四島（一括）返還」のスローガンを堅持する一方で、「二島（先行）返還論」「三島返還論」「共同統治論」「面積二等分論」（択捉島：3184平方キロ、鳥取県より少し狭い／国後島：1499平方キロ、沖縄本島より広く、沖縄県全体とほぼ同じ広さ／色丹島：253平方キロ、鹿児島県・徳之島とほぼ同じ広さ／歯舞群島：総面積100平方キロ）――などバリエーションに富む様々なアイデアを外務省ロシア・スクールやロシア・ウォッチャーが捻《ひね》り出し、首相や外相など政治家たちが言の葉に載せて、停滞する平和交渉の打開を図ろうとした。だが、クレムリンの厚い壁にそれらはことごとく跳ね返されてきた。それが、日露平和条約交渉の歴史である。

北方領土問題は、第二次世界大戦終結時（1945年）、8月から9月にかけて起きたソ連による日ソ中立条約違反・非人道的行為・領土拡大に対する日本国民の歴史的記憶と怒りに淵源を有する。

その原点となったのは、米英ソ三カ国の首脳が開いた「ヤルタ会談」（45年2月）であった。会談では、米大統領フランクリン・ルーズベルトがソ連に対して対日参戦を求め、参戦すればソ連が欲しがっていた南樺太と千島列島を与えるとの秘密協定が結ばれたのである。ソ連は、日本のポツダム宣言受諾（敗戦）の直前、「日ソ中立条約」があるにもかかわらず対日参戦に踏み切り、電光石火、北方四島を占領した。ところが、戦後、米ソ対立が激化すると、核保有国になったソ連を警戒したアメリカは秘密協定をうやむやにし、日本を反共の砦にすべく、対ソ・対日外交のツールとして北方領土問題を使うようになった。そして、サンフランシスコ講和会議（51年9月）に向けて、米国務省顧問のジョン・F・ダレスは事前の調整工作で、講和会議に参加すれば北方四島は譲渡されるとの意向をソ連に伝えるなど、様々な仕掛けで揺さぶった。しかし、ダレスはソ連が講和条約に調印しないと見て取ると、南樺太・千島列島の「ソ連への引き渡し」を撤回、サンフランシスコ講和条約には日本の「放棄」のみが明記された。

●第二条【領土権の放棄】（a）略、（b）略、（c）日本国は、千島列島並びに日本国が一九〇五年九月五日のポーツマス条約の結果として主権を獲得した樺太の一部並びにこれに近接する諸島に対するすべての権利、権原及び請求権を放棄する。

どこに引き渡されるかが書かれなかったのは、事実上続くソ連の占領に法的根拠を与えない一方で、同時にまた沖縄の扱いと同じにはせず、日本の「潜在主権」をも認めたくなかったためだ。それが北方領土問題を複雑にし、「千島列島の範囲がどこまでなのかについても記述がなく、その解釈にも火種を残す」結果になった。「もちろんダレスはこの曖昧さを十分に承知していた。将来の日ソ間に、まさに大きな火種を残そうというダレスの深謀遠慮だったのだろう」（若宮啓文『ドキュメント北方領土問題の内幕』およびＮＨＫ　ＢＳ１ドキュメント「ゴルバチョフが語る日ロ交渉の秘密」）

こうした経緯を受けて、首相・吉田茂が講和会議で行った受諾演説のくだりが、日ソ間の北方領土問題を一段と複雑にしていく。吉田は北方領土の扱いに言及し「千島列島及び南樺太の地域は日本が侵略によって奪取したものだとのソ連全権の主張には承服致しかねます。日本開国の当時、千島南部の二島、択捉、国後両島が日本領であることについては、帝政ロシアも何らの異議を挿まなかったのであります」と強調した。その時、誰も気づいていなかったが、吉田が明言した「国後、択捉両島は千島（列島）南部」という立場は「北海道の一部」と位置付けられた歯舞・色丹両島とは違うとの認識を意味した。つまり、講和条約で日本が放棄した「千島列島」には「国後・択捉両島が含まれる」との解釈が成り立ち、後に日米両政府が「国後・択捉は日本が放棄した千島列島に含まれない」との見解に転じた時、吉田演説との食い違いが明らかになった（若宮、前掲書）。それは、ソ連が日本の矛盾を突く論拠となった。

サンフランシスコ講和条約に調印しなかったソ連との関係改善は、独立回復後の日本にとって重要な外交課題となった。吉田が退陣した後、首相の座に就いた鳩山一郎の下で、日ソ両国はロンドンで交渉を開始したものの、日本が講和条約で放棄した千島列島の範囲と帰属をめぐって対立、その過程でソ連側が譲歩し歯舞・色丹の引き渡しを提起したが、アメリカが介入、国務長官ダレスが「二島で妥協するなら沖縄返還はない」と警告した。これが、いわゆる「ダレスの恫喝」である。

結局、日本政府は領土問題を棚上げし、日ソ共同宣言（1956年）によって両国間の戦争状態を終結させ、ソ連との国交を回復する道を選んだのである。同宣言は北方領土問題について「外交関係回復後も平和条約締結交渉を続ける」「平和条約締結後に、ソ連は日本に歯舞群島と色丹島を引き渡す」と明記され、日ソ両国の国会で批准された国際条約として、法的拘束力を有する重要文書となった。その後、60年日米安保条約改定に反発したソ連が外国軍（＝在日米軍）の撤退を追加条件に付し、引き渡しの約束を反故にした。

日本政府の立場は次のようなものである。「第二次大戦末期の1945年8月9日、ソ連は、当時まだ有効であった日ソ中立条約に違反して対日参戦し、日本がポツダム宣言を受諾した後の同年8月28日から9月5日までの間に北方四島のすべてを占領しました。当時四島にはソ連人は一人もおらず、日本人は四島全体で約1万7千人が住んでいましたが、ソ連は1946年に四島を一方的に自国領に「編入」し、1948年までにすべての日本人を強制退去させました。それ以降、今日に至るまでソ連、ロシアによる不法占拠が続いています」（外務省ホームページ）

北方領土問題が、日ソ間の領土問題として具体的に輪郭を持つようになったのは、米ソ冷戦

年）という二つの文書を通じてであった。

最中《さなか》に結ばれたサンフランシスコ講和条約（51年9月署名・52年4月発効）と日ソ共同宣言（56

70年代初頭、田中角栄首相は、積極的な対ソ資源外交を推進するため歴史的な訪ソを果たしたが、ブレジネフ・ソ連共産党書記長とのトップ会談にもかかわらず、領土問題は微動だにしなかった。交渉が本格化するのは「新思考外交」を唱えたゴルバチョフ書記長の登場（85年）以降となった。

†「法と正義」――東京宣言

冷戦の終焉後、交渉対象として「歯舞・色丹・国後・択捉」の四島が初めて文書に明記された海部俊樹首相―ゴルバチョフ・ソ連大統領の「共同声明」（91年）の発表、次いでソ連解体による新生ロシア誕生に伴い「四島（歯舞・色丹・国後・択捉を領土問題と確認）の帰属問題を法と正義の原則で解決する」と合意した細川護熙首相―エリツィン初代ロシア大統領の「東京宣言」（93年）によって一定の前進が図られた。しかし、56年共同宣言の有効性については、ゴルバチョフもエリツィンも認めようとはしなかった。「引き渡し」と表現しようが、第二次世界大戦の結果として得たというロシア側の歴史認識からすれば自国の領土（歯舞・色丹）の〝割譲〟を意味し、軍など保守派の抵抗は必至と認識していたためだった。

その後、橋本龍太郎首相―エリツィン露大統領時代に移ると、「東京宣言に基づき2000年までの平和条約締結に全力を尽くす」との「クラスノヤルスク合意」（97年）が成立し、新たな交渉の枠組みを設ける方針で一致し、休止状態にあった平和条約交渉の再起動に成功。翌98年春、静岡県・川奈（伊東市）で注目の日露首脳会談が行われた。

この中で橋本は、①北方四島最北の択捉島の北端とウルップ島南端の間に日露の最終的な国境線を引く、②日ロ政府間で合意するまでの当分の間、現状を今のまま変えずに継続する、③ロシアの施政を合法と認める――とする大胆な譲歩案を提示した。いわゆる日本側が方針転換を図ったとされる「川奈提案」だ。56年共同宣言に基づき領土問題をテーマに前面に出してその引き渡し（〝割譲〟）を実現するという発想を止め、「国境線画定」そのものを交渉の中核に据えたという点で斬新な提案であった。〝領土割譲〟よりも日露間で未確定の国境を画定（線引き）するという発想の方が、ロシア側には受け入れられやすい、ロシア側も国民を納得させやすいだろうとの判断に基づき、四島の帰属問題さえ決着すれば「返還」時期は極めて幅広いタイムスパンで柔軟に対応するというものだった。この案は、これまでの領土交渉の経過を踏まえた外務省ロシア・スクール総体の経験知から導き出された知恵であったが、ロシア側は川奈提案への回答を留保し持ち帰った。

ところが、その3カ月後、予期せぬ事態が起き、橋本―エリツィン時代に突然幕が降りる。

参院選敗北によって橋本が退陣を余儀なくされたためだ。その後、後継の小渕恵三首相が田中訪ソ以来、四半世紀ぶりに公式訪問（98年）を果たすが、エリツィンの健康状態が悪化した中での会談はまともな交渉にはならず、ロシア側は川奈提案の拒否回答を伝えた。求心力が一気に低下したエリツィンは99年の大晦日に大統領辞任を表明、そのわずか3カ月後には、小渕も脳梗塞発作を起こし、不帰の人となった。双方の主役が目まぐるしく変わる中で、森―プーチンの時代に入ったのだった。

†挫折した「並行協議」戦術――イルクーツク

21世紀になって、国際政治の風景が大きく変化する中で、日本の対露外交も新たな対応を迫られようとしていた。その頃、森対露外交において、外務省で中心的役割を担った東郷和彦・外務省欧亜局長は、当時何を考えていたのだろうか。

2000年9月の東京訪問でプーチン大統領が56年日ソ共同宣言の有効性を公式に確認したのを受けて、01年3月、森喜朗首相がロシア・イルクーツクを訪問、東郷はこの訪露に同行した。第一段階　56年日ソ共同宣言の有効性を文書で明確に確認する／第二段階　プーチン自身の責任において、歯舞・色丹の引き渡しをする用意があることを確認する／第三段階　国後・択捉の問題について真剣な話し合いに入る――。三段跳びに喩えて、ホップ（56年日ソ共同宣言）の着地に成功したと認識する東郷は、次なるステップ（歯舞・色丹の受け渡し）、ジャンプ（国後・択捉の議論）に向けて思いをめぐらしていた。

ロシア・シベリア地方のイルクーツクでの日露首脳会談は3月25日に行われた。両首脳は同日午前午後、合わせて約7時間を共に過ごした。会談は、全体会談とワーキング・ランチが各1時間ずつ、さらに加藤良三・外務審議官が同席した少人数会談が1時間50分にわたって行われた。北方領土問題を軸とする平和条約交渉の突破口にできるか否かの場面になって、日本側が提唱したのが、「歯舞・色丹の引き渡し問題」と「国後・択捉の主権の問題」を、並行的に協議するというアプローチだった。席上、森は、いわゆる「並行協議」、即ち歯舞・色丹二島の日本への引き渡し交渉を始めるとともに、国後・択捉の二島については、日露どちらに帰属するかの協議を始めようという車の両輪論を、プーチンに提案した。

この「並行協議」提案に対して、プーチンは何と答えたか。東郷は『北方領土交渉秘録―失われた五度の機会』（新潮文庫）に次のように書いている。

「私は、この一時間五十分が戦後の日露間の領土交渉の中でも最も重要な会談の一つとなったと考えた。しかし、総理の並行協議の提案に対してプーチン大統領はなんと言ったのか。記録を何回も読み返した。真剣な議論が交錯した後、最終的には、「承っておく」という言い方でしめくくられていた」。東郷は、その時の率直な気持ちを書き留めている。「「承っておく」とはどういう意味だろう。ほんとうに並行協議は始まるのだろうか」。

ロシア側の本音がどこにあるのか、分からなかった。イルクーツクでの首脳会談をもって欧亜局長職を去ることが既に決まっていた東郷だが、最後の仕事と自身に言い聞かせて、4月4日、一泊の予定でモスクワに飛んだ。そして、翌5日のアレクサンドル・ロシュコフ外務次官との会談などを踏まえて、並行協議が近く始まり、「交渉が天王山にさしかかろうとしていることを確信した」と言い切っている。

しかし、東郷の『北方領土交渉秘録』からは、いわゆる「並行協議」を提起した森に「承っておく」と述べたプーチン本人の本音を読み解く証《あかし》が十分には示されているとは言えない。というのも、外務省に残っている会談記録の日本語訳「承っておく」は、プーチンがその時使ったロシア語「パスモートリム」（英訳なら「Let us see」）のニュアンスを正確に伝えていないためだ。プーチンの答えは、「ちょっと、見てみよう」ほどの軽い意味だったようだ。同書では、次のような経緯が紹介されている。

東郷のモスクワ入りに合わせるタイミングで、4月4日付のインタファクス通信に対するロシュコフ次官のインタビュー記事が配信された。その発言内容は、日本は他の残りの二島即ち国後・択捉に関する交渉を継続する必要があると見なしている。56年宣言の後、四島すべての帰属の確定に基づき問題を解決することを盛り込んだ東京宣言を始めとする一連の文書が採択され、これは我々の立場と乖離するものではない。なぜならば、帰属の問題は特定の方法によらずとも解決できるからであるというものだった。

ロシュコフがこれまでマスコミに対するインタビューで、このような言い方をしたことは一度もなかった。それは歯舞・色丹の引き渡しを了解しつつも、なおかつ国後・択捉について話し合いを続けると言う意味で、56年のフルシチョフの立場とは決定的に違う。交渉は、いよいよ「天王山」にさしかかったと、東郷は自信を深めていった。が、『北方領土交渉秘録』は、ロシュコフとの最後の会談が、欧亜局長を近く辞する東郷との儀礼的なやり取りに終わった点を示唆している。つまりロシュコフは、「一カ月、一カ月半、あるいは二カ月程度の準備期間」を経て次の話し合いを持ちたいとの意向を東郷に伝えたが、インタファクス通信に対して語ったような発言は直接、東郷に対して語ってはいないのだ。

では、インタファクス通信へのロシュコフ発言は何を意味していたのか。北方領土問題をめぐって日露両国のマスメディアを使って相手の反応を探るために波紋が生じる見解を発信する手法は、ロシアの得意技だが、その後の経過が示唆しているのは、「二島（歯舞・色丹）」＋「α」の肝心の部分、つまり国後・択捉二島の「並行協議」については、結局のところ日露政府間の双方に明確なコンセンサスがなかったということだ。

その後の経緯を辿ってみると次のようになる。

イルクーツク声明の1カ月後、日本では森政権から小泉政権に代わった。外相には田中角栄の長女、真紀子が就いたが、翌02年の1月に辞任、後任の川口順子外相が東京でイーゴリ・イワノフ露外相と会談（2002年2月2日）し、いわゆる「並行協議」なるものは「日本政府の見解ではない」と公式に伝えた。これを受けて、イワノフはロシア下院で「（いわゆる「並行協議」は）日本側の一方的な表明であり、このような協議を日本との間でするつもりはない」と証言。同じ日に開かれていた日露次官級協議で、同趣旨のロシア政府の見解が、訪露中の高野紀元・外務審議官に伝えられた。（丹波實『日露外交秘話』中央公論新社）

イルクーツク首脳会談を前にした、当時の外務省内対立の構図も、この点にあった。とにかく、56年共同宣言の二島（歯舞・色丹）だけでも引き渡し協議を先行させ、日本の施政権下での経済的繁栄、住民生活の豊かさが内外に示せれば、残された二島「国後・択捉」問題協議の模範例として好影響を与えられるというわけだ。当時、東郷は、「日本の立場からすれば、56年共同宣言が「有効」という水道の蛇口をひねれば、「国後・択捉の議論」という水がザーッと出てくるという明確な話です」と強調した。しかし、丹波らは納得しなかった。「国の主権に関わる話は、そんな簡単なものではない。バナナのたたき売りじゃあるまいし」と語気を強めた。

森・プーチン会談に関する丹波・駐ロシア大使（当時）の受け止め方は明快である。『日露外交秘話』には、イルクーツク日露首脳会談の評価について次のような記述がある。「プーチン大統領が当時考えていたことは、五六年共同宣言に島名が挙げられている歯舞・色丹の二島の返還を最終的には考えることはできるかもしれないが、それ以上は駄目というものであったと思う」「プーチン大統領は、森総理の提案を承っておくと言うにとどまった。したがって国後・択捉の問題については突破口は開かなかった」。

ロシア・スクールの大物外交官である丹波と東郷の主張は最後まで折り合うことがなかった。国士然として「法と正義に基づいて主権問題の決着が最優先」と主張し続けた丹波は闘病生活の末、2016年10月7日、安倍対露外交の行く末を憂慮しながら息を引き取った。

第2節　ロシア・スクールの盛衰史

†対ロシア外交、路線対立の起源

橋本の対露外交の戦略性はどんな点にあったのか。壁にぶつかった安倍の対露「新アプローチ」外交を深く理解するためにも、橋本対露外交のフォロワーたちの動きにも焦点を当ててみたい。

1997年7月24日、経済同友会における橋本首相の演説は、「ユーラシア外交」演説として有名になったが、その中心は「あくまで対露外交についてであった」（丹波、前掲書）「このスピーチの最初の案文は外務省で用意されたものではない」（江田憲司元首席総理秘書官、現民進党代表代行）。原案は江田の出身官庁通産省の伊佐山健志・通商政策局長らが中心となって作成したものだった。7月中旬、安藤裕康・総理秘書官（外務省、1970年入省）は橋本から「これを丹波に見せておけ」との指示を受けて、丹波實・外務審議官（1997〜99年、62年入省）と連絡を取った。演説の草稿案は、間を置かずして安藤から丹波の手に渡った。「私はこの草案を一読し、関係部局の幹部に「生かせる部分はできるだけ生かすこと。しかし、対露外交の政治部分は全面的に書き換えよ」と指示した」（丹波、前掲書）。草稿（案）を受け取ったのは、東郷和彦・欧亜局長（68年入省）だった。一読して直ぐに「このままでは使えないな」と思った。「明日までに」と厳命された東郷は、篠田研次・ロシア課長（76年入省）にコピーを渡す一方、徹夜で案文修正に取りかかった。

首相・橋本の首席秘書官だった江田は、「ポイントの三原則については、原案に既に入っていた」と証言するが、東郷によると、原案はほぼ全面的に書きかえられた。実質的にどの程度、案文修正が行われたか、現時点では確たる証拠はないが、いずれにしろ、この同友会演説が具体的なシグナルになって、クラスノヤルスクでの日露首脳会談へと発展していったのである。

その実現への過程で「最も力となったのは、コール（ドイツ首相）の橋渡しだった。クリントン（米大統領）も後押しして助けてくれた」（江田）。

東郷の言を借りるならば、「橋本ユーラシア外交の本質は、米中のはざまにあって日本が力をつけるためにロシアをどう活用するかにあった。ロシアをアジア太平洋の新しい力学の中に、日本に有利な形で引き入れる――この一点に集約された。その過程の中で、これまで日本外交の最大の課題とされた北方領土問題をも解決する。そういう位置付けであった」（「シリーズ冷戦後日本外交の軌跡」東郷和彦「日本のユーラシア外交（1997～2001）」nippon.com）

橋本の対ロシア外交は、日露両国が「相互利益」を享受し、「信頼」を醸成していくとともに、「長期的視点」に立って北方領土問題の解決を図ると、内外に原則を明示して展開するアプローチである。

戦後の対露外交は、ソ連時代に「政経不可分（北方領土問題の解決が経済協力の条件）」の大原則で始まり、新思考外交を掲げたゴルバチョフ大統領が登場すると、領土だけに焦点を当てずに政治、経済、文化、人的交流など幅広い分野で関係を深めていくとの方向に転換、全体的に関係を深める過程で領土問題を実質的に進展させようとする「拡大均衡」アプローチ（89年）が、提起された。その後、エリツィン露大統領率いる新生ロシアが出現すると、丹波―東郷―篠田、そして稀代の知恵袋、佐藤優・国際情報局主任分析官も後に加わる形で、外務省ロシア・スクールに支えられた橋本の対露外交が本格駆動するのだが、その過程において、多様な分野で接近・絆を深める「重層的アプローチ」(経済協力と領土問題協議を並進させる包括的アプローチ)が打ち出された。

対露三原則(相互利益・信頼・長期的視点)を基本にした橋本の経済同友会演説は、対露外交に関する橋本の考え方を明確に国内外に向けて発信したものだ。橋本はそれを踏まえて臨んだクラスノヤルスク会談でロシア大統領エリツィンの前向きの対応を引き出した。しかし、最大のヤマ場となった静岡県・川奈ホテルでの首脳会談では、上述した通り、実りある回答をロシア側から引き出せず、その3カ月後、橋本・エリツィン時代は終焉を迎える。

†コズイレフ提案の功罪

橋本の対露外交を取り仕切った丹波の時代のロシア・スクールは、ロシア問題の専門家集団としての自負もあり、結束していた。冷戦後、自由と民主主義、市場経済を価値観として掲げた新生ロシアを支援しつつ、それをテコに準備した北方領土問題解決への試みは、結果的にはエリツィン頼みの交渉になった。しかし、エリツィンの辞任と共に、数々の努力は水泡に帰した。そして、本省で対露外交を仕切ってきた丹波が駐露大使として着任(99年12月)すると、政・官それぞれのプレーヤーの役割、バランスが大きく変化し、領土問題へのアプローチをめぐって、新たな流れが形成されてくる。そこに、政官双方に複雑な人間関係や思惑も入り込み、日露平和条約交渉をめぐる路線対立が生まれたのである。

それは、冷戦終結によって旧秩序が崩壊し、新秩序を模索して大国が動き始めた１９９０年代「戦略的猶予期間」（本書第1章）において、日露関係の局面が劇的に変動したことに起因している。21世紀に向けて年を追うごとに北方領土問題をめぐるアプローチに二つの流れが形成されていくが、その分岐点として以後の領土交渉に作用したのが、92年の日露外相会談でのコズイレフ（ロシア外相）の非公式提案ではなかったのか。その根拠は、同提案をどう受け止めるか、その意味合いをどう読むかによって、対ロ交渉のアプローチの仕方が違ってきたためだ。

コズイレフの92年提案（クナーゼ提案とも称される）とは、①まず歯舞・色丹両島の引き渡しについて協議に入る、②合意を得たら法的に歯舞・色丹を日本に引き渡す協定をつくる、③歯舞・色丹問題の解決に倣う形で国後・択捉両島の扱いについて協議する、④合意に達すれば日露平和条約を締結する、というもので、ついては、⑤「四島一括返還」という日本の看板を取り下げてほしい——との条件が付されていた。92年3月、訪日したコズイレフが当時の外相・渡辺美智雄との会談の席上、口頭で打診した。「エリツィン大統領の了承はとっていなかったが、日本側が応じれば正式提案とする可能性があった」（外務省局長経験者）との見方もあり、外務省退官後に東郷が産経新聞に対して、コズイレフ提案の存在とその内容に関して証言（13

年1月8日付に掲載）した。この秘密提案が明るみに出た時の経緯や領土交渉をめぐるロシアの情報操作などに関しては、元駐露大使・枝村純郎の『外交交渉回想』（吉川弘文館）に詳しい。コズイレフ提案があった92年、東郷は在米大使館公使としてワシントンに勤務しており、リアルタイムでは「何も知らなかった」（東郷『北方領土交渉秘録』）。この提案は、「実際は知日派のロシア外務次官クナーゼが作成したもの」（クナーゼのカウンターパートだった茂田宏・元駐ロシア公使）だが、東郷は92年春の交渉よりだいぶ時間が経ってから、日本側通訳が作成した手書きの会談記録を読んで、提案内容を初めて知るに至った。

確かに、コズイレフ提案は、歯舞・色丹を平和条約締結前に引き渡すという点で、また歯舞・色丹の協議の行方次第で国後・択捉残り二島の〝返還〟の可能性も残した点で、「平和条約締結後に歯舞・色丹を引き渡す」とした56年日ソ共同宣言より進んでいるものと読める。東郷は「時代の要請にふさわしい思い切った案をロシア側が提示したと確信するようになった」（東郷、前掲書）が、当時の宮澤内閣はコズイレフ提案を拒否。「存在しないことになっている秘密提案」として処理され、拒否理由をめぐる真相は見えにくい。

だが、当時、最前線で直接関与したロシア・スクールOBは、「冷戦終結直後の日本はアメリカからも経済脅威論が噴出したほどの経済力を持っており、国力は疲弊し切ったロシアとは比べものにならなかった。当時の対応はもっと押せば四島とも取り戻せると、外務省首脳部が判断した結果だった」と証言する。

コズイレフ提案は、後に首相となる森喜朗がイルクーツク会談でプーチンに提起した、いわゆる「並行協議」なるアプローチの淵源になった。それは、冷戦終結の衝撃波が日露関係をも動かす局面を迎えた証左となったと見ることができる。

米ソ冷戦の終結は、大国による新たな覇権闘争の始まりでもあり、日本に複眼的思考外交の必要を迫った。こうした中でのコズイレフ提案は、日本外交にとって、①時代と歴史の潮流を読む力、②自身の国力と関係諸国のそれぞれの国力を評価する分析力、③外交のリーダーとフォロワーたちの認識力・判断力・決断力――といった力量・能力をどの程度持ち合わせているかを体験する機会になるとともに、歴史的転換期という大情況の変化にどのように対応できるかの試練の場となった。ロシア外務省内の知日派人脈にも変化が見られ、クナーゼが去り、アレクサンドル・パノフ（駐日大使）の時代が訪れる。多国間外交が主流となる国際政治における日本外交の〈戦略的リアリズム〉の真贋が、ロシア問題で問われることになったのである。そして、この非公式「秘密提案」がロシア・スクール内で広く共有され始めると、政治的リーダーシップを巻き込んで新たなアプローチが提起されるようになる。

その一つが、上述した外務審議官・丹波實が裏方として主導した橋本のユーラシア外交（＝対露外交）であった。その特徴は、四島の帰属問題の決着――主権が日本にあることをロシア側に認めさせる――を大前提に、大情況の変化に対応するというもので、クラスノヤルスク―川奈方式とでも呼べるだろう。こうした原則に立って案出されたのが、まずは択捉島最北部とウルップ島の間に境界線を引く「国境画定」論を基礎として交渉に入り、双方が合意するまでの当分の間は、ロシアの施政権を含め現状のまま変えずに継続させるという川奈提案だった。

そして、もう一つの流れは、「橋本後」に東郷が、鈴木宗男・自民党総務局長と、盟友の佐藤優らと連携して形成したもので、川奈提案挫折の後、同提案とは違う切り口によって「四島」に辿りつこうとした森政権時代のイルクーツク方式だった。これは、プーチンが今や唯一有効性を認める56年共同宣言に基づく二島（歯舞・色丹）「引き渡し」の確保を大前提に、歯舞・色丹「引き渡し（返還）」の具体的条件について、まずは主権をめぐる問題を突出させることなく経済協力分野を織り込み〝星雲状態〟のまま交渉に入り、残り二島（国後・択捉）をも対象に「並行協議」によって平和条約交渉を加速させようというアプローチだ。「二島先行〝返還〟論」とも、一部では俗に「鈴木宗男ヴァージョン」とも言われている。しかし、このアプローチは「56年共同宣言は国際的な約束事であるのは自明の理であるのに、それを交渉の中心軸に据えたために、実質的には、むしろ56年宣言の履行を返還条件のような位置づけにしてしまった」（ロシア・スクールの外務省局長経験者）との批判も根強い。

†主導権失ったロシア・スクール

橋本は、霞が関の官僚勢力地図に最も詳しい政治家の一人だった。自身、閣僚として国政に関与した大蔵省、通産省、運輸省などには緻密なネットワークを張っていたが、外務省の場合、それらの省に比べて人脈的にはやや手薄だった。このため首相に就任すると、かねてより信頼を置いていたロシア・スクールの丹波・駐サウジアラビア大使（１９９４～97年）を呼び戻し、外務審議官に据えた。もう一人、橋本が信頼する佐藤行雄・駐豪大使（61年入省）についても、林貞行・事務次官（60年入省）の後任として想定し、本省に呼び戻そうとした。丹波も佐藤も、独自の戦略論を語れる橋本好みの外交官だった。冷戦終結後の時代の新たな潮流を読み取れるプロの外交官として期待したのだ。佐藤は、日米安保政策に深く関与し、幅広い対米人脈を構築した英米派で、核時代の安全保障理論における省内切っての論客でもあった。しかし、当時アメリカン・スクール本流のもうひとつの証とされた条約局（現国際法局）の経験がなかった。このため、省内本流を軸に「組織内論理」が働き、橋本も事務次官起用を断念した経緯がある。結局、林の後任には、ミスター条約局と言われ、本命視されていた柳井俊二（国際海洋法裁判所長、61年入省）が就任した。

官僚機構は、変化よりも継続こそを重視するマシーンであり、個々の官僚はそれこそが国の安定につながると考えている。それが、宿命とも言える官の世界の〈理〉であるのだが、そこには落とし穴がある。国際、国内問わず社会で起こる環境の変化を軽視する傾向があり、継続こそが安定という思考法が絶対化されると、旧習墨守の権化となり、危機を突破する新たな〈知恵と勇気〉を摘み取ってしまうのだ。

同質の個が集まると、同質空間に充満した「空気」に、人は左右されるものだ。外務省には、英米語研修の〈アメリカン・スクール〉、中国語研修の〈チャイナ・スクール〉、ロシア語研修の〈ロシア・スクール〉、アラビア語研修の〈アラビスト〉などと俗に呼ばれる〝語学閥〟がある。外部からはよく見えにくく、一概には定義できないが、最低限言えることは、冷戦時代――「点と線」で展開する外交が許容された言わば「日本外交1・0」の時代、つまり対米外交が上手くいけば、すべて上手くいくという感覚があった時代――には〈条約（国際法）のプロ〉と〈日米安保の専門家〉という要素が加わり、日本外交の中枢を占めるエリート群像、アメリカン・スクールが外務省本流を形成していた。これは、日本外交の対米基軸が強化されれば、その反映としてある意味、必然的な部分もある。

しかし、「面と立体」に加えて時間をも意識しなければならない「外交2・0」の時代に入ると、事情が変わってきた。21世紀初頭、ロシア・スクール、チャイナ・スクールの総体が、首相官邸との〝政官摩擦〟や省内〝官官摩擦〟の渦中に引き込まれた結果、外務官僚機構の秩序・統制に歪みができ始め、「官」としての矩《のり》を越える者が生み出されるなど、指揮命令系統に乱れが生じた。すると、それぞれ独自に有していたパワーが劇的に削がれ、外務省内にはアメリカン・スクール一強状態が現出したのだった。現在、外交コミュニティ内でのロシア、チャイナ両スクールの存在感が目に見えて希薄になったのは、この辺りに遠因があるように見える。

一方、安倍晋三首相の対ロシア外交フォロワーの陣容はどうか。今回の安倍主導外交は、これまでの対ロシア外交の構図とはまったく違う。例えば、橋本の対露外交は、丹波―東郷を軸とした外務省ロシア・スクールの手法・経験則・教訓を基盤に展開されたが、安倍の「新しいアプローチ」外交は、対露外交の仕組みを異次元的に激変させた。

ウラジオストクへの出発を目前に控えた2016年9月1日、安倍は対ロシア経済分野協力担当相の新設と世耕弘成・経済産業相の起用（兼務）を発表した。対露外交を安倍官邸主導の「新しいアプローチ」手法で進める意欲を一段と明確にした。安倍官邸に直結する形で起用された「世耕ロシア経済分野協力担当相」が象徴するように、安倍対ロシア外交の構造は二元的で、外務省ロシア・スクールの経験則、教訓を含めたロシア専門家の知見が事実上、セカンド・オピニオンとしてすら効果的に入らないような建付けとなっている。軸足は対露外交の原則論より、まず経済協力ありきの「経産官僚」（必ずしも経済産業省とは一致しないと分析する日経新聞・清水真人編集委員の「勢いづく『安倍・通産省内閣』の行き先」16年6月21日付日本経済新聞電子版）の知見が優先される布陣となっているためだ。

外務省欧州局長の林肇（1982年入省）は元々がアメリカン・スクールであり、政府代表・日露関係担当大使として安倍対露外交に関わるロシア・スクールの原田親仁・前駐ロシア大使（74年入省）は、かつての政官摩擦・官官摩擦の煽りを受けて、その体験や知見が十分には生かされることなく、5月の日露首脳ソチ会談を境に形式的な役回りに追いやられている。安倍官邸が頼りにしているのは、谷内・国家安全保障局長と杉山晋輔・外務事務次官、いずれもアメリカン・スクール本流の二人だ。

ロシア・スクールに限ったものではないが、同質化した組織は、とかく閉鎖性の強い組織になってしまうもので、確かに、かつてのロシア・スクールに、そうした欠点が随所に見られた。現在のロシア・スクールからはそうした弊害は払拭されたものの、ユーラシア大陸で磨かれた独自の目で創造的な戦略論を生かそうとする積極性と野心も同時に消えた。往年のロシア・スクールの面影が消える中で、安倍対露外交の推進体制を見ると、現在の対露外交の脆弱性は、長いものに巻かれろ式のメンタリティにこそあるのではないかと思われる。

第3節　安倍の信念と領土交渉の現在

✝米大統領も〝黙認〟した首相の決意

話は、2015年春、首相・安倍首相の訪米時にさかのぼる。4月28日、安倍が米大統領オバマと会談した席での対ロシア外交発言だ。外交関係筋が明かす。安倍は、極東で再び活発化し始めたロシア空軍の動きを指摘した上で日露関係に言及した。「戦後70年、日本とロシアの間に平和条約がないのは異常だ。安全保障の観点からも日露平和条約が必要と考える。日本としては、交渉を加速するためにもプーチン・ロシア大統領の年内訪日を是非とも既定方針通り実現させたい」。こう強調して、安倍はオバマ大統領の反応を待った。米側には、「力ずくの現状変更＝クリミア併合」という荒業に打って出たロシアに経済制裁を科したG7の足並みを乱しかねないとの懸念がある。オバマは日本政府の方針にクギを刺すと思われたが、安倍発言に対して直接応えず、話を他の話題に移してしまった。

オバマは実質的に何の注文を付けることなく、事実上、無条件で安倍発言を黙認する姿勢をとった。大統領のこの対応に慌てたのは、米政府の外交当局者だった。首脳会談が終わると、さっそく米側からの申し入れがあった。スーザン・ライス大統領補佐官（国家安全保障担当）やラッセル国務次官補（アジア・太平洋担当）らから、米政府の意向が改めて日本側に伝えられたのだ。「対露外交はG7の結束が最重視されるべきであり、プーチン訪日実現に当たっては、ウクライナ情勢の区切りがつくまで慎重に対応してほしい」。

しかし、この申し入れの報告を受けた安倍は取り合おうとはしなかった。同行筋に言い放った。「首脳会談での大統領の対応がすべてだよ」。その場はそれで収まった。が、日本側の外交当局者の脳裏には、6月上旬の独エルマウ・サミットに向けて、一抹の不安が過《よぎ》った。サミットでは、日米両首脳が接触する場面が必ずあるはずだ。その時に改めて、オバマが安倍に慎重論を伝えてくるのではないか。

しかし、二人の間には何も起こらなかった。結局、15年中のプーチン訪日は実現には至らなかったが、安倍はプーチン訪日実現に向けて決意を一段と強く固めた。4月末の日米首脳会談でアメリカへの〝事前通告〟は完了した、既にオバマ自身から了解を得ている――と安倍は見なしたのだ。

対露外交をめぐるアメリカとの温度差が如実に表われたのは、この時だけではない。さらに時計の針を巻き戻せば、14年2月のソチ冬季五輪開会式への出席がそうだった。ロシアの同性愛宣伝禁止法や人権問題を理由に欧米主要国首脳が軒並み欠席する中で、安倍は独自の判断で同五輪開会式出席に踏み切った。この時、プーチンから別荘に招かれ、「他の首脳に対してはほとんど記憶にない食事を供されるなど異例の歓待を受けた」（日本外務省筋）。そして今回もアメリカが待ったをかけた、にもかかわらず、安倍はソチを再訪した。

北方領土問題の解決に意欲を燃やす、その外交姿勢は「前のめり」にも見える。ロシア側は、アメリカの〝圧力〟を跳ね除けてソチを再訪した安倍に対して、夕食会を含めた相応のもてなしで応じた。これが、安倍への評価を反映していた。

†対露外交「新アプローチ」の虚実

2016年9月初旬、首相・安倍は、露大統領ウラジーミル・プーチンの招きで初めてロシア極東の窓口・ウラジオストクを訪問した。この時のウラジオストクでの日露首脳会談（第一次安倍内閣から数えて14回目）は計3時間10分、そのうち二人だけでのテタテ会談（仏語：tête à tête ＝英語：head to head）が55分間行われた。会談終了後、安倍は極東連邦大宿舎で、記者団に対して会談の成果を語った。

「プーチン大統領とは、日露関係だけでなく、北朝鮮問題、あるいはシリア、ウクライナ問題といった国際社会が直面する諸課題についてゆっくりと時間をかけて議論した。特に平和条約については二人だけでかなり突っ込んだ議論を行うことができたと思う。新しいアプローチに基づく交渉を今後、具体的に進める道筋が見えてきた。その手応えを強く感じ取ることができた会談だったと思う。70年以上にわたって平和条約が締結されていない、この異常な状況を打開するためには、首脳同士の信頼関係の下に、解決策を見いだしていくしか道はない。そこで、11月に開催されるペルーのAPECにおいて首脳会談を行う約束をした。その上で、12月15日に山口県に迎えて首脳会談を行う合意をした。私の地元である長門市において、ゆっくりと静かな雰囲気の中で、平和条約締結交渉を加速させていく、そういう会談にしていきたい」

安倍のコメントは、外交当局が事前に用意したものではない。その裏付けとなったのは、首相がソチの首脳会談で大統領に提案した経済協力八項目プランへの具体的なコミットメント内容で、安倍をはじめ、世耕弘成・経済産業相兼ロシア経済分野協力担当相らは日本側のブリーフに対するロシア側の反応に十分な手応えを感じた。

経済協力プランとは、(1)健康寿命の伸長、(2)快適・清潔で住みやすく、活動しやすい都市づくり、(3)中小企業交流・協力の抜本的拡大、(4)エネルギー、(5)ロシアの産業多様化・生産性向上、(6)極東の産業振興・輸出基地化、(7)先端技術協力、(8)人的交流の抜本的拡大――の八項目である。

これは、ロシア国民の生活向上への支援をはじめ、ロシアの基幹産業である石油・ガスなどエネルギー生産の能力拡充や、インフラ基盤整備による産業多角化・生産性向上、ベンチャー企業支援など、ロシアが重視する極東地域の産業振興のため、港湾や水産加工施設、空港の整備を打ち出したものだ。両首脳は、貿易経済政府委員会、近代化諮問会議なども活用しながら、互恵的な協力を進めていく方針を首脳会談で確認した。「ロシア経済分野協力担当相」を新設し、世耕・経済産業相に兼務させた点もロシア側は歓迎しており、安倍の「本気度」がそれなりに伝わったようだ。

ロシア極東への経済投資については、日本の民間企業はこれまでおしなべて慎重に対応してきたが、今度は、政府系金融機関「国際協力銀行（JBIC、近藤章総裁）」を深く嚙ませた野心的なスキームを構築した。日露関係筋によると、「ロシア国営電力大手・ルスギドロへの出資」「ロシア国営石油大手・ロスネフチへの出資」が既に検討されており、エネルギー協力（ロシア極東地域での石油・ガスなどの資源開発、火力発電による電気のサハリンから日本への送電）などについては、国際協力銀行が大きな役回りを与えられた。対露経済協力プランの実現に深く関与する国際協力銀行の前田匡史・副総裁（CEO）はキーパーソンの一人である。

†「ウラジーミル」「シンゾー」

安倍は16年9月3日、前日のプーチンとのテタテ会談と並んで重要な意味を持つスピーチを行った。安倍は「東方経済フォーラム」でのスピーチを経済協力八分野の趣旨説明と位置付け、

「プーチン大統領の夢は、私の夢」「プーチン大統領の悩みは、私の悩み」と語りかけた。ロシア極東地域の共同開発を呼び掛けたそのスピーチでは、超絶技巧の匠が寸分の狂いもなく拵《こしら》えた小箱から、研磨のかかった言葉が絶妙のタイミングで次々繰り出された。安倍のスピーチがプーチンの心奥に特別な響きを残したのは間違いない。

アジア太平洋の表玄関ウラジオストク。約100年前、極地探検家フリチョフ・ナンセンが、湾内から見た景色に息を呑み、「ここより美しい場所が、何処にあるだろう」と絶賛した港街。一歩足を踏み入れれば、ミュージカル「王様と私」でオスカーを取ったユル・ブリンナーの生家跡があるアリューツカヤ通り、ロシアに初めて講道館柔道をもたらしたワシリー・オシェプコフが最初の道場を開いたコラベリナヤ通り21番地。「そんなあちこちへ行くのは、いつかまた来た時の楽しみに取っておきます」。ロシア極東の存在をグッと近くに引き寄せると、安倍はスピーチの本論に入った。

「プーチン大統領は、議会に報告する年次教書で毎年、国家発展のため最も重要なのは、ロシア極東地域の開発だと指摘しています。ウラジオストクを「自由港」とし、これをモデルに、他の港湾都市も自由港にするお考えです。ウラジオストクに、往年の、真の国際都市としての面目を取り戻させたいと思っておいでなのでしょう。

プーチン大統領のそんな夢は、私の夢でもあります。プーチン大統領、このウラジオストクを、ユーラシアと太平洋とを結ぶ、ゲートウェイにしようではありませんか」

経済協力八分野の一つ、「快適・清潔で、住みやすく、活動しやすい都市づくり」、そして、老人医療負担の重圧に備えた「最先端の医療施設整備、ロシア国民の健康寿命延伸」では、「人口統計に感じるプーチン大統領の悩みは、私の悩み」。巨大な〝中華帝国〟に隣接する〝ロシア帝国〟最大のウィークポイント、極東地域の人口激減と少子高齢化に苦悩するプーチンに共感を示した安倍は、中小企業同士の協力、エネルギー資源の開発と生産能力の拡充、ロシア産業の多様化の推進、ロシア極東地域の輸出拠点化、先端技術の協力、人的交流など「未来への投資」を呼びかけた。

この間、安倍の問いかけと呼びかけ一つ一つに頷いて、熱心に耳を傾けていたプーチンが、次のくだりで拍手を送ると、波打つような響きが場内一帯に広がった。

「そこでプーチン大統領に、新しい提案をいたします。年に一度、ウラジオストクで会い、この8項目の進捗状況を、互いに確認しませんか。時にはタイガの原生林に入って、黒澤明監督が「デルス・ウザーラ」で撮った木々の木漏れ日に包まれながら、20年、30年先、日本とロシアはどんな関係にならねばならないかを考えましょう」

また一つ拍手が起こり、最後は日露平和条約交渉進展への期待感を込め、4回にわたってファーストネーム「ウラジーミル」と呼びかけ、スピーチを締めくくった。

「限りない可能性を秘めているはずの、重要な隣国同士であるロシアと日本が、今日に至るまで平和条約を締結していないのは、異常な事態だと言わざるを得ません」「日本の指導者として、私は日本の立場の正しさを確信し、ウラジーミル、あなたはロシアの指導者として、ロシアの立場の正しさを確信しています。しかしこのままでは、あと何十年も、同じ議論を続けることになってしまいます」「あらゆる困難を乗り越えて、（中略）この70年続いた異常な事態に終止符を打ち、次の70年の、日露の新たな時代を、共に切り開いていこうではありませんか」「私は、ウラジーミル、あなたと一緒に、力の限り、日本とロシアの関係を前進させていく覚悟であります」（16年9月3日、東方経済フォーラム全体会合）

これに対してプーチンは、特に、安倍が「（領土問題では）ロシアにはロシアの立場、日本には日本の立場がある」と指摘した点を評価した上で「シンゾー」と語りかけ、「解決策を得るには、高いレベルの信頼が必要だ」と力説した。

5月のソチでのテタテ会談が55分、前年9月の国連総会出席の際の会談では約10分間だった。今回のテタテ会談には一時間近くが費やされ、ロシア側の安倍評価は既にここに示されていたが、「東方経済フォーラム」での安倍の「趣旨説明」は、プーチンから前向きの反応を引き出した。日露外交の次なる表舞台は、プーチンが設定した舞台ウラジオストクから、安倍の地元・山口県長門市へと移った。

第4節　北方領土問題の深層――忘れられた安保の視点

†「第四正面」の出現

安倍対ロシア外交の方針「新しいアプローチ」をピンポイントで要約すれば、北方領土問題と対露経済協力の関連性を極力薄める点にある。日本側は「領土」は取り敢えず脇に置いといて、の気分で平和条約交渉に臨むという意味合いだった。「領土」を極力ローキーで収め、「経済」を前面に押し出す匍匐前進のアプローチである。

この「新しいアプローチ」は、後述する日露首脳長門会談＝「共同経済活動」合意（「入り口」）への施錠を解いてみせた。しかし、対露外交の原則を曖昧にしたがために、その分、ロシア側に都合の良い解釈の余地を与えてしまった。

ウラジオストク首脳会談後のロシア側の閣僚発言には本音が表れている。ラブロフ外相は、安倍・プーチン会談を踏まえて語った。「（北方領土での）共同経済活動の用意があると感じた」。それを日本側は即座に否定したが、アレクセイ・ウリュカエフ経済発展相（16年11月15日、収賄容疑で拘束され解任）はＮＨＫのインタビュー（9月2日放送）に対して、より明確な形で踏み込んだ。「歴史的な突破口を開くチャンスだ。平和条約は大事だが、経済協力は独立した作業だ」。(「新しいアプローチ」とは)「二つの物事を切り離すという哲学なのだ」と強調、平和条約交渉が経済協力の条件ではなくなったとの認識を示した。その後、対露外交の原則を曖昧にして踏み入ったツケが日本側に回ってくる。やはり「悪魔は細部に」宿っているのである。それだけ、国家主権に関わる領土の問題は容易く決着する問題ではないということだ。

現実と理想を制する外交とは、大情況という地理的空間とそこに刻々流れる時間の中で自国の地力と時代的限界を見極めて未来への可能性に投射する〈戦略的リアリズム〉、そのようなリアリズムを基本に、政治的リーダーや官のフォロワーたちの的確な情況認識と判断、リスクと責任を引き受ける覚悟と決意に支えられているものでなければならない。それは極めて難しい営みであるが、安倍戦略外交に、その器量が内包されているのかどうかが、ここで問われている。

前のめりに見える安倍対露外交にプーチンが触手を動かしたのは、第一に挙げられる経済協力八項目提案の魅力もさることながら、第二に、本音レベルに隠された重要なポイント、安全保障の視点を軽視できないためであろう。

第一に、ロシアが、現在の局面で全力を注いでいるのは、ウクライナ問題での対露制裁によって構築された欧米による包囲網を突き崩すという目標だ。モスクワから極東を眺望してその中に日本列島を見る、その彼方に超大国アメリカを見据える――それこそがプーチンの「複眼的視点」である。クリミア併合を機に欧米と鋭く対立し、孤立感を深めるロシアだが、プーチンとしては、日本を少しでも欧米路線から引き離す必要がある。日米間にクサビを打ち込む、対露経済制裁というG7包囲網の中で日米欧連携の結束を乱すには、最も弱い部分を狙い撃ちするのが反転攻勢の常道である。

天安門事件(1989年)の対中制裁では、西側陣営に風穴を空けるために中国が狙いをつけたのも日本であった。日本への働き掛けは、「西側の制裁を打破する際におのずと最もよい突破口となった。当時、われわれは日本がこの方面で一歩先んじていくように仕向けていた。西側の対中制裁を打ち破るだけでなく、さらに多くの戦略的な配慮があった。すなわち双方のハイレベル往来を通じて、日本の天皇の初めての訪中を実現させるよう促し、中日関係の発展を新たな段階に推し進めることだった」(濱本良一訳『銭其琛回顧録――中国外交20年の証言』東洋書院)。

第二は、ロシアの潜在的脅威である隣国、巨大国家中国の近年の動向に深く関わっている。この問題は、まずプーチンが最初に大統領に就任した当時の戦略環境と現在のそれとの変化を念頭に置かねばならない。

ロシアの「戦略環境認識」を見る上で重要な文書がある。エリツィン大統領辞任に伴って大統領代行に就任したプーチンが2000年1月10日付の大統領令によって3年ぶりに改定した「国家安全保障概念」だ。それには、冷戦後の「戦略的猶予期間」末期において劇的に変わったロシアの戦略環境認識が鮮明に映し出されている。当時、プーチン・ロシアの「国際戦略環境認識」の根底にあったものは何か。兵頭慎治（防衛研究所地域研究部長）の論考「プーチン・ロシア新政権の対外・安全保障戦略」（『防衛研究所紀要』第4巻第3号、2002年2月）を基に、国際環境や脅威認識を中心に追ってみたい。

新「国家安全保障概念」によると、冷戦終結後、国際社会に存在する趨勢は二つある。一つは、ロシアをはじめとする多極世界形成のイデオロギーの確立に向けた動きであり、もう一つは、米国をリーダーとする西側先進諸国による支配を基盤とした国際関係を確立しようとする動きだ。

こうした認識の下で、ロシアは、「大国として、多極世界における影響力の中心としての立場の強化」を図り、国益を守る必要があると強調、国際分野におけるロシアにとっての基本的な脅威を八点列挙した。その中で注目されたのは、「軍事・政治的ブロック及び同盟の強化、特にNATOの東方拡大」をはじめ、「ロシア国境隣接に外国の軍事基地や大規模な駐留部隊が配置される可能性」「大量破壊兵器及びその運搬手段の拡散」「ロシアに対する領土返還要求」だが、ロシアがとりわけ批判の標的にしたのは、空爆など軍事力行使によってユーゴスラビア問題に関与するほか、NATO東方拡大やミサイル防衛構想の推進役となっている一極支配状態のアメリカだった。

「国家安全保障概念」を改定するための大統領令から半年後、プーチン（正式に大統領に就任）は、議会に対して施政方針にあたる年次教書演説を行い、「強国ロシアの復活」を大目標に掲げた。これは、アメリカ一極支配に対抗するため、「ロシアが多極世界における一つの極たり得る国力を回復すること」を意味したが、その2日後、7年ぶりに改定された「対外政策概念」が公表された。それによると、ロシアの対外戦略の基本方針は「プラグマティズム」「経済的効率性」「国家課題の優先」の三つ。そしてロシアの国益にとって新たな脅威は、アメリカの「経済と武力の支配による一極支配が確立する傾向が強まっている」点だ。

また、対外政策上のチャレンジとしては、国際社会における大国の地位確保、主権・領土の完全性の保持、安定的で公正かつ民主的な世界秩序形成への影響力保持、経済発展のための対外条件の醸成、国際経済システムにおける国家経済の発展促進、戦略的安定及び地域的安定性の強化を条件とする軍事力の削減などを掲げた。

若き大統領プーチンは、経済力を回復し、その勢いに乗って存在感ある大国の外交を展開、内外に力を誇示する戦略外交を展開した。冷戦終結直後の楽観的な戦略環境認識の残り香が漂うエリツィン時代の欧化・民主化政策から舵を切って、米一極支配と対峙する道を選んだのだ。

アメリカに対抗するには、中国との連携が不可欠と判断、ロシアは中露国境問題を決着させた上で戦略的パートナーシップ関係を強化しつつ、アメリカの力を削ぐことを最優先課題に動き始めたのだった。

アジア地域では、①中国との戦略的協調促進、②インドとの伝統的関係強化、③日本との安定した関係の発展を目指したが、優先順位で言えば、北方領土問題という難題を抱える日本は、中国、インドに次いで三番目の存在だった。プーチンは、とりわけ中国とは上海協力機構を設立（01年）するとともに、積極的に国境画定交渉を進め、両国間のトゲを抜き取るなど、米一極支配への反発をバネにした独自の外交を推進して行くのである。

こうした点を考える時、北方領土問題の「陰の主役」はアメリカだ。「日中関係は日米関係である」（本書第5章）ように、日露関係もまた日米関係であるという点を軽視してはならない。プーチンの対日戦略の真意を見抜く上で、重要なのは、第一次プーチン政権誕生（2000年）以後の対日外交姿勢だが、そこで一貫しているのは、日本とアメリカの距離感をどう感じるかであって、ロシアと日本との〈間合い〉が微妙に変化している点だ。

今回の対露外交は、レガシーづくりに余念のない政権末期のオバマ米大統領を尻目に、日露両首脳が16年秋の米政権交代に伴う外交の隙間を縫うように始めたパワーゲームのように見えた。その点、原則を曖昧にしたまま対露外交を進めていた時点では、〈戦略的リアリズム〉とはやや違う、ギャンブル外交的臭いがした。ウラジオストク会談以後も聞こえてきた声は、領土問題解決に向けて「総理が何がしかの成算を持っているとしたら、政治家同士にしか分からない、言葉の裏に隠れた何かを感じ取っている、それ以外には今のところ考えられない」(政府高官)。つまり、裏を返せば、客観的に説得力のある〝物証〟は何も持ち合わせていないということだった。

さらに、ロシアの深層心理には、アメリカばかりでなく、中国の近年の動向による脅威認識が間違いなく影響していることにも注目しなければならない。地球温暖化に伴い今や北極海航路が開拓されつつある中で、安全保障次元で千島列島を含む北方海域の戦略的価値が格段に上がりつつあるためだ。

ロシアについて言えば、マッキンダーの地政学が変貌を遂げつつある戦略環境下で、国家安全保障を考えねばならなくなったのだ。ユーラシアにあって世界の回転軸(ピボット)であるロシアにとっての第一の正面は欧州、第二正面は中央アジア、そして第三正面は極東・シベリアだが、これまで凍結状態で勘案されなかった北極海=第四の正面の出現が、マッキンダー地政学にとって「未知との遭遇」と言える点だ。

†中国の北方進出と二重の懸念

北極圏は鉱物資源、天然資源の宝庫であり、海底には金・銀・鉄・亜鉛・スズ・ニッケル・ダイヤモンド等々や、石油・天然ガス（世界の未確認埋蔵量の約4分の1が未着手状態）が眠る。また、ロシアは近年、北極への戦略的関与を強めているが、その背景に北極海航路の開発に照準を当てた中国の積極姿勢があるためだ。

さらに、北極海航路はこれまで航行可能期間は夏場に限られていたが、地球温暖化の影響により北極海の海氷範囲が急速に縮小、年間の航行可能期間（6月〜10月）が拡大、将来的には通年航行が可能になると見られている。欧州—東アジアを結ぶ航路の距離がスエズ運河経由の3分の2に短縮することになる北極航路の実現は、世界の物流が大きく変わる「海運革命」とまで言われているのだ。

こうした環境激変に伴う中国の北極圏進出は、安保の視点も絡んで、ロシアにとっては、脅威を増す可能性がある。例えば、2012年夏、北極探査に向かう砕氷船「雪龍《せつりゅう》」がオホーツク海を横断、北極点の真上を通る北極海航路を開拓した。さらに、翌13年7月、中国軍艦艇5隻が宗谷海峡を越えてオホーツク海に進出、千島列島から太平洋へ抜け、日本を一周する形で本国へ戻った記録がある。さらに、中国の北方海域進出は、ロシアにとって二重の懸念になっている。「雪龍」はウクライナから購入したものであり、このほか、現在クリミア問題で対峙するウクライナの対中兵器売却は、ロシアに軍事的な影響を及ぼしている。中国がウクライナから購入した旧ソ連時代の空母「ヴァリャーグ」を基に空母「遼寧《りょうねい》」を建設（12年）したことや、同様に戦闘機「スホイ33」の試作機を基に初の艦載戦闘機を開発したのは周知の事実となっている。中国は、戦車3両を搭載可能な揚陸用ホバークラフト「ズーブル」もウクライナの兵器ビジネス（兵器輸出高は米中露に次いで世界第4位、2012年）を活用して手に入れており、「ロシアがクリミア半島を併合したのも、艦船造船所など重要な兵器製造拠点があるためだ」（防衛省幹部）とも言われる。

もう一つの懸念（「第四正面」の出現）は、ロシアにとってさらに深刻だ。マッキンダー地政学に基づく外交・安保戦略は、修正を迫られているとも言え、既に対応を急いでいるのも間違いない。07年8月、ロシアが北極点海底に国旗を設置したのは、自国の大陸棚が北極点まで続いていることを誇示するのが狙いだろう。

北極海航路によって結ばれた北極と極東地域が一体化して「北極／極東戦域」になるため、「2011年から2020年までの国家装備計画」では、軍事力整備と北極政策をリンクさせた措置を打ち出した。また、北極圏の発展と国家安全保障を融合するため、総合的な北極戦略を検討中だと言われる。

プーチン側近のシロビキ（治安・国防関係省の職員及び出身者の総称・通称武闘派）、ニコライ・パトルシェフ安全保障会議書記は、「ロシアにとって北極における戦略リスクが高まっている」（『東アジア戦略概観２０１４』）と警鐘を鳴らしている。世界的にエネルギーや食糧をめぐる安全保障環境が悪化、一方で資源開発や国境整備など北極圏へのインフラ投資が遅れているためだ。

こうした情況を踏まえると、米露新型冷戦に加えて、通年化に近づく北極海航路の使用拡大、中国艦船のオホーツク・北極海進出は、千島列島の戦略的重要性の高まりが背景にあり、今後、北方領土の軍事的価値が「千島の要塞化を進めるだろう」との見方もある。核戦略の要衝であるオホーツク海の重要性も増大している。冷戦時代以来の「原潜の聖域化」に加えて、「北極海への抜け道阻止」に力点を置かざるを得ないからだ。

北方領土に絡んで言えば、国後水道（幅約22キロ、最狭部は国後島の安渡移矢岬と択捉島のベルタルベ岬の間、水深最大４８４メートル）は、ロシア海軍・太平洋艦隊にとってオホーツク海から太平洋へ出るための交通の要衝の一つだ。また、北方領土・北端の択捉島と、北千島（中部千島）南端の得撫島（ウルップ島）を隔てる海峡である択捉水道（幅約40キロ、水深最大１３００メートル）も、ロシア海軍・太平洋艦隊がオホーツク海から太平洋へ出るための要衝である。さらに、千島列島中部に位置するマツワ（松輪）島の調査に着手したロシア軍の最近の動きも、北方領土海域の戦略的重要性の高まりを暗示している。

16年6月4日のノーボスチ通信社報道、『防衛白書２０１６年版』などの情報を総合すると、ロシア国防省、同地理学協会、東方軍管区と太平洋艦隊で構成する調査部隊（太平洋艦隊副司令官アレクサンドル・リャブヒン中将指揮、遠征隊約200人）と、大型揚陸艦「アドミラル・ネヴェリスコイ」、サルベージ船KIL－168など6隻の艦船がマツワ島に到着（16年5月14日、ウラジオストク出航は5月7日）。その後、ヘリコプター発着のためのマツワ島飛行場の復旧作業が開始され、旧日本軍の地下施設の重機掘削などの調査も始まった。さらに、要塞建造物調査のための土木工事、揚陸艦接岸のためのドヴイナヤ湾海岸の調査、移動式飛行場複合体と排水システムの展開、ヘリコプターの着陸準備完了等々が報じられた。

一連の調査の目的は、太平洋艦隊の基地建設の可能性（スロヴィキン東部軍管区司令官）であり、その柱は太平洋戦争中に旧日本海軍が建設した飛行場（滑走路3本）の復旧可能性と言われている。

セルゲイ・ショイグ国防相は以上の動きに先立って発言した。「ロシア連邦軍は今年にクリル諸島、更には北極圏の島々における軍事インフラストラクチュアの形成を完了する」（16年1月）、「4月に太平洋艦隊船員は、大クリル列島への3カ月間の派遣航海へと向かう。その主な目的は、将来的な太平洋艦隊戦力の駐留の可能性についての研究だ」（国防省会議、16年3月25日ノーボスチ報道）。

こうした報道を踏まえると、北方領土問題進展のカギは、日露両国が安全保障次元の認識を共有し、真の戦略目標や狙い・考え方を本音ベースで理解し合えるかどうかにかかっている。そのシグナルになるのは、まずは、13年4月の安倍・プーチン日露首脳会談で、創設に合意したものの、まだ一回しか開かれていない「日露外務・防衛閣僚協議（「2＋2《ツープラスツー》」）」を定期的に開催できるようになるかどうかだ。日露「2＋2《ツープラスツー》」は13年11月、第1回（東京、岸田外相・小野寺防衛相、ラブロフ外相・ショイグ国防相）が開催されただけで、次回モスクワ開催の合意は実現されず、開店休業状態が続いている。日本側は、「中国問題」をも含めて安全保障の視点から話し合える場と位置付けているが、「ロシア側が日露間の一連の協議で、安全保障問題に絡んで中国について言及したことはない」（政府高官）。日露平和条約交渉の進展には高いハードルがあるのは間違いない。

†プーチン「引き分け論」の真意

安倍・プーチンの下での北方領土交渉は、「双方が受け入れ可能な案」がキーワードである。プーチンが「引き分け」論を口にしたのは、12年3月、ロシア大統領選の投票日直前に行われた日欧主要紙との記者会見でだった。日本からただ一人記者会見に招かれた朝日新聞主筆・若宮啓文を前に、北方領土問題に取り組む基本姿勢を明らかにした。まず注目されたのは、日露関係の一般論ではなく、両国間に鋭く突き刺さる北方領土問題を真っ向から取り上げた点だ。

しかも、柔道家として知られるプーチンは「引き分け（双方受け入れ可能な妥協）」「始め（接点を見出すための話し合い開始）」など日本語の柔道用語を使って見解を披歴したが、その発言は用意周到に練られていた。ポイントは次の通りだ。

①最終的には、「両国間の協力の拡大」を通じて解決を見出すことが可能だ、②「領土的性質」を有する問題の解決が本質的なものでなく、「二次的なものとなるような状態」を達成する必要がある、③中国との国境問題交渉では40年間かけて「妥協的解決」を見出したが、日本との間でも同様のことが起きることを期待する——。

ロシア研究者の袴田茂樹・新潟県立大学教授によると、領土問題の解決の条件は、第一に、双方の政権が強力で安定していること、第二に、首脳間に信頼関係があること、第三に、ロシアにとってもプラスだという認識をロシアが持つ状況になることの三点だが、首脳会談を16回も重ねた安倍・プーチンが第一と第二の条件を仮に満たしたとしても、第三の条件が問題として残る。それは、安全保障に関わるものになるからだ。例えば、ロシアが4000キロメートルの国境線で接する中国の脅威をどれだけ差し迫った脅威として深刻に受け止めているか、その時期がいつくると予測しているかによる。差し迫った脅威を遅くとも2、3年後と見るか5年後と見るか、あるいは10年後、20年後と見なすかによって、プーチンの対応・決断は大きく違ってくるはずだ。そして〈戦略的リアリズム〉の視点からは、いずれにしろアメリカが絡む。

プーチンは、第二次大戦の日本とソビエト連邦の戦争状態を終結させ、外交関係を回復させた56年共同宣言の有効性を認めた、その上で「引き分け」を模索すると言明した。しかし、宣言には、国後・択捉については何も触れられていない。日本の（潜在）主権を認めるどころか、交渉に応じること自体、許容するとは現時点では考えられない。両島は既に投資などによって着々と「ロシア化」が進んでおり、ロシア軍も駐留している、加えて近年の北極海航路開発の進捗状況を考慮に入れると、国後・択捉両島の安全保障上の要衝としての価値が増大している点は上述した通りだ。こうした視点を踏まえれば、「トランプのアメリカ」になっても、口を挟まないとはとても思えない。

旧ソ連時代の1987年以来、ロシアは、国後島、択捉島と色丹島に地上軍部隊を再配備してきた。現在も防御的な任務を主体とする一個師団が駐留し、戦車、装甲車、各種火砲、対空ミサイルなどが配備されている。2010年11月のメドベージェフ大統領（当時）による元首として初の国後島訪問後、千島列島（ロシア名「クリル」諸島）の安全の保障を目的とした装備の更新、施設の整備などに着手した。2014年8月には、北方領土及び千島列島で軍事演習が行われた。（『平成27年版　日本の防衛』防衛省）

こう見てくると、帰属問題の是非で考える限り、ロシアが大幅に譲歩して検討するとしたら歯舞・色丹両島だが、ここには外交用語のマジックがある。日本が求めているのは「返還」だが、同宣言には「引き渡す」と明記されている。この違いは何か。これは主権の問題（帰属問題）に深く関わっている。「返還」とは元々日本のものである領土を返してもらうという意味だが、「引き渡す」とは、第二次世界大戦の結果として戦勝国ソ連が正当に実効支配に到った領土を、「温情で贈呈しましょう」との含意が組み込まれている。日本が第二次大戦の結果という歴史を直視し、北方領土はソ連領だとまず公式に認めることが交渉の先決だとするロシア側の主張になる。ロシアにとっては歴史問題と言えるのだ。

このため、プーチンの「引き分け論」について考えると、その言葉は察するに、「フィフティ・フィフティ（50対50）」、あるいは互いに「51対49」の結果で終わったとの気持ちを持ち合えるかどうか、そうでなければ領土問題は解決しないという意味合いを、一言で言い表わしたものであろう。「返還」と言うか「引き渡し」と言うかは別にして、領土の〝割譲〟という主権に関わる大事は国民から異論が出てくるのは当然のことであろう。両首脳にどれだけの覚悟があるか、両首脳がどこまで国内でのリスクを負う覚悟なのか。要は、両首脳が国内の反発を抑えて決着できるか否か、その「本気度」と、政権の求心力や交渉力を含む総合的な外交力が問われている。

確かに、本来、外交交渉では「１００対ゼロ」の完勝はあり得ない。こと戦後70年余を過ぎた北方領土問題に関して言えば、運動のスローガンと化している「四島一括返還論」は現実的ではないと見て、「一括」という用語を外務省は用いなくなっているのだが、ここを基点にして、どこまで「二島＋二島（α）」の「＋α」分を大きく持って来られるかである。

だが、「並行協議」については、現在の外交コミュニティの間でもリスクが大きいとして否定的な見方が少なくない。つまり56年日ソ共同宣言での「二島引き渡し」は、上述したように日本の「潜在主権」――米信託統治下にあった返還前の沖縄に対し日本が潜在的に有するとされた権利で、立法・行政・司法上のあらゆる権利はアメリカがもつが、領土の最終的処分権は日本に残存されるというもの――すら認めておらず、沖縄返還のケースとは次元を異にしており、国後・択捉両島ばかりでなく、歯舞・色丹二島の「潜在主権」も認める保証はない。「交渉が行き詰って適当なところで協議打ち切りとなって、歯舞・色丹の引き渡しだけで事実上決着がついてしまう恐れがある」（外務審議官経験者）というのだ。

しかも、厄介な点は、56年共同宣言に基づく「歯舞・色丹の引き渡し」も、二島に関する日本の「（潜在的）主権」をロシア側が認めた事実がないことだ。「欲しければチップを、あるいは贈物としてくれてやるという感覚（即ちロシア側の「善意」）での「二島引き渡し」であって、帰属問題に決着をつけて二島を「返還」するという代物ではない」（同上）。言わば、ロシアにとって北方四島は「戦利品」（名越健郎・拓殖大学教授）なのである。

首相・安倍の地元山口県長門市での日露首脳会談まで1カ月を切った晩秋、大統領プーチンが日本側報道の楽観論を断ち切る一矢を放った。ペルーの首都リマでの記者会見（16年11月20日）、前日に行われた安倍会談の席上、クリル諸島（北方領土と千島列島）でどのような協力ができるかを話し合ったと説明、北方領土での「共同経済活動」構想について協議したことを暴露したのだ。プーチンは、同構想が「経済的、人道的問題の解決につながる」と強調、引き続き協議は続けられるとの認識を示したが、同時に、「（北方領土問題は）第二次大戦の結果であり、今日ロシアが主権を持つ領土である」と言明、実質的な進展は「簡単なことではない」と指摘した。

それから1カ月足らず。冬の装いとなった長門市の老舗旅館・大谷山荘で、総計16回目となる安倍・プーチン日露首脳会談が12月15日に行われた。平和条約・北方領土問題を中心議題にした会談は通訳のみのテタテ会談（1時間35分）を含め5時間に及び、翌日は場所を東京に移して対露経済協力をめぐって第2回会談が開かれた。

16日午後3時45分過ぎ、署名文書交換式終了後の共同記者会見で、両首脳は協議の成果をそれぞれの関心事および立場から総括し、2日間にわたる首脳会談を自賛した。最大の焦点である平和条約問題については、次のような「プレス向け声明」として発表された。
▽両首脳は、択捉島、国後島、色丹及び歯舞諸島における日本とロシアによる共同経済活動に関する協議を開始することが、平和条約の締結に向けた重要な一歩になり得るということに関して、相互理解に達した
▽日露双方は、漁業、海面養殖、観光、医療、環境その他の分野を含み得る、共同経済活動の条件、形態及び分野の調整の諸問題について協議を開始する
▽調整された経済活動の分野に応じ、そのための国際約束の締結を含むその実施のための然るべき法的基盤の諸問題が検討される
▽共同経済活動の調整に関するいかなる合意も、また共同経済の実施も、平和条約問題に関する日本国及びロシア連邦の立場を害するものではない
▽両首脳は、平和条約問題を解決する自らの真摯な決意を表明した
一時期、外交取材する際、政治記者の間に語り継がれていた言い習わしとして、「首脳会談に失敗なし」というジョークがあった。それは、首脳会談というものが実務レベルで用意周到に準備された末に行われる会談だけに、よほどのハプニングが起こらない限り、用意された「落とし所の枠内」に落ちるものだという、政治記者の経験則から発せられた言葉だ。通常の報道ベースでは長門会談もまた、この言葉が当てはまる首脳会談であった。

しかし、安倍が島民の自由往来に向けた条件整備も含め北方領土問題をめぐる協議の成果を力説したのに対して、プーチンは日本の対露経済協力の成果を語るのに大半の時間を費やした。こうした記者会見での二人の対照的パフォーマンスに見られたように、日露間の思惑をめぐるギャップは依然として大きい。今回の首脳合意（プレス向け声明）から判断する限り、プーチンが大統領一期目の時には認めていた「東京宣言（法と正義の原則に基づき択捉・国後・歯舞・色丹の帰属問題を解決する）」は、彼の頭から消し去られたままだ。プーチンは、二島（歯舞・色丹）がどのような条件下で「引き渡される」のか、日露どちらの主権下に置かれるのか明記されていない「56年日ソ共同宣言」しか認めないとの立ち位置からピクリとも動いていないのだ。

†「共同経済活動」の現実度

安倍が最大の成果として強調した「日露共同経済活動」は、平和条約締結への「重要な一歩になり得る」と位置付けられた、とは言え、その法的基礎、そこから生ずる諸課題については様々な解釈が成り立つ。

「日露共同経済活動」構想は、日本からすれば日本国民が旅券や査証（ビザ）を保有せずに北方四島に渡航できる「ビザなし交流」を、経済関係者らにも拡大、北方領土を経済的に発展させ、領土交渉の突破口にしようとする狙いが込められている。だが、ロシア側は同国の「法令適用」という立場が大前提であり、進展は簡単ではない。ましてや、「第3の法律（新たなルール）」なんてものはとても考えられない。

10月下旬の時点で、ある政府高官が独りごちた言葉がよみがえった。「共同経済活動を新たなルールをつくり、その下で行うなんていったら、独立国を新たにつくるような、とてつもない作業になる。非現実的だ。プーチンが同意するなんてとても思えない」。

そして、共同記者会見で象徴的だったのは、プーチンが「（北方領土問題で）日本に柔軟性を求めるなら、ロシアはどんな柔軟性を持つのか」（産経新聞・阿比留瑠比論説委員）との質問に対して、次のような趣旨の回答をした場面だった。

▽この問題においては共同経済活動の問題もあるし、安全保障の問題もある。1956年にはソ連と日本はこの問題の解決に歩み寄っていって、共同宣言に調印し、批准した。この歴史的史実は皆が知っていることだが、この地域に関心を持つアメリカ、その当時のダレス国務長官が日本を脅迫したわけだ。もし日本が米国の利益を損なうようなことをすれば、沖縄は完全に米国の一部となる。

▽私たちはありとあらゆる地域、国家に対して敬意を持たなくてはいけない。それは米国に対しても同様だ。それは何を意味するのか。つまり私たちにとってウラジオストク、そのち

ょっと北の方にいくと、私たちの海軍の基地がある。私たちはここにおいてどのようなことが起こるかということをいつも考えていなくてはいけない。

▽日本と米国の特別な関係というものもある。日米安保条約の中で、このような意味においてどのような展望があるのか、そのことは私たちにはまだ分からない。私たちが〈柔軟性〉ということで話をする時には、私たちは日本のみなさんに、このような微妙な部分、またロシアの心配する、懸念する部分を考慮してもらいたい。

▽56年宣言に立ち戻ると、(宣言は)日本に二つの島を受け渡すとなっているが、どのような形で受け渡すかは、明快に定義されていない。ただ、平和条約締結の後に島を受け渡すとだけ書いてある。これ(受け渡し)は、非常にプロフェッショナルに、正確にやって行かなくてはならない。

▽この交渉は最終的な目的が大事だ。この島というのは、ロシアと日本を逆に結びつける大きな手となることができる。総理からご提案頂いた共同(経済)活動のための特別の行動メカニズムをつくる、相互協力メカニズムをつくる中で、平和条約に向けての最終的な決定に近付くように持っていくことが大事だ。

このようにプーチンが終始、婉曲な言い回しながら得々と語ったのは、歴史的にもアメリカ抜きには考えられない北方領土をめぐる安全保障の問題であった。

また、それを考える以前に、北方領土の現状には「ロシア化」を目指して進めた開発が色濃く影を落とす。銃撃・殺人・暴行など治安の悪化、麻薬が流通する社会問題等々。油断ならぬ元凶が蔓延《はびこ》っているのだ。拓殖大学教授の名越が『北方領土の謎』(海竜社)でレポートした北方四島の実態から判断すれば、実質交渉の入口に立つに過ぎない「共同経済活動」に足を踏み入れることすら、そんなに甘いものではないのが分かる。

北方領土問題の解決は、日露を取り巻く大情況の中での戦略判断や時代認識・歴史認識、それぞれの国力、国民世論を踏まえて、時の最高権力者が訪れた絶好機を捉えきれるかどうかにある。本章第2節で言及した「コズイレフ秘密提案」を積極的に捉えるならば、ロシアが困り切った時代でなければ日本にとってチャンスは生まれないのかもしれないのだ。このため、北方領土問題には絶対視される不動のアプローチなどはなく、問題解決は時空間を視野広く見据えて統治する時の政治的リーダーが歴史的責任を持ってどう決断するか、またそれを支える「官」のフォロワーたちにどの程度の使命感と責任感があるかにかかっている。それは、一刻《いっとき》の評価ではなく、半世紀、一世紀後の歴史的審判にどれだけ耐えられる決断かを真摯に意識しているかどうかにあるのではないか。そして、北方領土問題の折り合いの付け方は、尖閣諸島を虎視眈々と窺う中国のその後の対応に影響を及ぼす点も考慮しておかねばならないだろう。

第二次大戦後の秩序が名実ともに崩れ、核保有国・米中露三大国の新たなパワーゲームが極東でも既に始まっている。ここで日本に問われるのは、それぞれの大国とどのような間合いを取るかだ。そして、日米の間合いを注視し続けるプーチンの目には、いの一番に次期大統領トランプに会いに行った首相・安倍の姿がどのように映っているかこそが、今後の日露関係に影響してくるのである。

第9章
戦後日本外交の課題と超克の苦悩——オバマからトランプへ

本書では、ここまで冷戦崩壊後の世界における日本外交の軌跡と現在進行中の苦悩を可能な限りファクトを追いながら書き進んできた。第二次世界大戦の終結後、新たな覇権争いが始まった時、「疲弊した巨人＝大英帝国」に代わって新秩序づくりの主役の座に就いたのは、自由と民主主義の旗手アメリカだった。

以来、70年以上が経過した。そのアメリカも今や、「疲弊した巨人」として世界史的転換点に立ち、「偉大なアメリカの再興」を目指すトランプ政権が、「中国夢」を目指す巨大国家と太平洋を挟んで向き合っている。

1950年代、吉田茂と岸信介は、日本を取り巻く戦略空間と未来を視野に入れた時間の中にあって、戦略眼の備わったリアリストとして国民国家の舵取りを担ったが、今も未解決のまま眼前に横たわる重い課題は半世紀余の時を超え、新次元の世界史ゲームの中で二人の孫の世代の政治家に引き継がれている。

終章となるこの章では、トランプ・ショックに象徴される2016年の激震によって加速した地殻変動、そのさなかにあってターニング・ポイントを迎えた日本戦略外交が向き合う課題——いまだに日本外交の頸木《くびき》となっている〈核の傘〉と日本の安全保障、そして〈日米関係は中国問題である〉という永遠の命題——について考え、日本戦略外交の行く末を占う手がかりとして探ってみたい。

第1節　アメリカン・レジーム——核時代の頸木

†同盟国アメリカとの〈和解と核〉

その日の広島は、すでに真夏を感じさせる空に包みこまれていた。

広島平和記念公園の入り口近くに設定された仮テントは、早くも昼前にはセキュリティーチェックを受けるために集まった報道陣の列ができ始めていた。ジットリまとわりつく暖気が体温を押し上げ、ふりそそぐ薄暑光がひときわ眩しい。時おり新緑を揺らす風が運んでくる涼も、ほんの一瞬のものでしかない。プレスセンターとなる国際会議場に入るまで、ゆうに1時間以上、土用の凪を思わせるように風死した、この暑さに耐えて待たねばならなかった。

16年5月27日。この日の主役、オバマ米大統領が被爆地広島のグラウンドゼロに歴史的な一歩を踏み入れたのは、それから5時間余り経った夕刻であった。オバマはまず平和記念資料館を見学した。1階には、大統領のために特設の展示場が設けられていた。

オバマがどんな展示を見たか公表されていないが、筆者の取材では、原爆投下前と投下後の広島市のパネル2枚、爆心地から600メートルの地点で黒こげになったご飯とその弁当箱、そして爆風で台座から吹き飛び、高熱火災によって前面が溶けてなくなった仏像（爆心地から500メートル）の三点。そして自ら持参した4羽の折り鶴のうち、2羽を出迎えた小中学生二人に手渡し、残る2羽は、署名した芳名帳の脇に添えた。この間、10分足らず。大統領は安倍首相の案内で、資料館から原爆死没者慰霊碑まで歩いて移動し、献花した。

「71年前の快晴の朝、空から死が降ってきて世界は変わった」。7年前、チェコの首都プラハで「核なき世界」の実現を訴えた大統領オバマの演説はポエムのような表現で始まった。「世界はこの広島によって一変した」「私たちは今、ここに立ち、原爆が落とされた瞬間に思いをはせている」「歴史を直視し、こうした苦しみが再び起きないように自問する責任を共有している」。当初、数分間と言われていた演説は17分間にわたった。想定外の長さだった。

場面は、最大のクライマックスとなる被爆者との対話へと移った。言葉を交わしたのは、日本原水爆被害者団体協議会（被団協）の坪井直・代表委員と、広島で被爆死した米兵捕虜を独自に調査してきた歴史研究家の森重昭の二人。とりわけ、米側の推薦で選ばれた森との対面シーンは印象的だった。森が大統領の手を握りながら感極まって涙を流すと、肩を優しく引き寄せて、そっと抱きしめた。

原爆投下当時、森は小学生だった。爆心地から2・5キロほどの欄干のない橋の上で被爆した。雷鳴のような爆音と物凄い閃光のあと、強烈な爆風によって木の葉のように川の中に吹き飛ばされた。水草の生い茂る川は浅かったので命拾いしたが、原爆のキノコ雲の中は真っ暗だった。10センチ先も見えない。キノコ雲があらゆる物を吸い上げ、人間さえも吸い込まれて浮き上がっていくのが見えた。（森重昭『原爆で死んだ米兵秘史』潮書房光人社）

黒い雨に打たれると、ひどく痛かったこと、川に落ちて助かったあと逃げる際、泣きながら、死体を踏みながら懸命に走ったことを覚えている。（2016年6月24日、日本記者クラブでの記者会見）

米大統領オバマの広島訪問は、米CNNテレビ、英BBC放送など外国メディアも生中継した。「オバマと被爆者」のツーショットは翌日の新聞の紙面も含めて〈日米和解〉を象徴する場面として全世界に配信された。

記念公園を離れるまで約50分間。「核なき世界」への決意を改めて内外に発信した大統領オバマの広島訪問は、すべて滞りなく、日米外交当局が事前調整した段取り通りに終わった。予定調和の演出によって、オバマは、確かに「謝罪」の言葉を一言も発しなかった。が、原爆を初めて使ったアメリカの現職大統領が被爆地を訪れた事実は、何よりも重い。仮にオバマが、ここで演説を5分間で切り上げていたとしても、広島訪問の歴史的価値は何ら変わらなかったはずだ。それは、前年4月、国賓級待遇でアメリカに招かれた首相・安倍が米連邦議会上下両院合同会議で行った演説「希望の同盟へ」の延長線上で展開された、真の〈日米和解〉へのプロセスの一場面だとも言えた。

しかし、重要なのはこれからである。こうした慰霊のための被爆地訪問が、共和党右派の大統領が誕生しても続くものなのかどうか。同時に、真の和解についてのアメリカの視点からすれば、報復を伴う戦争の力学として歴史的にヒロシマ、ナガサキの起点となったパールハーバー（真珠湾）への総理大臣の慰霊の旅が常態化してもおかしくはない。確かに、ヒロシマ・ナガサキは無辜の民を攻撃対象にした非人道的な殺戮行為であり、軍事目標をターゲットにした真珠湾攻撃とは異次元の国家行動である。東京大空襲も同様だ。だが、密接に因果で結ばれた人種的憎悪の連鎖の引き金となった歴史は、厳然たる事実の痕跡としてわれわれの目の前にあるのだ。

1945年の米東部時間8月6日午前11時（日本時間7日午前1時）、ホワイトハウスは予定通り「大統領声明」を発表した。

「日本軍は開戦にあたり真珠湾を空襲したが、今やその何十倍もの報復を受けたのである。これは原子爆弾である。7月26日、ポツダムで発せられた最後通告を、日本側首脳はただちに拒否した。この期に及んでも、なお当方の要求を拒否するにおいては、有史以来最大の破壊力を持つ爆弾の雨がひきつづき彼らの頭上に降りそそぐであろう」（山田風太郎『同日同刻――太平洋戦争開戦の一日と終戦の十五日』ちくま文庫）

人類すべての〈生存（安全）〉を脅かす人間の狂気をも引き出しかねない核の時代の幕開けは、日本外交の宿痾《しゆくあ》となって、日本の〈独立〉劇に様々な影響を与えたのである。

†ヒロシマの碑文をめぐる論争

広島平和記念公園のほぼ中央に、原爆死没者慰霊碑、正式には広島平和都市記念碑がある。もう60年以上も前、その碑文に彫られた言葉をめぐって論争があった。

「安らかに眠って下さい／過ちは／繰り返しませぬから」

1952年7月22日、広島の浜井信三市長から碑文を依頼された広島大学・雑賀《さいか》忠義《ただよし》教授が揮毫《きごう》した言葉である。この碑文にクレームがついた。主語が曖昧だというのである。

「「過ち」は繰り返しませぬ」では、「誤まり」は犠牲者たる広島市民にあるということになるのではないか。犠牲者や遺族は、とても安らかに眠れない――と。人類史上初めて原爆を投下したのは、アメリカである。「「過ち」は誰が犯したものなのか」。それがはっきりしているならば、「過ちは繰り返しませぬ」ではない。「過ちは繰り返させぬ」と、アメリカに発信すべきではないか――と。

広島市議会でも反対論が強く出された。浜井が答弁している。「原爆慰霊碑文の「過ち」とは、戦争という人類の破滅と文明の破壊を意味している」。同年8月6日、碑文「過ちは繰返しませぬから」のまま、慰霊碑の除幕式が行われた。

浜井市長は挨拶の中で「この碑の前にぬかずく一人一人が過失の責任の一端を担い、犠牲者にわび、再び過ちを繰返さぬように深く心に誓うことのみが、ただ一つの平和への道であり、犠牲者へのこよなき手向けとなる」と強調した。（鈴木頌《しょう》「第一次碑文論争」）

だが、その3カ月後、新たな論争が巻き起こる。

世界連邦アジア会議（新興アジア諸国14カ国、45人の代表らが出席）が爆心地・本川小学校講堂で開かれ、インドの国際法学者ラダ・ビノッド・パール博士が、平凡社社長・下中弥三郎の招きでゲストとして参加した時のことだ。同会議出席のため広島を訪れたそのパールが異論を唱えたのだ。

パールは、極東国際軍事裁判に連合国から派遣された判事の一人。戦勝国によってつくられた事後法を以って日本を裁くことは国際法に反するなどとして、東条英機ら被告人全員の無罪を主張（「意見書」、通称「パール判決書」）した、あのパール判事である。彼は慰霊碑に献花し哀悼の意を捧げた後、通訳から碑文の意味を聞くと表情をこわばらせた。

「『過ちは繰返しませぬから』とあるのは日本人を指す。原爆を落としたのは日本人でないことは明瞭。落とした者の手はまだ清められていない」（1995年4月16日付中国新聞朝刊「検証ヒロシマ　1945～95」〈13〉原爆慰霊碑）

アメリカの原爆投下に人種差別の臭いを嗅ぎ取るパールの怒りは、ここヒロシマで頂点に達した。彼は、極東裁判は「日本をあまりに卑屈にした」と嘆いた。（田中正明『パール博士のことば』／中島岳志『パール判事──東京裁判批判と絶対平和主義』白水社）

「この〈過ちは繰返さぬ〉という過ちは誰の行為をさしているのか。もちろん、日本人が日本人に謝っていることは明らかだ。それがどんな過ちなのか、わたくしは疑う。ここに祀ってあるのは原爆犠牲者の霊であり、その原爆を落とした者は日本人でないことは明瞭である。落した者が責任の所在を明らかにして〈二度と再びこの過ちは犯さぬ〉というならうなずける」

パールの碑文批判は、当然の事ながら波紋を広げ、原爆論争に火をつけた。

†雑賀忠義の大義

原爆投下から7年、極東裁判から4年後。「日本無罪論」を主張したパール判事の碑文（「過ちは繰返しませぬ」）批判は、碑文を考案した雑賀忠義にとって想定外の〝事件〟であった。雑賀は「仙人」の渾名で呼ばれ、はげ頭に骨ばった顔の飄々たる風采の名物教授だった。どこか浮世離れしていて人によっては変人にも見えたが、英詩を愛する文人肌で、ギリシャ神話にちなんで、長男に「亜幌（アポロ）」、次男には「飛龍（ヒリウス）＝ひりょう」と名付けた。自宅を訪ねる学生に硯箱《すずり》と記名帳を差し出したり、難解な英文エッセーを陶然と読み上げ、自らも訳して悦に入るなど、多彩なエピソードが残されている。

雑賀一家4人もヒバクシャであった。雑賀が広島市広報紙に寄稿した碑文解説に「20世紀文明が犯した最大の過ちは広島の原爆であった」とある。

雑賀はパールに抗議文を出した。「広島市民であると共に、世界市民であるわれわれが、過ちを繰返さないと誓う。これは全人類の過去、現在、未来に通ずる広島市民の感情であり、良心の叫びである。「原爆投下は広島市民の過ちではない」とは世界市民に通じない言葉だ。そんなせせこましい立場に立つ時は過ちを繰返さぬことは不可能になり、霊前でものをいう資格はない」。パール博士宛の抗議文の中には、碑文の英訳が綴られていた。英訳文は、米イリノイ大学の知己を通じて練り上げたものだった。
"Let all the souls here rest in peace: For we shall not repeat the evil."
「繰り返しませぬ」の主語は「we」、「過ち（＝原爆投下を為さしめた悪魔の行為）」は「the evil」であった。（前掲「中国新聞」）
この論争から5年後、雑賀は定年退官の際、「広大新聞」により明確に語っている。「全世界よ、全人類よ、日本の方を向いて『右へ倣え』。碑文は全人類への号令である。こんなはっきりしたことが読み取れないのですか。頭が悪いですね」
パールの立場は、欧米列強による帝国主義に抵抗した東洋という歴史観に基礎を置いたアジア主義の立場から出てくる思考である。原爆碑文「過ちは繰り返しませぬ」批判の一節には、次のような文言が含まれていた。「この過ちが、もし太平洋戦争を意味しているというなら、これまた日本の責任ではない。その戦争の種は西欧諸国が東洋侵略のために蒔いたものであることも明瞭だ。さらにアメリカは、ＡＢＣＤ包囲網をつくり、日本を経済封鎖し、石油禁輸まで行って挑発した上、ハルノートを突きつけてきた。アメリカこそ開戦の責任者である」。（田中、前掲書）
アメリカは原爆投下とパールハーバーの因果関係について、日本人とは異次元のものとして捉えている。一方、インド人のパールはアジア主義的発想で捉えている。雑賀の高邁な〝人道主義〟の理念との間の乖離は、とてつもなく大きい。

歴史とは、結果の無限連鎖であり同時に原因の無限連鎖でもある、と考えるならば、どこかに〈根源的な起点〉を人類社会は持たなければならない。特に、原因—結果の連鎖が一段と複雑に入り組む現代の国際政治には、国家・国民相互の認識を包摂する歴史認識を共有する必要性が求められている。

パール・雑賀論争のあった時代背景には、朝鮮戦争が休戦前の状態としてあり、併せて米ソ冷戦が激化し、いよいよ本格的な核競争の時代に入りつつあった点を考えれば、双方の立場の乖離は、パール、雑賀の真意がどうであったにせよ、総体として左右イデオロギーの次元として表れてくるのは必然性があった。パール・雑賀論争の意味は奥が深い。

以上の視点を踏まえて、無謀な戦争に突っ込んだ敗戦国に生き長らえた雑賀を考える時、見逃してならないのは、次のエピソードであろう。

1941年12月8日（日本時間）、大日本帝国軍がハワイの真珠湾を奇襲攻撃したと報じられた時、多くの日本国民は開戦に狂喜した。作家・山田風太郎によると、雑賀忠義もその一人であった。「その朝の授業は、鬼のあだ名で文科生にもっとも畏怖された雑賀教授の英語だった。廊下のマイクが臨時ニュースを伝えると、教授は廊下に飛び出して、頓狂な声で「万歳」を叫んだ」（『同日同刻』）

山田風太郎の『同日同刻』は、軍人、政治家、知識人、作家など様々な人々を対象に、太平洋戦争開戦日の一日と、終戦に向けた45年8月1日から15日までの、同日同刻の言動の記録で構成した著書である。

日本において、「聖戦」（宗教的に神聖と見なされる正義の戦争）という言葉は、日中戦争の頃から多用され始めたと言われるが、本格的に使われ出したのは、日本がアジア民族の解放と結びつけて列強との戦争に踏み出した頃であろう。大東亜戦争という呼称が名実ともに「聖戦」を決定づける。真珠湾攻撃の4日後、東条内閣は、「支那事変」（日中戦争）も含めて「大東亜戦争」と呼ぶと閣議決定した。その意味で、『同日同刻』にある様々な人の声は、「聖戦」の起点と終末を迎えた時の記録である。

真珠湾攻撃の報に「頓狂な声で「万歳」を叫んだ」雑賀と、8月6日に被爆者となり、原爆碑に「過ちは繰り返しませぬ」と揮毫した雑賀。そこには、75年前に勃発した日米戦争の因果につながれ、時空を超えた宇宙のリズムにつながる大義を心した「二人のサイガ」がいた。

†「核の傘」と対米追随の起源

戦後日本の外交には頸木がある。敗戦国となった日本には、しばらく外交というものが事実上存在しなかった。より正確に言うならば、敗戦直後の日本に残されたのは、連合国司令部

（GHQ）との交渉権のみだった。いずれにせよ、独立を回復するまでの日本は、真っ当な外交権は喪失していたと言えるだろう。

現在の日本外交の原型は、朝鮮戦争さなかに構築されたサンフランシスコ講和体制（日米安保条約・サンフランシスコ平和条約・日華平和条約＝1952年発効）という枠組みの中で生まれた。その後、日中国交正常化に至るまでの20年間、日本政府の対中政策の基本原則は「政経分離」であった。この間、冷戦最中のスターリンの死去、朝鮮戦争、米ソの水爆実験、二次にわたる台湾海峡危機（中国の金門・馬祖砲撃）、第一回アジア・アフリカ（AA）会議の開催、日本の保守合同（55年体制）、スターリン批判、日ソ国交回復、ハンガリー暴動、スエズ動乱、ソ連の人工衛星スプートニク号打ち上げ成功（スプートニク・ショック）、中印国境紛争、「ベルリンの壁」構築、キューバ危機、ベトナム戦争、中国の原爆実験、中ソ国境紛争、文化大革命等々――そしてニクソン・ショック後、ソ連消滅により冷戦構造が崩壊するまでの20年間も、数々の政治的事件、軍事衝突・危機が発生し、日本外交は国際政治が激動する中で翻弄され続けた。

吉田茂が敷いた「軽武装商人国家」路線は、核の時代の米ソ冷戦期に岸信介が全力を傾けた日米安保体制と共に、米国の核戦略に組み込まれた。日本の安保政策はアメリカが差しかけた「核の傘」の下で進化し続け、日本外交はアメリカが設定した頸木に随って、独自の発想を封印した。その結果、時に過剰な対米依存に見える日本外交が生み出されたのである。

アメリカの広島、長崎への原爆投下は、「戦争と平和」のありようをガラリと変えた。第二次世界大戦後の秩序形成を主導するアメリカは、核兵器を軍事戦略の柱に据え、超大国としての地位を揺るぎないものとした。東アジアでは、朝鮮戦争が契機になって核戦力の投射が行われるようになり、拡大核抑止戦略が次第に本格化すると、その過程で日本に差し掛けられる「核の傘」が形成されていく。

日本外交にとって、この「核」ファクターは、切っても切り離せない問題として絡みつき、冷戦終結四半世紀が経過した今も、執拗にまとわりついている。日本外交批判としてしばしば使われる言葉「対米依存外交」は、その淵源を「核」との関係に求められる。広島、長崎の悲惨を経験した日本は、非核三原則（核をつくらず・持たず・持ち込ませず）を国是にして非核国の道を戦後一貫して歩んできたが、冷戦後も続く「核の中の世界」においては、アメリカの「核の傘」に依存して国家の〈安全〉と〈独立〉を保持してきたのである。

†インドの核

1950年代、吉田政権の下で部分講和であるサンフランシスコ講和条約を締結し、再軍備の道に進んだ日本の生き方を「対米追随」と見て厳しく批判した裁判官パールの主張は、英国の植民地となった母国の悲惨な歴史体験をアジア主義に血肉化したインド人の魂の叫びであった。しかし、同じインド人でも、国家を率いる政治家として同国に貢献した男の目には、また違った角度から戦後日本を見る視点があった。

50年代、非同盟の雄として外交を展開したネルー印首相がその人である。1957年5月、インドを訪問した岸信介首相に対してネルーは、自国の非同盟政策について次のように説明した。

「一国の基本政策は、その国の置かれている立場と周囲の情勢によって決定される。インドはイギリスと長い因縁があるほか、中共、ソビエトとも長大な国境で接している。このためインドが独立を維持していくためには、自由、共産、どちらの陣営にも偏しない立場をとらざるを得ない。ただし中立は、政策の面ではあり得ても思想的にはあり得ない。自由主義か反自由主義かという場合に、どちらでもないということはあり得ないのだ。私は、思想的には、はっきり自由主義の立場をとる。中共政権を承認したことと、中共政権の思想を承認することとは全く別問題である」(『岸信介回顧録』)

インドが自国の〈安全〉と〈独立〉をわが手に握り続けるために取った選択が自由主義陣営にも共産主義陣営にも属さない非同盟・中立の道であり、それはインドの地政学的要素と歴史を踏まえた上での独自の決断であった。中立は、思想としてはあり得なくても、政策としてはあり得ると確信するネルーのこの言葉は、冷徹な戦略眼を備えたリアリストだから言えるものだった。まさにインドが置かれた大情況（戦略環境）の中で生かされる、インドの指導者としての〈戦略的リアリズム〉の神髄と言えた。それは、インドが掲げる「非同盟2・0」が志向する「戦略的自律性（strategic autonomy）」であり、自主独立外交の重要性を主張し続けた岸の戦略観に相通じるものがあった。

ネルーは57年10月、国賓として日本を訪問した時にも強調している。

「思想に中立はない……しかし政策として中立主義をとるかどうかは、思想の問題と違って、その国の置かれているいろんな環境と歴史的な背景から決定される。インドは現在中立政策をとっているけれど、思想としてはあくまで自由主義である」（岸、前掲書）

インド訪問時、ニューデリー郊外で開かれた歓迎集会に出席した岸はその時のネルー演説を回想する。

「通訳が私に言うにはですよ、今ここに日本の総理を迎えている。諸君は、日本という国を知っているか、地図を開いてみろ、アジアの端っこにある小さい島国が日本である。しかし自分はインドを独立させようと思ったけれど、アジア人はヨーロッパ人にはかなわないという観念が底にあった。ところが、このアジアの小国日本が世界最大の陸軍国であり、強大なる軍事大国であるロシアと戦って、これをやっつけたんだ。われわれの望みは達せられる、自分は何度も投獄されたけれど、その度にそういう決意を固めたんだ」「日本という国は今度の原子爆弾で国土が荒廃した。原爆は恐ろしいものだけれど、それにもかかわらず、日本は再びよみがえった」「日本の過去の努力と日本民族がやって来たことを模範とし、これを見習って実現するということだ、ということで話をしめくくった」（岸、前掲書）

戦後、吉田時代以来の日本の生き方を受け入れるネルーの言葉には、日本の地政学的事情と独自の歴史体験に対する理解によって裏打ちされたものがある。以来60年が経過した。第4章で詳述したように、インドは今や安倍戦略外交の最重拠点の一つとなった。

インドは、1974年と98年に核実験を実施し、米露英仏中の国連常任理事国（P5）などと共に核保有国（他にイスラエル、パキスタン）となった。そして、アメリカの「核の傘」に依存する非核国日本とは異なる道を歩み始めた。

核兵器隆盛の冷戦の時代にあって、当時、社会党が掲げていた「非武装中立」政策は究極の人道的理想形態としては理解できても、当時の大情況の中にあっては幻想も同然だった。が、一方でそれと対極的立場に立つ核武装への道もまた、現実味に欠ける選択肢だったに違いない。それは台湾のケース同様、吉田、岸が〈戦略的リアリズム〉によって作り上げた外交安保体制の根幹を揺るがし、巨大なダメージを伴うのは間違いなかったためだ。

脱却できぬ核レジーム

冷戦時代、「対米追随」と言われ続けた日本外交に対する批判の根源は、米国がさしかける「核の傘」を絶対視するようになってしまった思考構造の中に見出されると、核問題を最前線で追い続けるジャーナリスト太田昌克（共同通信）は断言する。太田によると、原子力の「平和利用」と「軍事利用」がコインの裏表の関係をなしていること、まさにその原子力の平和利用の表裏一体性ゆえに、稀にみる核被害国である日本は、米国の思い描く原子力レジームに組み入れられていった」（『日米〈核〉同盟——原爆、核の傘、フクシマ』岩波新書）。

これを太田は「日米核同盟」と呼ぶ。即ち、日本政府は、アイゼンハワー大統領の国連総会での演説「平和のための原子力利用（Atoms for Peace）」構想（1953年）を全面的に受け入れた。一方の「原子力の軍事利用」について言えば、戦術核の陸上配備に応じることはなかったものの、核搭載艦船の通過・寄港という米側の「次善の策」を黙認することで米国の核抑止体制に自身の国策を委ねていった。

そして「戦後日本の安保政策が米国の「核の傘」を絶対的なものと位置づける前提に立ち続けたがゆえに、被爆国が国内外で唱導している比較の精神とその実態の間に、切実な矛盾を来したことは否定できない」、さらに岸、池田、佐藤などの歴代保守政権が国民の反核エネルギーの強さゆえに、政治的ダメージを受ける展開を恐れる一方で、事なかれ主義の官僚機構を極度に慎重にさせ、米国の核について真相を語らない日本の政官の無責任な呪縛構造をも形成していったのではないか、と分析している。（太田、前掲書）

太田の分析は、巨視的にみて、核と対米依存の関係について、寸鉄人を刺す日本外交安保体制（エスタブリッシュメント）批判だと言える。しかし、日本にとって「多数講和（部分講和）」となったサンフランシスコ講和体制に組み込まれる道を歩み始めた以上、日本外交には、容易には脱却できない道であったのも事実であろう。

例えば、台湾のケースがある。第一次台湾海峡危機（54年9月）から10年後、中国が核実験を実施すると、衝撃を受けた台湾は核開発計画に着手、70年初頭、ニクソン米大統領の電撃訪中により米中接近が劇的に進むと、アメリカのコミットメントが低下するとの懸念から、自前の核防衛のために本格的に核保有の道を模索した。しかし、核拡散を憂慮したアメリカの再三の圧力を受けて、80年代末期にやっと断念したと言われる。

断念した理由には、次のような事情があった。台湾にとって中国からの脅威は、核攻撃ばかりでなく、台湾侵攻、台湾の島々の占領、台湾のシーレーン及び空域に対する妨害などがあり、非核分野での様々な軍事支援や兵器の提供を他国から受けることが不可欠であった。このため、台湾にとって「独立国」の象徴として「核」を保有するよりは、軍事的支援を約束するアメリカとの関係を損なうリスクの方が大きいと考えたのであった。

アメリカとの幅広い関係こそ台湾生存の条件であり、核保有への道を邁進することは対米関係に深く傷を負うことになりかねないとの認識が、その考え方の根底にあった。（塚本勝也他「核武装と非核の選択――拡大抑止が与える影響を中心に」『防衛研究所紀要』第11巻第2号、2009年1月）

†核保有ドミノの危険

翻って現在に立ち戻ると、9・11テロ以後、21世紀に入って「試練の10年」を経た今、核拡散をめぐる情況はどの方向に動いているのだろうか。

中東の大国イランの核開発問題については、このまま行けば敵対国イスラエルが武力行使に踏み切る恐れがあるとの懸念を背景に、2015年7月、イランと欧米など関係6カ国の直接協議の結果、平和的な解決に向けての最終合意に達した。合意内容は、イラン側が今後10年以上にわたって核開発を大幅に制限、その見返りに、米・EUからの対イラン制裁（原油輸出や金融取引など）を全面的に解除するというものだ。イランが核兵器を手にし、サウジアラビアなど近隣諸国による核開発（「核の拡散」）に拍車がかかるという〝最悪の事態〟をひとまず回避できたものの、いずれイランは国際社会を欺き、核兵器の開発に手を染めるのではないか、との疑念・不信感は拭えないとの見方は専門家の間に根強い。

既に、イスラエルをはじめ、隣国パキスタン、インドが核保有国であり、国民国家がアイデンティティを高める一方で経済の相互依存を深めざるを得ないという、グローバリズム下の新たな帝国主義の時代にあっては、イランも必然的に〈核保有ドミノ〉を引き起こす対象国になるというわけだ。

では、我が国の近隣国・北朝鮮の動向はどうか。11年12月の金正日の死去に伴い、北朝鮮の権力を掌握した三男の金正恩は、核実験を繰り返し核弾頭の小型化などを進める一方で、運搬手段（ミサイル）の質的向上によって、核の脅威は増大しつつある。中国は、北朝鮮の暴走に手を焼きながらも、アメリカの影響を削ぎ落す朝鮮半島のバッファーゾーン（緩衝地帯）として、北朝鮮を放棄することはないであろう。日本にとっては、アメリカン・レジームの頸木から容易には脱却できない情況が続く。

しかし、こんな考え方もできる。核保有国インドは、第4章で見たように、新たな時代の非同盟路線として、〈戦略的自律性（strategic autonomy）〉を最重視して、アメリカとの関係を、非核国・日本のように同盟ではなく、「連携外交」によって強化する「非同盟2・0」の道を選んだ。

〈戦略的自律性〉とは、外部からの制御を排して自身の立てた規範に従って機略縦横に行動すること、そして、かつ自身の立てた規範自体に独立の意義・価値を内包していることを意味するが、それを持てるかどうかは、対米関係のアプローチの違いはどうあれ、自国のアイデンティティを形成する歴史的教訓をいかに新たな思想次元にまで昇華させ、人類史的視野に立ってそれを活かせるかにある。

日印両国は、帝国主義時代の欧米に抵抗しつつ戦い、彼らが生み出した価値観を取り込みつつ、それぞれ独自の近代国家をつくり上げた。このアジアにおける二つの民主国家が連携することによって、人類史の行方を左右する、存在感あるアジアへの道が開ける可能性が出てくるのではないだろうか。

第2節 「トランプのアメリカ」とどう向き合うか——価値観外交の危機

†トランプ現象の正体——三つの視点

米大統領選は「アメリカ社会の変化を映す鏡」と、しばしば言われる。しかし、今回は、長年、米国政治を研究してきたアメリカ・ウォッチャーの経験則や分析手法をはるかに超えた想定外の大統領選となり、8年前の黒人初の大統領誕生に振れた振り子が真逆に振れる結末で幕を閉じた。それは、権力を大きく動かすパワーを秘める移民国家の「草の根民主主義」の下でのある種の〈革命〉とも言えたが、それだけに、憎悪・喧噪、怒号・熱狂の中で明らかに盛りを過ぎた超大国に起きた〈トランプ革命〉の本質を考えることなしには、世界は前に進めない。「トランプ現象」の正体とは何か。2016年米大統領選で吹き荒れたトランプ旋風を分析するには、「中産階級ラジカル」「反知性主義」「人種・人権」という三つの視点から考える必要がある。

▼中産階級ラジカル

「トランプ現象」の一つの側面として言えるのは、まずアメリカン・デモクラシーの柱である「分厚い中間層」の崩壊という視点だ。背景には新自由主義グローバリズム経済によって途方もなく拡大したアメリカ国民の貧富の格差があった。

「没落する中間層」と、そもそもが貧困層に属する白人男性が熱狂的なトランプ支持者の中核を構成していた。とりわけ、そうした人々の多くが住む中西部諸州「ラスト・ベルト（Rust Belt：錆びついた工業地帯、時代遅れの工場と技術に依存している産業が衰退している地域）」での戦いが、大統領選の雌雄を決したと言っても過言ではない。

米「ナショナル・ジャーナル」誌の論客ジョン・ジュディスは、「トランプ現象」を「中産階級ラジカル」の復活志向と結びつけた。「中産階級ラジカル」とは、ミシガン州・オークランド大学出身の社会学者・ドナルド・ウォレンが一九七六年に出版した『ラディカル・センター』（The Radical Center：Middle Americans and the Politics of Alienation）の中で初めて提示した概念で、政府は富裕層と最貧困層の対策にしか関心がなく「ロウワー・ミドル（下層中産階級）」の自分たちを無視している、と不満を抱いている階層を指す。

米ソ冷戦後の1990年代から21世紀にかけて、アメリカ一極支配の下で加速した新自由主義経済グローバリズム（金融偏重型のカジノ資本主義）は、アメリカの経済・社会構造を激変させた。その光と影のダークサイド部分が一段と拡大した貧富の格差である。米民主政治の安定的な基盤であるはずの分厚い中間層は、上からの押し下げ圧力の中で所得が伸び悩む一方で税金は重くのしかかり、医療・福祉、教育分野での支援による家計への底上げもないという、上下双方からの挟撃状態に追いやられた。

トランプ支持者、いわゆるトランピアンは、高卒以下の白人貧困層（プア・ホワイト）労働者階級に加えて転落の危機にある下層中産階級、即ち経済的な没落の危機を感じる「怒れる人々」であり、その中核になったのが急進的な白人男性の群れなのだ。

キャンペーン中のトランプは、攻撃の矛先を、1100万人以上の不法移民、特にその半分に当たる不法移民を流出しているメキシコに向けた。違法流入メキシコ人を「麻薬密売人」「強姦野郎」と決めつけた言辞は、物議を醸したが、白人男性の「職業」を奪う「外敵」に見立てて視覚化したものだ。「アメリカ第一主義」を唱え、TPPやメキシコなどとのNAFTA（北米自由貿易協定）を元凶だと決めつけたトランプは、テレビのリアリティー番組で培った人気をフル活用、彼らの怒りを基盤として支持の裾野を広げて行ったのである。

▼反知性主義

しかし、「トランプ現象」は〈失職〉〈移民〉〈経済格差〉だけでは読み解けない。そこに纏《まと》わりつく〈熱狂〉の根源にあるものは何か、という問い掛けがここに必要になる。その答えとして、「トランプ現象」の二つ目の側面「反知性主義」（anti-intellectualism）が浮かび上がる。詳述は、拙稿「岐路に立つアメリカの今後」（『海外事情』2016年4月号）に譲るが、「反知性主義」は「WASP（ホワイト・アングロサクソン・プロテスタント）」の世界を大前提に基本設計が為されたアメリカの深層に流れてきた次のような精神風土と歴史的経緯を持っている概念だ。

「反知性主義」とは、権威やエリートに懐疑的な立場を取る主義・思想であり、アメリカ史を遡れば、英国の宗教秩序に異議申し立てをし、大西洋を渡って来た巡礼父祖（ピルグリムファーザーズ）がニューイングランドを植民した時代に起源を持つ。

「反知性主義」という概念の生みの親であるリチャード・ホーフスタッターによると、「反知性主義はつながった一本の糸ではなく、時とともに勢いを変える多様な原因から力を引き出す勢力」として出現する。その一例が、1950年代、知識人をも攻撃対象にすえた赤狩り、いわゆるマッカーシズムだ。「反知性主義」はその嵐の中から生まれ、アメリカ社会で日常的に使われるようになった用語である。それは、エスタブリッシュメントに対する反感、反抗となってポピュリズムの熱狂的な側面を有しつつ具現化する。ホーフスタッターは、反知性主義をすべて否定しているのではなく、民主政治において十分に貢献していない知識人と知性の役割に関する問題点について論じた。神との関係において育まれた「反知性主義」の本質は、アメリカン・デモクラシーにとって不可欠な要素として注入された健全な心的姿勢で、その根源に流れる通奏低音は「権力への根深い疑念」——権力介入の最小化、権力の均衡維持——なのである。

この通奏低音の意味を正しく読み解かなければ、アイロニーに満ちた「自由」と「平等」を根幹的な概念にしてなり立った人工国家アメリカに、いま「トランプ現象」が現れた意味を理解できない。国際基督教大学の森本あんり・学務副学長の『反知性主義——アメリカが生んだ「熱病」の正体』(新潮選書)は一つの回答である。

「反知性主義」は、別の言い方をすれば、現代アメリカ文明(理性・合理によって作られた人工国家)の下での近代化の果てに偏重されるようになった数値化・データの過大評価を嫌悪し、プリミティブな感覚・肉体を尊重する心的姿勢をも含む精神性をさすが、反インテリ、反フェミニズム的言動によって既成秩序を叩いたトランプの手法は、アメリカ史の深層に連綿と流れてきた反知性主義の精神的風土を巧みに利用したデマゴーグ的手法だったと言える。

▼人種・人権

「トランプ現象」三つめの側面は、自由と平等の人工国家アメリカの装置に組み入れられた〈人種・人権〉をめぐる問題だ。

「反知性主義」の基層を成す権力への懐疑は、時に抑え切れぬ「異常な熱狂」として表面化する。トランプは、冷戦後アメリカ国内に広がった脅威や、融合し切れない文化の異質性を背景に、異人種、異民族、異教徒に対する敵愾心を煽りながら、アメリカン・デモクラシーに組み込まれたその下地を強引に掘り起こすことに成功したのである。黒人初の米大統領バラク・オバマの時代が終焉し、白人至上主義者を含めて構成されたトランプ政権が誕生したアメリカの現在を知るには、〈人種〉〈権利〉〈税〉をめぐって対立し、亀裂を深めていった共和党対民主党の泥仕合の政治闘争史（トマス&メアリー・エドソール、飛田茂雄訳『争うアメリカ――人種・権利・税金』みすず書房）を振り返ってみなければならない。

そこには、「メイフラワーの盟約」を出発点に、アフリカ人奴隷、故郷を異にする大量の移民の歴史を下支えにして基礎がつくられた国民国家として、20世紀に経済力、軍事力で世界ナンバー1を勝ち取った〈人工国家アメリカ〉が現存し、その〈国民たる「多種多様なアメリカ人」〉が描いてきた歴史の沈殿物としての〈怨念の宿痾《しゅくあ》〉があるのだ。

共和党は1960年代、民主党・大統領を支える柱であったニューディール連合の階級的基盤を突き崩し、以後、約30年にわたる共和党の勢力拡大を可能にした。また、税金問題では黒人やその他マイノリティ（社会的少数派）に社会経済的利益を再配分するために連邦政府の資金・労力など多大なコストが必要である点を、白人層に強く意識させるのに成功したのだ。この〈人種〉と〈税金〉をめぐる問題に、新たな政治変動要因として〈権利〉をめぐる問題が加わった。それによって連鎖反応が引き起こされ、共和党対民主党の闘争は70年代から80年代にかけて激化した。

例えば、黒人公民権運動に始まったマイノリティの権利獲得運動は時代を経るに従って、大学入学などマイノリティのためのクオータ制の導入などアファーマティブ・アクション（特別優遇措置）の法制化が、白人より黒人を優先する過剰な権利獲得運動と受け止められるようになった。そして、白人の既得権を侵害されたと感じる負の側面を生み出していった。その結果、嫌気がさした穏健リベラルの白人有権者（浮動層あるいは柔らかな民主党支持層）が離反。北部のヨーロッパ系白人層に加えて白人の下層中産労働者階級が共和党支持に回ったのだ。

80年代のレーガン時代に基盤を固めた保守派の連携体制にも、「ブッシュの戦争」を経てピリオドが打たれた。加速化するグローバリズムの下で進行した金融偏重の新自由主義経済の下で劇的に拡大した貧富の格差によって、共和党内に深刻な亀裂が生じたのである。

人種と権利、福祉と税金の連鎖反応が引き起こした病理的なアメリカ分断の症状は、民主党内亀裂や民主党対共和党というイデオロギー次元の政党対立にはとどまらなかった。この延長線上にあるのが、社会生活コミュニティの最前線で対峙する白人警察官と黒人などマイノリティの非白人生活者によるむき出しの憎悪劇であり、いま、われわれが見ている「トランプ現象」なのではないか。

†〈内圧要因〉の正体

「トランプ旋風」と「サンダース旋風」が巻き起こした「熱狂」によって、２０１６大統領選はアメリカの国家理念が見えにくい選挙になった。ＷＡＳＰの世界を前提に基本設計が為されたアメリカの国家理念とは、建国理念の〈自由〉と〈平等〉をさすが、これら二つの理念を突き詰めれば、現実には理念に込められた理想とは裏腹の逆説が生まれる。例えばフランスは国民の「博愛」によって〈自由〉〈平等〉の国家を目指したのに対して、アメリカの場合は「テクノロジー信仰」の下での無限大成長を前提に、一人一人の「欲望」を満たすことによって〈自由〉〈平等〉の国家の実現を目指すようになった。だが、経済活動でも野放図な自由主義に陥れば不平等が生まれるのである。〈自由〉と〈平等〉という国家理念に内包された矛盾は、政治の分配・調整機能と個々人が内面で本来持ち合わせている倫理感と自制心によって薄められ、あるいはヨーロッパ階級社会の強烈なアンチテーゼである「アメリカン・ドリーム」が現実の格差に対する不満・不平を解消する補完機能の切り札となってきた。

しかし、独立後240年が経過してみて目の前に展開する現実はどうか。この間、多種多様な人種・民族がアメリカという国家を行き交い、往来する中で創り上げられてきた〈アメリカ人〉の間には、特に近年広がった、とてつもない格差意識と不平等感が生まれた。1960年代の黒人公民権運動を経て、70年代に「アメリカン・ドリーム」はマイノリティの人々にも可能となったが、厳しい境遇の中で生まれ育った貧困層の中には、夢を見ることすらできない現実に絶望する若者が出てきた。もはや「アメリカン・ドリーム」は万能ではなくなりつつあるのではないか。

こうした中で、これらアメリカ国家を構成する基盤あるいは基軸に深刻な影響を及ぼす可能性があるのが、将来的に予測される人口構造や宗教分布の劇変である。それは、神の意思として〈自由〉〈平等〉を追求することを宿命づけられた「理念国家アメリカ」の質的変化をも招きかねない要素を孕んでいる。この変化は、ポスト・オバマ時代を規定する〈内圧ファクター〉となるであろう。

米国政調査（2010年）を基にした人口構造の予測では、全米人口3億8700万人のうち、63・7％を占める非ヒスパニック系白人〈出自が欧州、中東、北アフリカ、1億9680万人〉は2020年代をピークに、以後、減少期に入り、40年代には50％を切り、いわゆるマイノリティが白人を上回る。トランプを大統領にまで押し上げたのは、中西部のラスト・ベルトに蔓延した白人の怒りをテコに、転落の危機にあるロウワー・ミドルの白人層にまで裾野を広げ、さらに白人至上主義者を含むワシントニアンまでを掬い上げたホワイト・パワーの総体だ。そこには、非ヒスパニック白人とマイノリティの上記の逆転予測が、陰に陽に影響を及ぼしているのは間違いないだろう。

このため、キリスト教・白人国家を前提に建国されたアメリカは、今からおよそ4半世紀後には、想定外の事態——マイノリティの総計が白人を上回る状況——に直面する。そして、国内に亀裂が入ったままで巨大な変化を余儀なくされる可能性がある。そこでは今後、〈人種〉〈権利〉〈税金〉をめぐる摩擦要因がどのように処理されていくのであろうか。

†実利最優先のアメリカ第一主義

2016年11月10日、共和党の上下両院幹部と政権発足後の政策運営について意見交換した後、トランプが大統領就任に向けて掲げた最優先課題は「移民問題」「医療保険制度改革」「雇用創出」の三つ。キャンペーン中は、「自由」と「平等」の理念を掲げる民主国家の国家指導者になるには、ふさわしくない言辞を吐き続けたが、異端児トランプは、初のワシントン入りを機会に統治者としてのガバニング・モードに切り替えたようなパフォーマンスを披露した。次なる戦いは、2年後にやってくる中間選挙であり、4年後の大統領選だ。2016大統領選で熱狂したトランプ支持者＝トランピアンに解決を約束した三つの課題をまずは着実に果たすことに全力を挙げるだろう。

雇用問題に関連して早々とぶち上げた「TPP（環太平洋経済連携協定）離脱」、不法移民対策としてメキシコとの国境に壁を築くべきだと助言したジェフ・セッションズの司法長官登用、オバマ政権の医療保険制度改革（オバマケア）に強く反対したトム・プライスの厚生長官起用はそれぞれ、最重要三課題の抜本的な取り組みを示すもので、2年後の中間選挙を強く意識したものだ。「偉大なるアメリカを取り戻す」ために「米国第一主義」をスローガンに掲げる大統領トランプは、実利最優先の不動産王であることを考えれば、外交や対外関係まで、上述した三課題を克服するための単なるツールとして使いそうな気配だ。

「トランプ現象」として現出したアメリカの現状を踏まえて、「オバマ後のアメリカ」の対外姿勢はどのように変化しようとしているのか。長期的なトレンドとして想定できるのは、アメリカの今後は、それを孤立主義（的傾向）と呼ぶかどうかは別として、「アメリカ・ファースト（アメリカ第一主義）」を掲げた国内実利最優先の志向が強まるという点だ。

日本人の専門家や有識者、外交官が日常的に話をする〈アメリカ人〉は、多かれ少なかれ国際感覚をベースに会話ができる人々＝東海岸、西海岸のインテリや有識者、ビジネスマンたちであり、言わば〈海洋国アメリカ〉在住の人々である。しかし、内陸部のスモール・タウンで日々を暮らす〈アメリカ人〉の声は違う。彼らこそ、パスポートも恐らく持ち合わせたこともなく、〈外交事《ごと》〉にかかわることなく日々暮らす、内向き志向の〈アメリカ人〉、すなわちもう一つのアメリカの〈内なる宇宙〉を構成する人々である。

英国のEU離脱の国民投票を、金融街シティーから流れる情報を偏重して読み誤ったのと類似の結果が、トランプ旋風でも起きた。アメリカの〈内なる宇宙〉に住む彼らは、極端に言えば四年に一度の大統領選でグラスルーツレベルの戦いに声を上げるアメリカのサイレント・マジョリティである。それが、２０１６大統領選では、埋もれていた憎悪を伴った声なき声が、トランプによって掘り起こされ、旋風として吹き荒れた。「サンダース旋風」は、生活レベルがトランプ支持者よりは高い中産階級や若年層である学生が主役となった現象であるが、右と左に分かれたその根っ子は、今や外的関心よりも内的関心が蔓延するアメリカの深層に浸かり、コインの裏表のようになって表出した。不平不満のマグマという観点から見れば、ティパーティ〈茶会〉運動もウォールストリート占拠運動も、それぞれ16年の大統領選の前兆にすぎなかったとも言えよう。

†トランプ政権・三つの潮流

異端児トランプの戦いは第2幕に入った。しかし、ワシントニアンの岩盤は強固だ。自身の最大利益を追求する〝ビジネスマン政治家〟としては、共和党勢力との折り合いをどうつけるかが、当面の最重要課題となる。

今後、統治モードに入る大統領のトランプは、直感的にその辺りを意識したパフォーマンスに切り替えたように見える。大統領選での勝利の余韻冷めやらぬ16年11月10日、オバマ大統領をはじめ、共和党の上院院内総務マコネルら議会共和党の実力者たちと会談する一方で、激烈さを極めたキャンペーン下での言動を封印、日本、英国をはじめ、ロシア、中国など各国首脳との電話会談を次々とこなした。この日を節目にキャンペーン型政治からガバナンス型政治への取り組みが始まるはずだったのだが……。

「アメリカを再び偉大な国に」、トランプが選挙戦で繰り返したスローガンに熱狂して投票した支持者は、その答えを求めてくるだろう。トランプにとっては既に、2年後の中間選挙、そして4年後の大統領選への準備が始まっている。まずは米連邦議会、とりわけ大統領選で亀裂を深めた議会共和党とどのように関係を修復していくのか。同じウィスコンシン州出身で、下院共和党トップのライアン下院議長と親しいプリーバス共和党全国委員長を政権の要である大統領首席補佐官に抜擢したのは、その意思の表われだ。

トランプ政権を形成する潮流は三つある。その第一の潮流が、ムーブメント型キャンペーンの舞台裏でトランプ旋風を巻き起こした勢力、トランピアンだ。これには、州知事、市長、ビッグビジネス経験者など、多様なワシントン・アウトサイダーたちが含まれ、その代表格が選対本部長としてトランプ・キャンペーンを仕切り、新設ポストの首席戦略官兼上級顧問に起用されたスティーブン・バノンだ。

ただ、トランピアンにはもう一つの潮流が存在する。政治を操ろうとする際にしばしば重要ファクターとして生じる血縁グループで、最も強い形でトランプと直結する〝周辺居住者〟だ。その最側近が、長女イバンカを中心とするトランプ・ファミリー（イバンカの夫ジャレッド・クシュナー、長男ドナルド・トランプ・ジュニアなど）だ。ヒラリー・クリントン・前国務長官を「外敵」にした戦いが終結した今、「血縁」をもって結束を維持するこのファミリーの存在が、今後のトランプ政治に大きな影響力を持つ。

強力な外敵を喪失した後の転機には、利害の違いが顕在化するのが政治の本質である。利害が大きくなれば勢力は割れる。それが高じれば内紛となる。顕在化したその出来事の一端が、政権移行チームを率いてきたクリス・クリスティー・ニュージャージー州知事の降格と、彼に近いマイク・ロジャース元下院議員の追放劇だった。

そして第三の潮流が、選挙戦で反トランプ勢力とはならなかったワシントニアンとそれにつながるエスタブリッシュメント（既得権勢力）の存在だ。これには、軍産複合体やエネルギー資源、金融分野でアメリカ権力の中枢に巣食うパワーエリートが含まれる。彼らにとっては、冷戦に勝利した1980年代レーガン大統領の時代が、「偉大な国家アメリカ」である。つまり、対露・対中融和を推進しつつ、同盟国との連携強化・拡大によって大国ロシアや巨大国家中国との戦いに勝利しようという「レーガン時代回帰」派と言える。だが、〝トランプ大津波〟のうねりをつくり、2016大統領選勝利に貢献したトランピアンが志向する「米黄金時代、ザ・フィフティーズ（1950年代）」、即ちワシントン大行進（63年）を経てジョンソン政権下で人種差別撤廃を明記した公民権法が成立（64年7月）する以前への回帰志向派とは利害を異にする。

二つの勢力の目的を突き詰めれば大きなギャップが生まれるだろう。それは今後、対立の火ダネになり得るのだ。

まずは、トランプが、ホワイトハウスと並ぶもう一つのワシントン権力、すなわち連邦議会、とりわけ、与党・共和党との関係をどうするかで、トランプ政権の安定度が決まってくる。「外敵」は極力最小限に止める安定政治の鉄則からすれば、「トランプのアメリカ」は、外交面では硬軟織り交ぜた外交手法で対応を選択せざるを得ないだろう。時には融和的に、時には恫喝めいたパフォーマンスで——。

†対中戦略で試される日米同盟

「トランプのアメリカ」は、日本外交に対してどのような影響を及ぼすだろうか。

16年12月1日、東京・虎ノ門ヒルズで開かれた「RIPS第16回秋季公開セミナー」（平和・安全保障研究所、西原正理事長）のパネル・ディスカッション。加藤洋一・日本再建イニシアティブ研究主幹（元朝日新聞編集委員）の報告は、トランプ政権と向き合う際の外交・安保に関する諸課題、そのポイントを要領よく突いており、「トランプのアメリカ」の出現に伴う日米中の外交戦を考える際の貴重な示唆を与えてくれるものだった。

「米国新政権と日米同盟」をテーマにした加藤の問題意識は、(1)日米同盟を維持できるか、(2)対中戦略を共有できるか、の二点。具体的には、次のような項目が列挙された。

(1)日米同盟を維持できるか。課題は、①価値の共有、②米軍＝矛（槍）と自衛隊＝盾の役割分担、③拡大抑止（自国だけでなく、同盟国が攻撃を受けた際にも報復する意図を示すことで同盟国を他国の攻撃から守ること）の維持の三つである。これらの課題をめぐる加藤の評価は悲観的だ。

①民主主義、人権などの普遍的価値の共有は期待できない。トランプはむしろ個別経済利益を優先する傾向がある、②従来の役割分担の枠組みは、すでに日本の安保法制で一部変質して

いる。しかし、日本の役割拡大に対する米国の期待は、日本の実力、実態を超える部分もあり、今後、実際にどう推移するかは「よく分からない」、③日米同盟は、米国の拡大（核）抑止が完全に機能することを前提としているが、そうとも言い切れない情勢を迎えている。ゼロベースで検討、議論し直す時が来た。

⑵「対中戦略を共有できるか」についての具体的な問い掛けは、①中国に対する脅威認識の日米ギャップは解消できるか、②尖閣有事の際に、米国の日本防衛義務を規定した日米安全保障第5条は適用されるのか。即ち、トランプが大統領としてオバマ前大統領同様、「適用」を公式に表明できるか否かの二点だ。トランプの対中戦略が実際にどうなるかはまだ見通せず、政権が取り得る選択肢は、①現状維持、②強硬路線への転換、③グランド・バーゲン（包括的取り引き）の三点だ。

「日米関係は日中関係である」という松本重治の経験知に沿って考えれば、アジア太平洋地域の新秩序構築に当たっては、中国問題を回避することはできないが、17年1月20日の大統領就任を控えた時点でのトランプの外交パフォーマンスには、歴代米大統領とはイメージを異にし、強い違和感がわいてくる。

16年11月17日、ニューヨーク五番街沿いに聳《そび》える「トランプ・タワー」に、一人の男が入った。男は、冷戦時代、国交断絶状態にあった中国を極秘訪問（1971年）して翌年のニクソン大統領電撃訪中につなげ、米中和解劇を演出したヘンリー・キッシンジャー元国務長官だった。今日の世界を俯瞰して世紀単位の世界史変動期と考える米外交コミュニティの大御所が、国際政治の戦略的知見に乏しいトランプを米優位のステージに〝先導〟すべく動き出したのだ。奇しくも、同じこの日の夕方には、首相・安倍が外国首脳として初めて次期米大統領トランプに招き入れられ、約1時間半会談した。

キッシンジャーの真意は奈辺にあるか。16年11月13日付日経新聞掲載のキッシンジャーへのインタビュー（聞き手は春原剛編集委員）から読み取ると、そのポイントは次の諸点にある。

●多くの同盟関係はソ連が大きな脅威だった時代に生まれたものだ。今、新しい時代において脅威の内容は違っている。それだけ取っても、すべての同盟は再考されなければならない。新しい現実に立ち向かうため、前向きな意味で再考すべきだ

●米中両国には文化的に大きな違いがあるだけに、それ（米中戦争の可能性の否定）をいかにして成し遂げるのかは最も難しい課題といえる。そこには競争の要素もあるが、共存という重要な要素もある

●世界は今、大きな変革期にある。第二次大戦後に現れた世界は終わろうとしており、多くの国々の関係を再定義する必要に迫られている

●現時点に至るまで、我々は個別の案件を解決することばかりに神経を注いできた。つまり多

くの国を互いに結びつけるような長期に及ぶ戦略の必要性を認識していなかった
●米国の新政権がまず、取り組まなければならないのは、（米露、米中関係の今後について）自問することだ。その時の質問は、「彼らは何を成し遂げようとしているのか」であり、「それを誰とするのか」だ。そして、「その目的の達成のため、誰が我々に懸念を与えるのか」ということだ

キッシンジャーは新たな世界秩序を模索する上で、近著において次のように語っている。「世界秩序は一国が単独で行動しても達成できない。本物の世界秩序を打ち立てるには、それを構成する国々が、自らの価値観を維持しつつ、グローバルで、構造的で、司法的な第二の文化――ひとつの国もしくは地域の思想を超越する秩序の概念――を身につける必要がある。現時点では、いまの状態に即したヴェストファーレン・システムの現代化がそれにあたる」（伏見威蕃訳『国際秩序』日本経済新聞出版社）。

11月17日、次期大統領トランプとの会談での進言も、こうした世界観を基に語ったものであることは想像に難くない。しかし、問題は肝心のトランプがそれをどう咀嚼したかである。加藤洋一によると、キッシンジャーが助言したのは、③グランド・バーゲン型の対中戦略外交だった。しかし「この助言をトランプが受け入れるどうかは不明だ」（加藤）。

†トランプは真の「世界観」を持ち合わせているか

トランプは今や、外交、安全保障、政治、経済等々、多岐にわたる分野を主導する、最高権力を握る大統領の職務をこなさなければならない立場になった。時には生き馬の目を抜くような大都市ニューヨークのビジネス界にずっと棲息してきた男が、いくら才に長けたビジネスマインドとショーマンシップを備えていても、それだけを駆使して通用するわけではない世界に身を置いたことになる。もう一人のドナルド・トランプが誕生するには、断片的知見・瞬発力よりも、体系的な世界観が重要になる。が、「トランプにはそれが感じられなかった」と漏らすキッシンジャー側近の声も伝わってくる。

現に、その後、12月初めに起きた外交絡みの出来事に懸念が広がった。

トランプとの会談の2週間後、キッシンジャーは北京に飛んだ。習近平・国家主席（12月2日）をはじめ、重要幹部との会談のためだった。各国メディアは「米中橋渡し」の旅として淡々と報じたが、2日夕刻（米東部時間）、新たな「トランプ・ショック」が世界中を駆け巡った。トランプが台湾の蔡英文《さいえいぶん》総統と電話会談を行い、経済、政治、安全保障をめぐる緊密な関係構築を確認したためだ。米大統領や次期大統領と台湾総統との協議が公になったのは、1979年の米中国交樹立、台湾との国交断行以来初めてだが、即刻、中国は強く反発した。

中国は、台湾は中国の一部だとする「一つの中国」政策を外交上の大前提としており、「核心的利益」に踏み込むトランプ手法を厳しく批判した。「台湾側の小細工にすぎず、米政府が長年堅持してきた「一つの中国」政策を変えることはできない」「「一つの中国」原則は中米関係の健全な発展の礎であり、この政治的基礎が損なわれることを望まない」(王毅外相)。

米メディアからも批判的論評が流れたが、トランプは、得意のツイッターで自身の主張を打ち返した。「台湾総統から私に掛けてきた大統領選勝利のお祝いの電話だ。サンキュー」。さらに「米国が台湾へ巨額の武器を売却しているのに、私が祝福の電話を受けるべきでないというのは興味深い」と米メディアに反論した。

トランプ・蔡英文電話会談の内幕は、ワシントン・ポスト紙が詳細に配信した(12月5日電子版)。同紙は、①米大統領選での勝利直後から準備を進めていた、②発案者は、トランプ陣営に加わった親台湾・対中国タカ派のメンバーだが、中国の強い反発も織り込み済みで計算し尽くした行動だった、③経済ばかりでなく、政治、安全保障について協議した——ことを明らかにした。

大統領首席補佐官に登用されたラインス・プリーバス共和党全国委員長は、「長年の台湾ロビー」として蔡英文政権内でもつとに知られており、運輸長官には台湾系アメリカ人のイレーン・チャオ元労働長官が指名された。シンクタンクでは、右派系の米ヘリテージ財団がトランプに極めて近い立場だ。が、その一方で、駐中国大使には親中派のテリー・ブランスタド・アイオワ州知事が指名された。

習近平は、キッシンジャーとの会談で「中米間に共通する利益は意見の相違より大きい」と強調、トランプ政権とも安定的な関係発展を目指す考えを示したばかりだったが、トランプは「為替操作国」への認定など、経済面で中国に厳しい姿勢を見せてきた。安定的な米中関係を構築したいキッシンジャーが紡ぐ糸、それをも視野に入れながら、自身、キャンペーン中から自信があると言い続けてきたタフな二国間交渉に硬軟織り交ぜて臨もうとするトランプの紡ぐ糸が本当に絡み合う余地があるのか否か。それとも、まったく絡み合わせる意図も、当てもないまま、繰り出したトランプ流の外交手法なのか。

その真意は、現時点では、まだ明確には見えて来ない。が、名実ともに終焉を告げた第二次世界大戦後の「パクス・アメリカーナ」「米一極支配」の下での世界秩序に代わる新秩序構築に向けて、すでに米中のせめぎ合いが始まっていることだけは間違いない。17年1月20日、トランプ新政権が正式に発足した後を展望してみれば、「トランプのアメリカ」の細部には、国内ばかりでなく対外関係にも様々な〈悪魔〉が宿っている。

†岐路に立つ価値観外交

大情況の時運、首脳のリーダーシップ、外交官などのフォロワーシップ――外交はこの三つのファクターが齟齬なくマッチした時に初めて大きく動く。

キャンペーン中の激烈極まる、プロパガンダまがいの非常識な言動、根拠の乏しい言辞が、ガバニング・モードになってもそのまま引き継がれるわけではないが、「何が飛び出してくるか分からない不気味さがある」（外務省幹部）。これは、日本ばかりでなく、同じ同盟諸国であるＮＡＴＯ（北大西洋条約機構）の参加国すべてが共有している対トランプ感情であろう。実際、一方的に映像発信した大統領就任式をもってのＴＰＰ離脱宣言や、台湾・蔡英文との電話会談は、日欧各国首脳の度肝を抜いた。

こうした中、安倍政権内からは、米側に対しては、「日本の側から先手先手で手を打つことによって、安定した日米同盟関係を継続・深化させるのが必要になってくるのではないか」（外務省幹部）との声が漏れてくる。積極的平和主義ならぬ積極的日米同盟強化主義と呼ぶこともできるが、それが、先行き不透明感を漂わせる「トランプのアメリカ」に対する効果的な対応策だとも言えよう。

その具体的な一手が、首相・安倍による真珠湾攻撃犠牲者慰霊のハワイ訪問だった。そこには、安倍なりの「脱戦後」への決意と政治判断が込められていた。

安倍は、11月20日（日本時間21日）、APECペルー首脳会合の際の全体写真撮影後、立ち話でオバマに「真珠湾慰霊の旅」受け入れの最終的な確認を求めた上で、12月5日電撃的に発表した。発表は12月8日（米国時間7日）の真珠湾攻撃75周年より前に、計画実行の日は年内にそれぞれ設定された。日米の絆を強め、世紀単位の世界史的な地殻変動期に入ったこのタイミングで内外に変わらぬ日米同盟基軸を誇示することは、当然のことながら、攻撃的な外交安保政策を進める中国に対する牽制になる。加えて、2016大統領選で退役軍人から圧倒的な支持を獲得したトランプが大統領になってからでは、実現に困難を伴うのは明らかだった。「トランプのアメリカ」が本格的に動き始める以前に、水の低きに就くが如く、安全保障の軸足を安倍政権にとっての好位置に先導して行こうという意図も働いていた。この動きは今後、防衛力増強―防衛費増額、海洋監視能力の強化―範囲の拡大など、アジア太平洋の安保責任分担をめぐって対日圧力が強まることと決して矛盾しない。

2016年の日本外交は、安倍首相のハワイ・ホノルル訪問で締めくくられた。75年前、旧日本軍の真珠湾攻撃で沈んだ戦艦アリゾナの船影に横木を張って十字架を成すように、海上に建てられたアリゾナ記念館――。12月27日（日本時間28日朝）、オバマと共に献花・黙禱した安倍は、今も燃料タンクから漏れ続ける「黒い涙」が浮かぶ海に鎮魂の花びらを投じた後、静かに波打つ真珠湾を一望に収めるキロ埠頭で「所感」を発表した。この中で安倍は、「犠牲者への哀悼」「不戦の誓い」「アメリカの寛容」、そして「日米和解の力」をキーワードに、「希望の同盟」の堅固なる永遠性を世界に発信した。

4年にわたった〈和解と希望〉の物語絵巻（第6章と本章第1節）は、ここ真珠湾において一応ピリオドが打たれた。今後の安倍は「トランプのアメリカ」と向き合い、その戦略外交の真価が問われることになる。

トランプ新大統領の外交手腕は未知数だが、大統領選勝利後就任までの言動から推し量れば、その手法は、不動産ビジネスで鍛えた交渉術に依存し、実益本位のタフな二国間交渉を志向している。日本が対中外交の戦略的観点から重視してきたTPPについて経済的損得勘定のみで離脱を決断した。そこからは、たとえ軍事力増強・国防費の上限撤廃を表明し軍人出身者を閣僚や要職に多数起用した〝強面〟の政権とは言え、「経済重視・安保軽視」というトランプ外交の姿が浮かび上がる。その姿は冷戦直後のポピュリスト型大統領、ビル・クリントンが一期目に犯した愚（第1章第1節）を想起させる。

多国間交渉を避け、二国間のタフな交渉で実益を上げようとする商取引的手法は貿易政策では通用しても、種々の利益が絡む国家間の外交安保政策では危うさを孕《はら》む。往々にして軍事的緊張を伴うチキンレースになるためだ。例えば米中の軍事的緊張のステージが上がる事態になれば、「経済成長センター＝アジア」の基盤が崩れ、日本経済を支える国際政治の「安定した背景」は暗転する。トランプの発想からは、相互依存が複雑に入り組むグローバル化世界の中で、米国製兵器売却ばかりでなく同盟までをも短期的な実益外交のカードに使うこともあり得るように思えてくる。

同盟とは長期的に国益を死守する手段として結ぶものである。ここでは、〈戦略的時間軸〉が決定的に重要になる。本来なら、双方が基本的な価値観を共有し、同時に整合性ある体系的なルールの下での世界観を根底に持っていて成り立つものなのである。だが、トランプが、冷戦後に日米同盟の根幹に据えられた体系的な「価値観」――法の支配、基本的人権、自由と民主主義、市場経済――を有しているか否かは現時点では疑わしい。キャンペーン中の言動をふり返ってみれば、法とは抜け道をかいくぐるためのツールに過ぎず、人権感覚は白人男性本位のそれでしかない。トランプは歴代大統領の系譜から外れた異端の〝現状破壊者〟として勝利した。白人至上主義を乗り越えたはずの移民国家アメリカの社会的ルールを破壊し、アメリカが地道に構築してきた独特の「自由と平等国家」の〈擬制の終焉〉を告げる大統領になるかもしれない。

こうした「トランプのアメリカ」の出現によって展開する〈世界史ゲーム〉。それは、各国が自国の「自画像《アイデンティティ》」を取り戻す戦いであり、冷戦後日本の価値観外交は今、重要な転換点を迎えている。

エピローグ　〈戦略的リアリズム〉と「時間の支配」

†戦略的時間軸の寿命は20年

欧米流に考えれば、一つの〈戦略的時間軸〉の〝寿命〟は、ほぼ20年である。

プリンストン大学ロバート・ギルピン教授流の覇権安定論を当てはめれば、こうなる——覇権をめぐる戦争の終結は成長、拡張、そして衰退という循環の始まりであり、政治的には覇権勢力の再編・離合集散が続く。最終的な覇権争いによって樹立された情況が突き崩され、不均衡が均衡に取って代わる。そして、世界の覇権争いは新しいラウンドへと移っていく。第1章の冒頭で触れたが、犀利《さいり》の歴史学者Ｅ・Ｈ・カーが、第一次世界大戦から第二次世界大戦の戦間期20年を鋭く分析したように、例えば、第一次世界大戦終結後の世界がそうであった。

そして第二次大戦終結後の世界が1971年夏、二つのニクソン・ショック（7月15日のニクソン訪中発表、8月15日の金・ドルの兌換一時停止宣言＝ドル・ショック）によって新たな覇権争いのラウンドに移行した時も、さらにその後の米ソ対立の激化を経て20年後に終結した冷戦構造崩壊（91年ソ連邦解体）後の世界も同様の覇権争いが展開されたのであった。

政治におけるパワーゲームでは、「戦略的時間軸」をどのように想定しているかによって戦い方も違ってくる。第二次世界大戦後の日本は、基本的にアメリカから提供された戦略的時間軸と空間の中で生き抜いてきた。そして現在までのこの間、アメリカも当初想定しなかったグローバル規模の政治・経済・社会的な地殻変動が生じた。しかも、今やそれは第6章で触れた〈新型冷戦〉状態の中で進行している。

米ソ両超大国の冷戦終結宣言と同じ年に起きた天安門事件の3年後、巨大国家・中国も独自の戦略的時間軸を引っさげて国際政治の舞台に、大国のプレーヤーとして名乗りを上げた。

グローバリズム時代の今日、一国の為政者が作り出す「時間」は国際政治において国益を懸けた対外戦略の優劣をめぐって激しくぶつかり合う。

†「支配者の時間」と「家の時間」

国家戦略に深くかかわってくる「時間の支配」について、中国ではどうなっているか。古代中国において政治的支配・政治権力がどのように時間・空間と関係していたかについて考察することは、現代中国政治にも貴重な示唆を与えてくれる。

中国古代の春秋時代（紀元前770〜前403）は、殷《いん》王朝（前1500頃〜前1100頃）―周王朝（前）を経て封建諸侯に対する王朝の求心力が弱まったことから、諸侯国が覇を競い合い、攻伐・闘争が多発するようになった時代である。それは、それぞれの諸侯が作り出した「時間」「空間」認識を基盤とした「支配権」がぶつかり合った時代と言い換えることができる。

齋藤道子の論考「春秋時代の支配権と時間」（齋藤編『時間と支配――時間と空間の文明学』東海大学出版会）によると、民の生活空間としてつくられる季節や支配者の在位何年目という形で区切られる時間を総称して「支配者として作る時間」と呼ぶが、これとは別に、支配者が生まれつき与えられている時間として自身代々の祖先が親から子、子から孫へと受け継いで来た「家の時間」があり、支配者とはこれら二つの時間を持つ者であると言う。

この二つの時間は次のような関係としてイメージすることができる。「家の時間」を縦軸とすれば、領土という水平空間を覆う時間（「支配者として作る時間」）という横軸が「親から子へ」という縦軸方向に沿って動いている期間が支配主体としての王朝の存在している期間」だが、王朝がいったん支配権を失ってしまえば、その瞬間から「家の時間」は水平的広がりを持たない直線になる――と。古代中国の二つの時間（「支配者が作り出す時間」「家の時間」）という考え方は、それぞれ変化・変質しながらも、今も中国の支配者・被支配者の意識の中に潜り込んでいるように思われる。

まず「支配者が作り出す時間」の方はどうか。為政者、強きものが空間の支配と表裏の関係で一体化した「時間」を作り出し管理するという視点、即ち世代的継承を視野に入れた統治意識がなければ、国家、社会の持続的な安定性の確保は難しいという事実を忘れてはならない。

では、「家の時間」はどうか。それは、為政者ばかりではなく、被支配者たる「民」の意識にも植えつけられている。過去から現在まで家族が体験し共有してきた「時間」の蓄積は次第にストーリーとして輪郭を整え、ファミリー・ヒストリーとして代々語り継がれていくものになる。これは、為政者の作り出す「時間」とは別に、中国政治に反映するようになっていることを暗示している。

例えば、中国人のリベラルな弁護士、学者から聞いた話がそうであった。日中戦争の被害を受けた家族が、語り継ぐ戦争体験は「今も日本に対する恨みの種として地中に埋まっている」という話だったが、こうしたファミリー・ヒストリーの存在を考えると、歴史問題はとてつもなく根が深い。それは、江沢民・元国家主席の「愛国教育＝反日教育」とは別次元の、反日を醸成する温床になっているように思われる。

†鄧小平がつくった時間軸

国際政治に設定される戦略的時間軸を構築できるのは、国家として明確な歴史的意思を体現し他国と競ってまでもそれを貫こうという大国だけである。その一つが超大国アメリカだ。アメリカン・デモクラシーを世界に拡張するという神学的な使命観を内蔵している（と中核のパワー・エリートたちが信じている）この超大国は、英国からの独立を勝ち取った後、国家のリーダーを選出する選挙を正確に4年刻みで繰り返している。そして、「政治破壊から経済建設へ移行させた最大の貢献者」鄧小平がつくった「中国」も、国際的な時間の流れに適応する政治のリズムを考案した。

これは独自の戦略を推進する現代中国の支配者にも受け継がれているものだろう。

鄧小平が「時間を支配」するために考えたルールは、「世代交代」「顧問制の創設（その後廃止）」「国家最高指導者の任期」である。憲法で「国家主席」「全人代代表」の任期を一期5年、連続して二期までと規定。「党総書記」の場合、二期までという規定はないが、政治局常務委員の定年制（鄧小平は70歳定年）がある。具体的には、5年ごとに開かれる党大会開催時に、67歳以下であれば、さらに一期務めることが可能だが、68歳以上であれば引退しなくてはならないという不文律がある。それに基づき、国家主席の成文規定に従って「実質二期」と受け止められている。それがそのまま適用され、「10年」が慣例となっている。〈世代交代〉と政治＝戦略的時間軸の基礎となるルール──これが、鄧小平が「先富論」によって突き進む「空間（領域）」拡張と併せて、「時間」をコントロールするための仕掛けだったと言える。〈世代交代〉は鄧小平時代以後における中国政治のキーワードとなり、今日に到っている。時代の潮流に合わせた「指導者の若返り」という政治的文脈の中で「第三梯隊《だいさんていたい》（第三梯団）」という言葉を使った、最初の例は、鄧小平直系の胡耀邦《こようほう》が記録として残っている。

1983年6月、胡耀邦は「第六期全人代」開幕前夜の会議で挨拶した中で「国家を末永く安定して発展させるために、今から第三梯隊の指導部をうまくつくらねばならない」と述べたが、鄧小平が指導部の「若返り」について言及したのは、これに先立つ80年のことである。「第三梯隊」という言葉は使わなかったものの、同年8月の中国共産党中央政治局拡大会議で鄧小平は、幹部選抜にあたっては「幹部グループは、「若年化、知識化、専門化、革命化（略して四化）」すべきであり、かつまた、この種の幹部の抜てきに対して制度化しなければならない」（『鄧小平文選　第2巻1975－1982』）と述べ、「四化」を重要な目安としなければならないと強調した。それは、幹部の若返り、高齢指導者の引退を進めようとしたためだ。「第三梯隊」という言葉は、記録上では、胡耀邦が最初に使ったようだが、鄧小平の考え方に基づいていると見て間違いないだろう。（NHK・加藤青延解説委員調べ）

鄧小平が「第三梯隊」という言葉を使った例としては、スーダン大統領と会見した席（84年12月13日）での発言がある。「われわれは、戦略的な意義のある政策決定を二つ行った。一つは、経済体制改革であり、もう一つは、幹部の若年化である。われわれは第三梯隊を設立し、少しずつさらに若い人たちを国家の指導者のポストに昇格させることで、われわれの政策に連続性を持たせるのだ」。

「第三梯隊」の言葉の意味については、当初、毛沢東、鄧小平ら古参幹部を第一梯隊、胡耀邦、趙紫陽《ちょうしよう》らを第二梯隊、それを引き継ぐ胡啓立《こけいりつ》、王兆国《おうちようこく》らを第三梯隊との認識で用いられた。

83年秋、石橋政嗣《まさし》・社会党委員長が中国共産党との党間交流第一次団長として中国を訪問した際、筆者は担当記者として同行した（9月26日〜）。29日の胡耀邦総書記との会談に先立って、27日夜、社会党代表団に対する歓迎宴が催されたが、その主催者、胡啓立書記が「第三梯隊」に属する次世代のニュー・リーダーとして扱われていたことを想起する。

ところが、胡耀邦、趙紫陽が失脚し、天安門事件後にトップの地位に抜てきされた江沢民から以降は、マスコミが江沢民世代を第三梯隊、胡錦濤世代を第四梯隊、習近平世代を第五梯隊、ポスト習近平である胡春華《こしゆんか》、孫政才《そんせいさい》の世代を第六梯隊と呼ぶようになった。

誰がどの世代に属するか、具体的な名前を明記した成文規定はなく、メディアやインターネットを通じて一般的に使われている世代区分は、香港をはじめとするチャイナ・ウォッチャーが当てはめているものだ。ただ、「第一梯隊〜第三梯隊」までは、鄧小平、胡耀邦が公式に使っていたことから、「梯隊」という用語自体は最高指導者によって既に容認された世代区分で、「時間の支配」を念頭に置いた鄧小平哲学が内蔵されている。

†「何もしないのが最高の方法」

しかし、政治権力は万能ではない。政治家、とりわけ国家指導者というのは、政治権力の限界を知った上で、時代の潮流を自身の力としてどう引き入れていくかを己の使命としている。歴史的には、途方もない変化の波に襲われ、時代の流れに抗《あらが》い切れず、〝身〟を流れに任さざるを得ない時もある。政治権力の魔性を、哲学的次元で深く理解していた政治家とは、日本で言えば、日中国交正常化を田中角栄（1918〜93）と共に成し遂げた大平正芳（1910〜80）だったのではないか。

国家を率いる政治指導者は、自国の国益を最大化しようとし、自国の安全保障を脅かそうとする国の能力を常に上回ろうと試みる。確かに、国際政治に戦後最初のパワーシフトが生じた70年代初頭、ソ連と訣別し米国との和解に動いた中国（毛沢東と周恩来）、その中国の決断を受け止めた米国（大統領リチャード・ニクソンと大統領補佐官ヘンリー・キッシンジャー）がそうであった。さらに20年後、米ソ冷戦が終結し、戦後第二のパワーシフトが現実のものとなった時も同様の試みが行われたのであった。

89年6月、ベルリンの壁崩壊にわずかに先んじて中国に北京の指導部を震撼させる大事件「天安門事件」が発生した。この時、〈内政は外交に連動〉した。最高指導者・鄧小平は「動乱」と決めつけ、人民解放軍を以って鎮圧した上で、時代の流れに半ば身を委ね、かねて説いていた「先富論」をテコとして年率二桁にもなる90年代以降の高度成長を演出、国際的に中国を優位なポジションに導いた。

歴史に名を残した政治指導者、あるいは外交家たちに共通するのは、空間の支配と共に、いかにして時間を支配すべきかを常に視野に入れていた点だ。「時間を支配する」とは、人智では及ばぬ無限の宇宙のリズムを感じ取り、〈時の流れ〉を感じ取り、権力では治め切れない時代の宿命をも心得ている指導者をもって可能となる統治行為である。そんな時間意識があって、初めて公正な決断のタイミングが得られるのではないか。鄧小平が90年代に掲げた「韜光養《とうこうよう》晦《かい》」〝才能を隠して内に力を蓄える〟という中国の外交・安保の方針にも、本来は〈人智では及ばぬ天地の無限のリズム〉を感じ取り、心耳を澄まし、民の奥底に隠れ潜んだ魂の声を聞き取る能力こそが政治家・外交家に不可欠であるという大前提があったことを知らなければならないのではないか。

「最高の道は何もいわないこと、大国を治めるのは小さな魚を料理するようなもの、何もしないのが最高の方法だ」。この道教の教えを念頭に、在米中国人学者、楊炳章（ベンジャミン・ヤン）は鄧小平を道教の実践者に譬《たと》えた。思えば、「政治とは何か」と問われた大平が決まって返す答えが「小魚を煮るようなもの」だった。

しかし、今の習近平体制の中国は、毛沢東時代の文化大革命張りに、反腐敗運動を錦の御旗にして、権力際立つ過剰な統治行為を進めている。それは、自身が手にする世俗的な政治権力を最大化する道をひた走り、宇宙のリズムに平然と抗っている態度のように見える。そして鄧小平が築いた「戦略的時間軸」の破壊につながる可能性は否定できない。世代交代をはじめとする鄧小平が残したルールは、結局、破壊される宿命にあるのかもしれない。

†安倍の里程標・2020年東京五輪

では、日本でこの「時間の支配」は、政治的にどのような様相を呈してきたか。

21世紀、小泉後の首相は在任期間がほぼ一年刻みの短期政権の下での〝How do you do 外交〟とも言えるような各国首脳との初対面外交が繰り返され、とりわけ民主党政権の下では、対米外交に密接に絡む沖縄問題決着の流れを反転させた鳩山由紀夫政権の時代に象徴的に表われた。そこでは、変化待望の幻影にばかり囚われているように、大情況を正確に把握しない、無謀な戦略不在の単線型外交が続いた。ただ、官の命脈でつなげている現状維持外交があるだけだった。

これと比較すると、本格的な長期政権の域に達した安倍外交の存在感は増すばかりだ。継続は力なり。外務省にとってみれば、長期政権は喜ばしいに違いない。「地球儀を俯瞰する外交」をスローガンに、東西南北を縦横無尽、精力的に動き続ける安倍首相の訪問国は、延べ百カ国以上に上る。その基本的な考え方、戦略的な進め方、米中印露との向き合い方とその実態については、本書で詳述してきた通りだ。

そして、ここにも二人の安倍晋三がいた。一人は、ナショナリズムを煽る安倍である。例えば、2016年9月26日午後、第192回臨時国会論戦の号砲となった衆院本会議場――総理大臣・安倍晋三の所信表明演説は、いつになく、ナショナリズムを煽り立てるくだりが織り込まれていた。

「世界一への執念。歴代最多のメダルラッシュとなったリオ五輪では、世界の強豪たちに真っ向勝負を挑み、最後の一瞬まで勝利を諦めない選手たちの姿に、日本中が感動しました。4年後の東京オリンピック・パラリンピックは、必ずや、世界一の大会にする。何としても、成功させなければなりません。同時に、我が国の「未来」を切り拓く。私たちもまた、世界一暮らしやすい国、世界一信頼される国を目指し、新たなスタートを切る時です」「この国会に求められていることは、目の前の課題から逃げることではありません。挑戦です。いかに困難な課題にもチャレンジし、建設的な議論を行って「結果」を出すことであります。一億総活躍、地方創生、農政新時代、そして地球儀を俯瞰する外交。安倍内閣は「未来」への挑戦を続けます。世界の真ん中で輝く、日本の「未来」を、皆さん、共に切り拓いていこうではありませんか」

少年・安倍シンゾーの原風景は、建設中の東京タワーとともに脳裏に焼き付いた〈1964東京五輪〉にある。そして、今、首相・安倍晋三の原風景は、〈2020東京五輪パラリンピック〉誘致をブエノスアイレスで勝ち取った時、敗者イスタンブールのエルドアン（当時トルコ首相、現大統領）から外連味なく祝福を受けた瞬間を起点にしているように見える。リオ五輪での「スーパーマリオ」は、その延長線上にあり、〈2020年〉への転換点に立っていた。

未来志向で同一目標に向かって国民をいかに率いていくか――外交内政の諸課題にチャレンジする強い国家指導者にとっての自負はこの点にある。「世界の真ん中で輝く日本」「一億総活躍社会」「地方創生」「女性が輝く社会」等々、そして「働き方改革」――政治的節目ごとにぶち上げられるスローガンは、多分に人々のナショナルな情動を巧みに刺激する。安倍にとって〈2020東京五輪〉は、何ものにも代え難い政治的時間の里程標になっているのだ。そして、この里程標に加えられたのが、〈北方領土問題の決着〉ではないか。

安倍は、外交戦略との兼ね合いで、「時間の支配」をどのように考えているのだろうか。16年夏の参院選直後に急浮上した自民党総裁任期延長論をめぐっては、様々な憶測が取り沙汰されたが、安倍戦略外交とは無縁ではない。否、逆に安倍の総裁任期延長は取り分け対ロシア外交、対中国外交と密接に絡んでいる、と筆者は見ている。

本書での主要テーマの一つに取り上げてきた対露関係は、16年12月のプーチン訪日（山口県長門市での日露首脳会談）が一つの大きな節目となった。しかし、第8章で述べたようにそこでは北方領土問題を含む平和条約交渉に実質的な進展は見られなかった。むしろ正念場は長門会談以後の話である。

橋本―エリツィン時代のクラスノヤルスク日露首脳会談然り、森―プーチン時代のイルクーツク日露首脳会談然り。国境線画定論のアプローチであれ、いわゆる「並行協議」のアプローチであれ、「入口」から「出口」までの時間幅が、程度の差はあっても必ず生じる。その間、仮に大まかな方向性が一致したとしても、外交世界の深層部で狡知織り交ぜたこれまでの暗闘の中から生まれた北方領土問題の歴史的経緯がある。それを踏まえて、四島の法的なステータスを決め、引き渡しあるいは返還のプロセス、手続き、過渡期の四島それぞれの運営や、例えば「共同経済活動」を具現化する際の「執行管轄権」などの扱い等々の難題を整理、調整して行くには、相応の時間を要するであろう。まさに英語の諺（The devil is in the details.）にあるように「悪魔は細部に宿る」のである。

ソチ訪問、ウラジオストク訪問以来、会談での手応えを口にし、秋深まるまで前向きのメッセージを国民向けに発信していた安倍だが、外務事務次官・杉山の訪露（10月中旬）や国家安全保障局長・谷内の訪露（11月上旬）を通じて戦略対話を進めていくのに伴い、北方領土問題の真の難しさを痛感するようになる。ここに来て初めて外交家・安倍晋三の〈戦略的リアリズム〉の真贋が問われる意味が出てきているのだ。

総裁任期延長問題での「三期禁止（一期3年二期までの制限）」条項の撤廃論を、外交の視点から読み解けば、次のようになる。

当初、鳴り物入りで準備が進められた先の長門会談の結末を踏まえれば、実務レベルの本格交渉の正念場はまだまだ続く。プーチンがいくら独裁的な政治リーダーとは言え、主権に関わる領土〝割譲〟は——それがたとえ歯舞・色丹二島だけの「引き渡し」であっても——ロシア国民との関係でそうそう簡単に折り合いがつくわけがない。プーチン人気が、強い大統領を好むロシア国民のナショナリズムに支えられていると見るならばなおさら、この点を軽視すべきではないのだ。こう考えると、プーチンの大統領任期（２０１８年5月）内での決着は困難だろう。むしろ、プーチンが大胆に決断できる瞬間がくるとしたら、再選後（任期２０１８～24年）の前半期（21年）までではないか。

一方、そんなプーチンを相手にする安倍はどうか。北方領土問題を本当に解決しようとするなら、18年9月に総裁任期が切れる条件下では、手強いプーチンとは勝負はできまい。自民党の党則が現状のままだったなら、18年の年が明ければ、いやが上にもレームダック化が進行する。もはや、大胆な決断の機会は訪れて来ないであろう。日露双方が「受け入れ可能な」案という相互了解、さらにプーチンの大原則「引き分け論」をちょっと思い浮かべただけでも、プーチンとの間でこの問題の決着を図ろうとするなら、国内的にも強い国家指導者でなければならない。

こう考えてくると、外交家・安倍にとって、真っ当な対露戦略外交を展開するには総裁任期の延長が不可欠となる。そもそも政治家・安倍の発想には、「世代交代」というルールが薄く、その心の襞《ひだ》には、〈戦略的リアリズム〉の外交的観点からなくてはならない絶対要件として、自身の総裁任期延長だけが「時間を支配」するための、唯一の政治的ツールだという思いが潜んでいるように見える。

加えて、〈戦略的リアリズム〉の観点から考えるならば、中国・習近平の「時間の支配」をも頭に入れておかねばなるまい。順当なら、習近平の二期目は17年秋の中国共産党大会を経て、22年まで続く。もうこれ以上、ロシアを中国に近づけさせないカードとしての外交展開を考えているならば、安倍の願望は、「一期3年まで」許容されるような任期延長案ではなく、「期限を付けない」任期延長案だったのかもしれない。健康問題に支障がなければ、あと二期6年やっても、安倍はまだ60歳代なのである。もちろん、そのような計算が成り立つのは、18年12月に任期切れとなる衆議院議員の選挙にまず勝利することが前提だが……。

北方領土問題がヤルタ会談での米ソ英秘密合意、サンフランシスコ講和条約をめぐる米ダレスの対ソ・対日戦略での仕掛けだったことなどを考えれば、安倍にとって、北方領土問題は歴史問題である。その視角からすれば、アメリカの圧力を撥ね付け、16年12月までに16回も会談を重ねてきたプーチンのロシアと対等に交渉して決着を図る北方領土外交での問題解決こそが、「戦後レジームからの脱却」の証しだと考えていてもおかしくはない。本書で見てきたように、北方領土問題は日露米の歴史問題の側面を併せ持っているためだ。

しかし、安倍戦略外交に深く憂慮すべき面がないわけではない。

先に触れたように安倍の原風景は、東京タワーとともに脳裏に焼き付いた〈１９６４東京五輪〉である。安倍は経済成長を当然のようにして育った、右肩上がりの時代の世代である。ウラジオストク「東方経済フォーラム」での講演の一節が思い浮かぶ。

「皆様、経済成長をもたらすには、手段は三つしかありません。資本ストックの更新と、労働投入の増加、それに労働生産性の向上です。私の経済政策、いわゆる「アベノミクス」は、この三要素全てに働きかけることで、なんとか日本の成長を押し上げようとしています。

しかし経済学者が一致して言うように、成長にとって他の何よりも重要なのは、人間の「期待」です。人々が、明日はきっと、今日より良くなると信じることが、すべての基本です」

安倍が展開している戦略外交は、いわゆる大国外交である。拡大する経済こそが国の力であり、外交の力でもある。だからこそ「地球儀を俯瞰する外交」を掲げて戦略空間を目一杯拡大しているのだ。こうした安倍の自信を支えている核は何か。それは恐らく、大きいことは良いことであり、時間は直進的に必然的に好ましい方向に進化するという「右肩上がり時代」の哲学信仰であろう。だが、アベノミクスの成否をめぐって表向きは別として今や破綻説・失敗説も広がっている。財政状況が悪化する中で安倍内閣は、2020東京五輪後の経済政策の出口戦略を示せないでもいる。このままアベノミクスが完全に挫折すれば、国民は地獄を見ることになる。

個々の人間の時間には限りがある。いかに優れたリーダーとは言え、世代的継承を視野に入れた統治意識がなければ、真のリーダーとは言えない。

以上の点を考えれば、安倍の〈戦略的リアリズム〉は鄧小平張りのスケールで「時間の支配」が組み込まれているわけではない。政権復帰後4年以上が経過した今、「永田町の政局家たち」にありがちな、理念・王道軽視の〈権謀術数的リアリズム〉に強く傾斜し始めているようにも見える。

人は誰しも、空間と共に在り、時間から脱却することはできない〈魔法の杖〉を信じる時代は終わったのではないか。

あとがき

この本は、冷戦終結後の日本外交の深層をマクロ、ミクロ両様の目で捉えるとともに、激変する大情況に対応するために保守政権が描いた戦略外交の「自画像」の形成過程と実態分析をテーマとしたものである。しかし、時間軸の連続線は国際政治における起因―結果―原因―……の無限の連鎖として止むことのない地殻変動となって、現実が戦略理念を追い越し、双方の乖離は拡大し続けているように見える。

人間社会は、自然にリズムがあるように、宇宙の時空間の鼓動に合わせて、休むことなく動き続けなければならない。「トランプのアメリカ」の出現を一つとってみても、既存の政治的経験則、データ分析手法、知見処理術では的確な予測ができない〈未知の時代〉に今や突入したと言える。われわれを待ち受けているのは、〈起承転々〉――結末なき混沌・混迷、混乱の世界なのだろうか。

第二次世界大戦後、米主導で構築された国際秩序には名実ともに終止符が打たれた。「トランプのアメリカ」はどこに向かうのか。日本とどのような関係を持とうとしているのか。既に新たな秩序構築に向けて大国のパワーゲームが本格化、日本は力任せに粗暴に振る舞う中国やロシアとも否が応でも向き合わねばならない。今後、新たな「20年後」を展望して日本外交の「自画像」は修正・微修正を繰り返さねばならないであろう。

この本が、新たに始まった〈世界史ゲームのいま〉の捉え方、また、〈激動のいま〉を読み解くヒントをささやかながらでも提供できたならば、望外の幸せである。

拙著を上梓するに当たって、長期にわたって取材に協力して頂いた政経官界の関係者や外交安保コミュニティの方々に感謝する。また、拙稿を辛抱強く待ってくれた筑摩書房の松本良次氏には、配慮の行き届いた編集をして頂いたことに、心より御礼を申し上げたい。

２０１６年は、筆者にとって忘れられない年になった。年初から春にかけて、Ｊａｙ　Ｌａｍｏｎｉｃａ、伊奈久喜、若宮啓文という大切な友人を相次いで失い、脳裏になお鮮明に刻まれた友の面影を偲びつつ執筆に着手したのが拙著である。三人の優れたジャーナリストにこの本を捧げたい。

最後に、専門誌『外交』の編集長としての仕事を完了した直後に入院し身体に初めてメスを入れた一昨年来の支援、とりわけ拙稿の取りまとめにあたってポイントを突いた助言をしてくれた妻・了符子に厚く感謝の意を示したい。

２０１６年師走

米オハイオ州在住の愚娘夫妻を思いつつ　　鈴木美勝

ちくま新書
1236

日本《にっぽん》の戦略外交《せんりゃくがいこう》

二〇一七年二月一〇日　第一刷発行

著　者　鈴木美勝（すずき・よしかつ）

発行者　山野浩一

発行所　株式会社　筑摩書房
東京都台東区蔵前二-五-三　郵便番号一一一-八七五五
振替〇〇一六〇-八-四一二三

装幀者　間村俊一

印刷・製本　三松堂印刷　株式会社

〒三三一-八五〇七　さいたま市北区櫛引町二-六〇四
筑摩書房サービスセンター　電話〇四八-六五一-〇〇五三

ISBN978-4-480-06944-3 C0231

ちくま新書

1080 「反日」中国の文明史　平野聡

文明への誇り、日本という脅威、社会主義と改革開放、矛盾した主張と強硬な姿勢……。驕る大国の本質を悠久の歴史に探り、問題のありかと日本の指針を示す。

882 中国を拒否できない日本　関岡英之

大きな脅威となった中国の経済力と軍事力。そこにはどのような国家戦略が秘められているのか。「超限戦」に対して「汎アジア」構想を提唱する新たな地政学の試み。

984 日本の転機 ——米中の狭間でどう生き残るか　ロナルド・ドーア

三〇～四〇年後、米中冷戦の進展によって、世界は大きく変わる。太平洋体制と並行して進展する中東の動きを分析し、徹底したリアリズムで日本の経路を描く。

997 これから世界はどうなるか ——米国衰退と日本　孫崎享

経済・軍事・文化発信で他国を圧倒した米国の凋落が著しい。この歴史的な大転換のなか、世界は新秩序を模索し始めた。日本の平和と繁栄のために進むべき道とは。

1013 世界を動かす海賊　竹田いさみ

海賊の出没ポイントは重要な航路に集中する。資源を海外に頼る日本の死活問題。海自や海保の活躍、国際連携、資源や援助……。国際犯罪の真相を多角的にえぐる。

1016 日中対立 ——習近平の中国をよむ　天児慧

大国主義へと突き進む共産党指導部は何を考えているのか？　内部資料などをもとに、権力構造を細密に分析し、大きな変節点を迎える日中関係を大胆に読み解く。

1033 平和構築入門 ——その思想と方法を問いなおす　篠田英朗

平和はいかにしてつくられるものなのか。武力介入や犯罪処罰、開発援助、人命救助など、その実際的手法と背景にある思想をわかりやすく解説する、必読の入門書。